KB266003

프랑스 극우와 한국 극우, 어떻게 다른가?

임태훈 지음

한가람역사문화연구소

프랑스 극우와 한국 극우,
어떻게 다른가?

초판 1쇄 발행 2026년 3월 27일

지은이 임태훈
펴낸이 이덕일
펴낸곳 도서출판 한가람역사문화연구소

등록번호 제2019-000147호
주소 서울특별시 종로구 김상옥로 17 대호빌딩 신관 305호
전화 02-711-1379
팩스 02-704-1390
이메일 hgr4012@naver.com

ISBN 979-11-90777-56-8

값은 뒤표지에 있습니다.

프랑스 극우와
한국 극우,
어떻게
다른가?

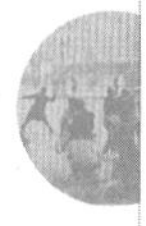

한국의 극우, 보편적 의미의 극우인가?

1.

　필자는 학부 시절에 프랑스어를 공부하면서 가슴 속에 프랑스의 정치와 외교에 대한 거대한 호기심과 환상을 품었으며, 이는 결국 프랑스 유학으로 이어졌다. 프랑스 남부 툴루즈Toulouse에서 프랑스 정치체제와 사상을 깊게 공부하던 중, 독일과 유럽통합에 대한 큰 관심을 가지게 되었다. 그리하여 툴루즈에서 1년간 공부를 마친 뒤, 프랑스에서 가장 독일적인 지역이자 '유럽의회 Parlement européen'가 소재하여 '유럽의 수도Capitale européenne'라 불리는 알자스Alsace주의 스트라스부르Strasbourg로 지적 성장의 장을 옮겼다.

　하지만 스트라스부르는 단순히 독일의 고토故土 또는 유럽정치의 1번지라는 사실 이외에도 정치적으로 프랑스에서 매우 독특한 곳이었다. 필자를 반겨준 첫 프랑스 도시인 툴루즈가 오랫동안 좌파 강세 지역이었던 것과 매우 대조적으로, 스트라스부르를 위시한 알자스주는 전통적으로 극우와 우파가 강세였다. 따라서 그곳에서 자연스럽게 현지 선거 유세 및 정치 행사 참여차 방문한 프랑스 극우 정치인들과 그 지지자들의 활동을 눈앞에서 지켜볼 수 있었다. 이는 생애 첫 유럽 극우 정치 세력과의 조우였다. 그 과정에서 프랑스 주류 언론과 학술서적을 통해 결코 보고 느낄 수 없었던 프랑스 극우의 색다른 모습을 바라볼 수 있었다.

프랑스 유학을 마친 뒤, 서구 극우와의 접점은 프랑스를 넘어 독일로 이어졌다. 당시 앙겔라 메르켈 총리의 정치 성공 신화에 매료되어 건너온 필자를 반겨준 곳은, 2000년 전 고대 로마인들이 세운 라인강 유역의 대표적 역사 도시이자 라인강의 기적을 이끈 독일 서부의 경제 중심지인 쾰른Köln이었다. 쾰른은 스트라스부르와 마찬가지로 전후 독일 초대 총리 콘라트 아데나워가 시장을 지낸 곳이었다. 이러한 이유로 그곳은 전통적으로 보수 우파 성향이 매우 강한 곳이었다. 그곳에서 필자는 자연스럽게 강성 보수 우파 성향의 독일인과 더불어 보수 우파에서 극우로 돌아선 독일인과도 교류하며, 독일 정치에 대한 식견을 빠르게 넓혀나갔다. 이는 독일 극우를 좀 더 깊게 이해하는 데 큰 도움이 되었다.

이렇듯 필자는 우연인지 필연인지는 모르겠으나 자타가 공인하는 유럽의 대표적 정치 선진국인 프랑스와 독일에서 극우를 표방하는 이들을 가까이서 관찰하고 분석하는 소중한 경험을 하였다. 특히 장기간에 걸친 이들과의 직접적 소통을 통해 시중에서 책과 학술 논문으로는 결코 접할 수 없는 프랑스와 독일의 극우가 진정으로 추구하는 가치와 신념 그리고 양자 간 공통점을 깊게 연구할 수 있었다. 그 과정에서 유럽 극우의 본질, 특히 이들의 오랜 역사와 정치적 전통을 상세히 파악할 수 있었다.

2.

    독일 유학을 마치고 귀국한 이후 필자는 소위 '뉴라이트'라고 불리는 한국 극우에 대해 관심을 가지고 꾸준히 지켜보았다. 처음에는 이들이 자칭 '애국 보수'를 부르짖는 까닭에, 프랑스와 독일의 극우와 맞닿는 점이 있을 것이라고 믿었다. 그러나 필자의 눈에 들어온 한국 극우의 모습은 엄청난 충격이었다. 굳이 비유하자면, 중화사대주의라는 마약에 취한 조선 사대부들이 제2차 아편전쟁(1856~1860) 당시 단 16,000명에 불과했던 영국-프랑스 연합군이 북경을 함락하고, 청나라 함풍제咸豊帝가 만리장성 이북으로 야반도주했다는 소식을 들었을 때 받았던 충격과 같았다. 물론 유럽 유학 시절 이전에도 한국 극우의 기괴한 행태에 대해 어느 정도 인식하고 있었다. 하지만 당시 필자는 한국 극우 문제를 깊게 이해하기에는 아직 어렸고 정치적 식견이 너무나 부족했었다. 그래서 소위 뉴라이트 계열 인물들의 행보를 사적인 이익을 추구하는 집단 또는 우스꽝스러운 어른의 성질내기의 것으로 여겼다.

    하지만 오랜 역사와 전통을 갖춘 서구 극우를 피부로 접한 오늘날의 필자에게 한국 극우의 모습은 더 이상 가볍게 여길 성질내기의 것이 아니었다. 명목상 한국 극우와 서구 극우는 같은 극우이지만 너무나 대조되었다. 한국 극우의 모순적 언행은 뇌리를 매우 혼란스럽게 만들었다. 그중 백미는 한국 극우가 백주대낮에 광화문 광장에 모여 애국의 대의명분을 외치면서 성조기와 이스라엘기를 흔드는 모습이었다. 이를 지켜보면서 필자는 '도대체 애국이 성조기와 이스라엘기를 흔드는 것과 무슨 관계가 있는가?'라고 자문하곤 하였다. 한발 더 나아가 '12.3 계엄 내란 사태' 이후 이어진 윤석열 대통령 탄핵 국면에서 한국 극우가 미국의 트럼프 대통령 사진을 들고 지상파 방송국 카메라 앞에 보란 듯이 펼치는 모습은 더욱 큰 충격이었다. 이는 엄연한 주권 국가인 대한민국 내정에 비록 동맹국이지만 명백한 외세인 미국의 개입을 노골적으로 요청하고 구걸하는 광경이었다. 상식적으로 이러한 외세의 내정간섭 기도 행위는 '애국 보수'를 자칭하는 이들이 결코 해서는 안 될 행위임이 명백했다. 성조기를 흔든 한국 극우 시위자들의 당당한 태도를 보면서, 자신들이 벌여놓은 일의 심각성이나 최소한 의미조차 인식하지 못하는 것 같다는 확신이 들었다.

이러한 한국 극우의 충격적인 모습은 필자가 오랫동안 연구해온 프랑스 극우가 보여주는 모습과 너무 상반되었다. 한국 극우와 달리, 프랑스 극우는 시위와 집회를 할 때 오로지 자유·평등·박애를 상징하는 파랑·하양·빨강의 '삼색기Drapeau tricolore'만을 들고 흔든다. 이들은 프랑스 대통령의 엘리제 궁전 Palais de l'Élysée뿐만 아니라 주요 관공서에 나란히 걸린 유럽연합기에 조차 눈길을 주지 않고, 수만 개의 삼색기로 이루어진 물결로 도시 광장을 가득 채우며 주류 정치권을 비판하고 성토한다. 이러한 광경을 지켜보면서, 필자는 프랑스 극우의 시위와 집회가 온전히 '프랑스의De la France', '프랑스에 의한Par

▲ 한국 극우의 태극기 집회

▲프랑스 극우 정치인 마리 르펜이 주도하는 집회

la France’ 그리고 ‘프랑스를 위한Pour la France’ 것임을 자연스럽게 느낄 수 있었다. 이렇듯 너무나 대조적인 한국 극우와 프랑스 극우의 모습은 양자가 결코 같은 길을 걷는 것이 아님을 분명히 드러내고 있었다.

더욱 중요한 점은 한국 극우의 독특한 모습은 일부 집단의 사회적 일탈과 단순한 정치 가십거리로 치부할 문제가 결코 아니라는 사실이다. 소위 대한민국을 대표하는 전·현직 고위공직자들, 정치인들 그리고 대학교수들이 한국 극우의 모습과 크게 다르지 않기 때문이다. 가장 우려스러운 점은 이러한 한국 극우의 기괴한 행태가 우리 국민에게 본래 가치중립적인 의미인 ‘극우Extrême-droite’에 대한 잘못된 이해를 제공할 수 있다는 사실이다. 즉, 한국 사회에서 애국 보수라는 가치를 은연중 독점한 뉴라이트의 비상식적 언행은 우리 국민의 머릿속에 비단 극우뿐만 아니라 극우의 일란성 쌍둥이인 우파 전체를 넘어 보수 정파 전반에 대한 조건반사적인 거부감과 치유하기 힘든 혐오감을 심어줄 수 있다. 이는 한국 내 향후 정상적이고 건전한 차세대 애국 보수 세력이 등장하고 활약할 수 있는 여지를 없애버릴 수 있는 위험성을 가지고 있다. 결과적으로 이러한 정치 스펙트럼에 대한 왜곡된 인식은 우리 국민의 정치에 대한 혐오감과 무기력감을 더욱 강화하고 고착화시킬 수 있다. 이는 궁극적으로 한국 정당정치와 민주주의에 대한 환멸로 이어질 수 있다는 점에서 반드시 해결해야 할 문제이다.

그렇다면 이 문제를 어떻게 해결할 수 있을까? 아마도 우리 국민에게 '한국 극우가 보편적 의미의 극우인가?'에 대한 명쾌한 답을 제공하는 것이 이 문제를 해결하기 위한 첫걸음으로 보인다. 이에 더하여 진정한 극우와 우파가 무엇이고 양자 간 진정한 차이가 무엇인지 설명해주어야 한다. 하지만 불행하게도 군사독재를 청산하고 민주화를 이룩한 지 강산이 거의 4번이 바뀌었지만, 한국 사회에서 필자가 제시한 질문과 문제의식을 던지고 이에 대한 답을 찾기 위한 시도와 노력은 매우 부족하였다.

3.

이러한 문제는 한국 사회가 가진 두 가지 현실적 장애물에 기인한다. 먼저 서구 선진국과 달리 한국에는 체계적 정치교육과 정파 다양성이 너무 부족하다. 우리 초중등 공교육 체제에서, 한국 학생들은 현실 정치 현상 관찰과 분석을 통한 정파와 이념을 구분하는 식견을 기르는 기회를 얻지 못한다. 오로지 대학입시에만 매달리고 영어와 수학에만 몰입하는 한국 교육의 현실 속에서, 우리 국민은 민주주의의 기본인 정당과 정파의 다양성에 대해 깊고 폭넓은 이해가 없는 사실상 '정치 문맹'으로 길이 들여졌다. 그로 인해 우리 국민들이 심오한 관점과 기준에서 극우와 중도 좌·우파 그리고 극좌까지를 명확히 구분하고 이들의 행보를 객관적으로 평가할 지적인 여유를 가지는 것이 너무 힘들다. 설상가상으로 이념과 정강이 아닌 지역주의를 통한 편 가르기 정치문화와 특정 인물 중심의 패거리 정치 문화로 인해, 한국에는 다양한 정파를 인식할 수 있는 기본적 환경이 조성되지 않았다. 이는 불행하게도 한국 극우처럼 사회적 물의 혹은 선정성 짙은 정치적 화제만 일으키는 정파만이 크게 주목받는 현실로 이어졌다. 그 과정에서 이러한 정파들이 교과서적인 표본 인양 선전되는 현실이 반복되고 있다.

다음으로 한국은 유럽에 비해 좌·우파 간 차이가 크지 않은 미국 정치환경을 교본으로 삼는 미국 유학파 엘리트가 지배하는 사회이다. 사실 이들의 머릿속에 정치 다양성은 미국식 경제적 자유주의 우파 이념에 근간을 둔 다양한 파벌의 공존에 가깝다. 게다가 근본적으로 다양한 민족의 이민으로 건설된 미국에서는 한국과 유럽에서 일반적으로 통용되는 유구한 민족 역사와 동질적 민족정체성을 수호하는 민족주의라는 것은 존재할 수 없다. 이러한 미국 정치 현실만 바라보는 미국 유학파 엘리트의 관점에서 볼 때, 본질적 의미의 애국 민족주의를 주장하는 우파와 극우의 존재 그리고 양자 간 구분 혹은 다양성은 논의가 불필요한 존재이다. 이들이 지배하는 한국의 정치·사회 체제에서, 정상적이고 건전한 극우가 무엇인지에 대한 답을 탐구하는 정치적 담론과 사회적 토론 분위기 형성을 기대하는 것은 공염불空念佛일 뿐이다.

귀국 이래 필자는 프랑스와 독일에 유학한 지식인으로서 무거운 책임감과 사명 의식을 느꼈다. 따라서 극좌에서 극우에 이르는 명확하고 다양한 정파가 공존하며 경쟁하는 프랑스와 독일의 선진 민주 공화 정치를 지켜본 경험과 프랑스 극우에 대한 경험과 지식을 십분 활용하여, 프랑스 극우와 비교분석 속에서 한국 극우의 본질을 그대로 드러내겠다는 결심을 하였다. 이것이 바로 본서를 집필한 결정적 계기이다. 이는 필자가 본 '프랑스의 빛Lumières françaises'으로 한국 사회의 그늘을 환하게 비추기 위한 첫걸음이기도 하다. 사실 프랑스 극우의 역사와 전통은 국내에서 잘 연구되지 않은 주제이다. 서구 언론의 화제성 보도 소개를 제외하고는, 독자가 프랑스 극우에 대해 정확하고 깊은 지식과 정보를 얻을 수 있는 수단이 거의 없다시피 하다. 특히 한국 주류 정치 학계에서 유럽 정치가 비주류이자 무관심의 대상으로 배척받는 까닭에, 국내에 프랑스 정치가 잘 분석되고 소개되기를 바라는 것은 모세의 홍해 기적을 바라는 것과 같다. 이러한 이유로 독자에게 본서의 내용이 다소 생소하고 어려울 수 있을 것이다.

4.

그럼에도 필자는 독자와 프랑스 극우와 한국 극우에 대해 탐구해보고, 프랑스 극우와 한국 극우 간 차이를 통해서 진정한 극우가 무엇인지 이해하기 위해 짧지만 깊은 동행을 진행하고자 한다. 본서는 큰 틀에서 총 3부로 구성되어 있으며, 제1부는 프랑스 극우의 기원과 계보를 상세히 소개하고, 제2부는 한국 극우의 기원과 계보를 간략히 살펴본다. 그리고 제3부는 프랑스 극우와 한국 극우를 직접 비교해 본다.

먼저 제1부에서 프랑스 대혁명(1789) 이래 왕당파에서 시작되는 1세대 극우부터 오늘날 주권주의자들로 이어지는 4세대 극우에 이르기까지, 프랑스 극우가 언제, 어떻게 탄생하고 어떠한 형태로 이어져 왔는지를 시대별 큰 줄기를 중심으로 살펴볼 것이다. 이를 통해 독자는 프랑스 극우가 200년이 넘게 이어져 올 수 있었던 비결을 이해할 수 있을 것이다. 다음으로 제2부에서는 한국 극우의 뿌리가 17세기 극단적 친명사대주의 당파인 서인西人-노론老論에서 시작되어 오늘날 뉴라이트 친일 매국 극우로 이어지는 계보를 큰 틀에서 살펴볼 것이다. 이를 통해 이어지는 프랑스 극우와 한국 극우 간 비교에 대한 깊은 이해를 돕고자 한다. 마지막으로 제3부에서 프랑스 극우와 한국 극우를 역사적 계보와 세계관 그리고 역사관, 이 세 가지 측면에서 비교 분석할 것이다. 이를 통해 양자 간 차이점을 간결하면서도 명확히 이해할 수 있을 것이다.

본서의 마지막을 장식하는 결론에서는 제1부와 제2부에서 이야기한 내용을 종합하여, 필자가 서두에 던진 질문 '한국 극우가 보편적 의미의 극우인가?'에 대한 답을 매듭지을 것이다. 이와 더불어 프랑스 극우가 한국 극우를 바라보았을 때 느낄 인상을 이야기하면서, 한국 극우의 심각한 모순과 자가당착自家撞着을 더욱 명확히 밝힐 것이다.

5.

그렇다면 독자들은 다음과 같은 질문을 던질 수 있을 것이다. '서구의 다양한 극우 중에서 왜 하필이면 프랑스 극우를 이해해야 하는가?' 필자가 한국 극우의 보편성을 가늠하기 위한 잣대로서 프랑스 사례를 드는 다음의 두 가지 핵심 이유 때문이다.

첫째, 좌·우파로 일컬어지는 근대적 의미의 정파 구분이 프랑스에서 탄생한 것은 모두가 인정하는 역사적 사실이다. 이후 프랑스 정치에는 극좌에서 극우에 이르는 다양한 근대적 정파들이 등장하였다. 이는 프랑스 극우가 근대 세계 정치사에서 가장 오래된 극우라는 점을 잘 나타낸다. 또한 이는 프랑스 극우가 극우의 보편성을 판가름하기 위한 최선의 표본이라는 것을 뜻한다. 둘째, 프랑스 극우는 앞서 잠시 언급한 것처럼 프랑스 대혁명이래 오늘날까지 200년이 넘게 정치·역사적 연속성을 유지하고 있다. 이를 통해 보편적으로 이해될 수 있는 극우의 전통적 이념과 가치 그리고 그것들이 어떻게 계승되고 발전되었는지 관찰할 수 있다. 이것이 바로 서구 극우 역사를 논할 때, 프랑스 극우가 맨 먼저 등장하고 언급되는 중요한 이유이다.

물론 오늘날 프랑스에서도 극우의 개념과 정의가 명확히 하나로 통일된 것은 아니다. 이는 본질적으로 극우라는 개념 자체가 상대성과 중첩성을 가지기 때문이다. 특히 이는 극우와 우파 간 구분에서 더욱 두드러진다. 즉, 사안에 따라 때로는 극우로 분류될 수 있고, 때로는 우파로 분류될 수도 혹은 양자 모두에 걸칠 수도 있다. 필자의 오랜 분석으로도 프랑스의 극우와 우파는 종이 한 차이이며, 양자 간 상대성과 중첩성 더불어 유동성도 명확히 관찰된다. 이것이 바로 위에서 필자가 언급한 '극우는 곧 가치중립적인 개념'이라고 밝힌 이유이다.

예를 들면 오늘날 프랑스 정통 우파의 상징이자 태두로 불리는 샤를 드골은 대통령 재임 시절에 북대서양 조약 기구 나토NATO 탈퇴를 강행하고 영국의 '유럽공동체(유럽연합의 전신)' 가입을 봉쇄하였다. 하지만 이러한 드골의 행보는 오늘날의 관점에서 보면 극우에 해당한다. 또한 본문에서 후술할 니콜라 뒤퐁 에냥Nicolas Dupont-Aignant (1961~)은 본래 프랑스 정통 우파 소속이지만, 이슬람 이민 제한을 주장하고, 유럽연합에 대한 다소 강한 적대감을 드러낸다. 이 또한 오늘날에 극우로 분류될 수 있는 행보이다.

하지만 프랑스 극우는 본서에도 후술하는 바와 같이 프랑스 우파와 비교했을 때 더욱 솔직하고, 뚜렷하게 그리고 다소 저돌적인 방식으로 애국 민족주의의 가치를 부르짖고 행동으로 옮기고자 한다. 이들은 프랑스 우파를 대신하여 자신들이 진정한 애국자이자 보수 세력임을 자인하고 인정받고자 한다. 이러한 프랑스 극우의 특징은 독자를 포함한 우리 국민에게 한국 극우가 얼마나 극우세력의 본질에서 벗어난 세력인가를 자연스레 일깨워줄 것이다.

15세기 마르틴 루터의 종교개혁을 통해 중세 유럽 기독교의 어둠이 밝혀진 것처럼, 부디 본서를 통해 우리 국민이 한국 극우의 실체를 깨닫고 한국의 우파가 걸어야 할 길이 무엇인지 생각하는 계기가 되기를 희망한다.

　끝으로 제게 새로운 지식의 지평을 넓혀주고, 세상을 바라보는 또 다른 빛을 비춰준 프랑스와 독일에 깊은 감사의 말씀을 표합니다. 다양성과 인간의 존엄을 중시하는 두 나라의 가치관은 제게 모든 사람을 귀천과 서열의 구분 없이 대칭적으로 대하는 기쁨과 정신을 심어주었습니다. 이와 더불어 제 일생에서 가장 춥고 긴 겨울을 보낼 때, 해드린 건 없음에도 곁에서 묵묵히 큰 지지대가 되어주신 이은채 박사님, 한홍빈 어르신, 유원형 후배님, 조현 변호사님, 신종훈 사무장님, 그리고 유성옥 이사장님께도 진심 어린 감사의 말씀을 올립니다.

2026년 1월 새해를 맞이한 금천구 시흥동에서

저자 임태훈

Remerciements

Je remercie indiciblement la France, qui m'a accordé la fabuleuse chance de regarder ses lumières. Je crois et souhaite profondément qu'elle puisse surmonter ses crises actuelles, quoi qu'en disent ceux qui ne savent comprendre qu'en langue de la Perfide Albion. En effet, la France est toujours devenue de plus en plus forte et brillante, et ce, face à des grandes épreuves encore pires que celles d'aujourd'hui. La Fille aînée de l'Église sera enfin sauvée par ses nouveaux hommes providentiels, qui suivront Jeanne d'Arc, Napoléon Bonaparte et Charles de Gaulle.

차례

들어가는 말 | 한국의 극우, 보편적 의미의 극우인가?　　　— 5

제1부 프랑스 극우의 기원과 계보

1. 1세대 프랑스 극우:공화국 프랑스를 반대한 수구 왕당파들

혁명 세력의 좌우 분열과 극우가 된 왕당파들　　　— 31

왕당파가 공화국 프랑스를 반대한 진정한 이유　　　— 33

극우 왕당파에 가담한 시민과 농민들의 저항과 투쟁　　　— 35

내우외환의 프랑스와 나폴레옹의 왕당파 탄압　　　— 37

나폴레옹의 몰락과 왕당파들의 권토중래　　　— 40

왕당파 극우의 분열 : 정통파와 오를레앙 파　　　— 42

온건 왕당파 극우, 오를레앙 파의 집권과 대활약　　　— 44

7월 왕정의 붕괴와 1세대 왕당파 극우 시대의 종말　　　— 51

2. 2세대 프랑스 극우: 국적 독일에 대한 복수를 외친 공화국 우파들

왕당파 극우를 대체한 2세대 반독주의 극우의 태동　　　— 54

2세대 반독주의 극우의 태두, 불랑제 장군과 지지자들　　　— 59

불랑제 사후 2세대 반독주의 극우의 재편과 재기　　　— 62

2세대 극우의 반공주의 흡수와 다양화　　　— 63

1차 세계 대전 이후 2세대 극우세력 증대의 원인과 배경　　　— 66

2세대 극우가 집권에 실패한 근본적 이유　　　— 70

2세대 극우의 정치적 의미와 유산　　　— 73

3. 3세대 프랑스 극우:
제국 프랑스의 향수를 가진 민족주의자들

프랑스 해방 정국 이후 하나가 된 드골파와 2세대 극우 — 77

알제리 독립 결정에 반발한 3세대 제국 민족주의 극우의 등장 — 79

3세대 극우가 제국 프랑스 해체를 반대한 진정한 이유 — 81

드골의 제국 프랑스 해체에 분노한 3세대 극우의 대반격 — 83

장-마리 르펜의 등장과 3세대 극우의 세대교체 — 87

형태만 달랐던 드골파와 3세대 극우의 제국 민족주의 — 88

국민전선의 등장과 3세대 극우의 민족정체성 수호 운동 — 92

3세대 극우의 민족정체성 수호 운동에 대한 오해와 진실 — 95

3세대 극우의 상승가도와 어두운 그늘 — 97

4. 4세대 프랑스 극우:
유럽 연방화에 저항하는 주권주의자들

유럽통합의 모순 심화와 주권주의의 대두 — 103

4세대 주권주의 극우의 선구자, 마린 르펜 — 106

주권주의에 대한 오해와 진실 — 109

주권주의자들의 등장 속 극우의 세대교체와 혁신 — 110

4세대 극우의 다양화와 상호 경쟁 — 111

현재 진행 중인 4세대 극우의 세대교체와 혁신 — 115

4세대 극우의 인기 상승 배경과 향후 전망 — 117

제 2 부 한국 극우의 기원과 계보

1. 1세대 한국 극우 :
숭명반청을 외친 서인-노론

서인의 정치이념, 숭명 사대주의의 등장 — 125

숭명 사대주의로 반정을 일으킨 서인의 집권과 비극 — 128

명나라 멸망 이후에도 숭명반청을 외친 서인-노론 — 132

예송논쟁으로 정권을 장악한 남인 — 133

노론의 일당독재에서 세도정치로 퇴행 — 136

모든 사회변화를 저지하는 민씨 척족 노론 — 140

나라를 팔아먹은 1세대 극우 노론 — 140

2. 2세대 한국 극우 :
내선일체를 꿈꾼 민족 반역자들

2세대 친일 매국 극우로 탈바꿈한 서인-노론 후예들 — 144

후반기 자생적 2세대 친일 매국 극우의 등장과 활약 — 147

3. 3세대 한국 극우 :
반공군사독재의 주구가 된 친일 매국노와 계승자들

3세대 반공 독재 극우로 되살아난 친일 매국노들 — 156

이승만 독재 정권하 3세대 극우의 활약과 비극 — 161

박정희 군사독재로 재탄생한 3세대 극우 — 166

일본제국화를 꿈꾼 3세대 군사독재 극우의 유신 체제와 몰락 — 170

4. 4세대 한국 극우 :
역사의 역류를 꿈꾸는 뉴라이트

민주화 시대 속, 21세기 4세대 뉴라이트 극우의 등장 — 178

항일 독립운동을 부정하는 뉴라이트 — 181

박근혜 정권 아래 보수노년층을 흡수한 뉴라이트 — 183

박근혜 정권의 붕괴와 계엄을 꿈꾼 뉴라이트의 퇴진 — 185

문재인 정권의 실정 속 윤석열-뉴라이트 정권의 탄생과 몰락 — 188

제**3**부 프랑스 극우와 한국 극우 간 비교

1. 애국의 후예 vs 매국의 후예

애국의 계보, 프랑스 극우 — 196

1세대 극우, 오를레앙 가문의 애국 전통 — 197

2세대 극우의 항독 민족 해방 투쟁 — 199

프랑스 극우의 애국 전통이 잘 알려지지 않은 이유 — 204

매국의 계보, 한국 극우 — 205

매국매족 정신의 근본 : 서인-노론의 사대주의 속물근성 — 206

사대주의를 친일매국으로 승화시킨 2세대 극우 — 209

해방 후 역사학계를 장악한 친일 매국 세력 — 213

친일 매국 계보의 패악과 유산 — 214

2. 자주독립주의 vs 숭일·숭미사대주의

프랑스 극우의 자주독립적 세계관 — 217

프랑스 극우의 언어·문화적 자주독립 정신 — 219

프랑스 극우의 대외정책적 자주독립주의 — 223

대외정책적 자주독립주의의 역사적 뿌리 — 228

한국 극우의 숭일·숭미 사대주의 — 229

숭일 사대주의의 뿌리와 계승 — 230

숭미 사대주의의 발현과 의도 — 234

3. 주인의 역사관 vs 노예의 역사관

주인의 역사관으로 무장한 프랑스 극우 — 248

프랑스 역사를 폄훼하는 영미英美 중심 사관 타파 — 249

프랑스 민족사관을 지우려는 보편주의 사관 타파 — 254

노예의 역사관에 취한 한국 극우 — 258

일제 지배를 찬양하는 식민지 근대화론 추종 — 259

모순으로 얼룩지고 시대착오적인 식민지근대화론 추종 — 263

식민지근대화론은 프랑스의 식민사관, 문명 개화론의 표절본 — 266

외세의 역할을 강조하는 한국 극우와 자국의 역할을

강조하는 프랑스 극우 — 268

나가는 말 | 만약 마린 르펜이 성조기를 든 태극기 집회를 본다면? — 271

참고문헌 — 282

프랑스 극우의 기원과 계보

1세대 프랑스 극우:
공화국 프랑스를 반대한 수구 왕당파들

프랑스 극우는 언제 그리고 어떻게 시작되었을까? 그리고 그들은 어떠한 이념과 가치를 위해 치열하게 투쟁하였을까? 또한 그들은 어떻게 오늘

▲ 바스티유 감옥 습격

날까지 이어져 내려와 왔을까? 이 질문들에 대한 명백한 답을 찾기 위해서는, 18세기 말 '프랑스 대혁명'으로 거슬러 올라가야 한다. 그 유명한 1789년 7월 14일 '바스티유 함락'으로 상징되는 프랑스 대혁명은 프랑스의 정치 및 사회 질서를 혁명적으로 바꾸어 놓았다. 절대군주와 성직자와 귀족이 주도하던 신분사회가 일순간에 전복되고, 제3신분으로 일컬어진 부르주아 평민들과 《사회계약론》의 저자인 루소와 '백과전서파'의 주역인 달랑베르의 정신을 계승한 계몽지식인들이 근대 프랑스의 주인이 되었다. 이들은 곧 자유주의 사상을 바탕으로 프랑스 제1공화국(1792~1804)을 세운다. 하지만 신생 프랑스 공화국이 급격한 진보 및 개혁의 물결에 휩싸인 혼란의 연속에 놓인 가운데, 프랑스의 전통적 가치 수호, 특히 강력한 애국민족주의를 앞세워 투쟁하는 프랑스 극우의 역사가 시작된다

프랑스 대혁명은 훗날 '러시아 혁명(1917)'과 더불어 유럽 역사를 넘어 가히 인류사 전체에 큰 영향을 끼친 아래로부터의 전복이었다. 그러나 태양왕 루이 14세가 재위 72년 동안에 걸쳐 완성한 절대주의Absolutisme 체제를 하룻밤 사이에 파괴한 당시 '혁명 세력Les Révolutionnaires'은 여전히 더 많은 피에 목말라했다. 이들은 자신들이 일으킨 혁명의 완성을 위해 수구 반동 세력의 뿌리를 완전하게 제거하고자 하였다. 이에 따라 구체제 '앙시앙 레짐Ancien Régime'의 최고 기득권층인 부르봉 왕실Les Bourbons과 성직자층Le clergé 및 귀족층La noblesse에 상상을 초월하는 피의 숙청 작업에 착수하였다. 그런데 때마침 '바렌의 도주 사건(1791)'이 발생하였다. 당시 혁명군의 총검 아래 신변에 불안함을 느끼던 루이 16세 일가는 왕비 마리 앙투아네트의 친정국 오스트리아로 망명하기 위해 파리를 떠나 도주하던 중 바렌Varennes이라는 도시에서 체포되었다. 이 사건은 부르봉 왕실에 대한 프랑스 국민의 부정적 여론을 극단으로 몰며, 왕족 몰살을 노리는 혁

명 세력의 행보에 더 큰 명분을 실어 주었다. 얼마 지나지 않아 이들은 루이 16세와 마리 앙투아네트를 단두대에서 가차없이 처형하였다.

곧이어 국왕 부부의 유일한 남계 혈육이자 태자Dauphin인 루이 17세도 의문의 죽음을 맞이하였다. 루이 17세의 공식적 사인은 결핵이지만, 이는 혁명 세력이 그를 사망에 이르게 할 목적으로 열악한 수감 환경에 노출시킨 점에 기인한다. 이로써 루이 14세 직계 부르봉 왕족은 완전하게 도륙되었다. 국왕 부부 내외 처형을 넘어 10살 소년에 불과한 무고한 태자까지 죽음에 이르게 한 것은 과도한 처사였다. 더 이상 프랑스에 왕정복고를 허용하지 않겠다는 혁명 세력의 단호한 정치적 의지의 발로였을 것이다.

이렇듯 프랑스를 13세기 동안 지배한 최고 기득권층을 단번에 집단 학살한 결과물이 프랑스 최초의 공화국 제1공화국의 출범이었다. 신생 프랑스 공화국의 초기 정국은 혁명 과정에서 가장 많은 피를 손에 묻힌 그 유명한 로베스피에르와 마라 등으로 대표되는 소위 자코뱅Les Jacobins이라 불린 '급진 혁명파Les radicaux'에 의해 주도되었다.

▲ 급진 혁명파에 의해 사형당하는 루이 16세

▲ 급진 혁명파 로베스피에르

이들은 완전한 정치적 평등 실현과 탈脫기독교화를 통한 프랑스의 완전한 세속화 등을 부르짖으며, 구체제 프랑스와 완전하게 단절된 '공화국 프랑스France républicaine' 건설을 추구하였다. 훗날 급진 혁명파는 자신들의 정치 이상을 보다 빨리 실현하기 위한 수단으로 초법적 권력기관인 '공안위원회Comité de salut public'를 설치하며, 그 유명한 '공포정치La Terreur'를 벌였다. 이는 다시 한번 피의 광풍을 일으키며 4만 명에 가까운 반대파와 정적들을 단두대에서 불귀의 객으로 만들었다.

그러나 이러한 급진 혁명파의 극단적 개혁노선에 반대한 정치 세력 또한 존재하였다. 미국 독립 전쟁(1775~1783)의 영웅이자 파리 국민 방위군Garde Nationale de Paris 사령관 출신인 라파예트와 《제3신분은 무엇인가?》의 저자로 잘 알려진 시에예스가 중심인 '온건 혁명파Les Modérés'도 그들 중 하나였다. 이들은 영국 사례에서 참조한 입헌군주제 채택과 더불어 공화국 체제를 유지하는 속에서 기존 프랑스 왕실 및 귀족 세력과의 타협과 공존 등을 주요 골자로 하는 점진적 개혁노선을 주창하였다. 온건 혁명파는 로베스피에르의 급진적 개혁노선이 오히려 신생 프랑스 공화국에 더 큰 혼란과 내분을 가져올 것으로 생각하였다. 특히 이들의 눈에 로베스피에르의 스승인 루소의 이상인 직접 민주주의와 완전한 국민주권Souveraineté populaire 실현은 이제 막 봉건 체제에서 벗어

▲ 온건 혁명파 라파예트

　　제1부 프랑스 극우의 기원과 계보

난 프랑스에 도입하기에는 시기상조로 보였다. 루소는 국민의 일반의지Volonté générale, 즉 주권은 결코 "나눠질 수도, 양도될 수도 없는Indivisible, Inaliénable" 것이라는 생각에서 대의제 민주주의를 부정하였다.

혁명 세력의 좌우 분열과 극우가 된 왕당파들

결과적으로 급진 혁명파와 온건 혁명파, 이들 두 세력은 프랑스 제1공화국의 최고 권력기관인 '국민공회Convention Nationale'를 양분하게 된다. 이 중 급진 혁명파가 '좌파Gauche'가 되고, 온건 혁명파가 '우파Droite'가 되는 정국이 자연스럽게 형성되었다. 이것이 오늘날의 좌·우파 구분의 시초이다. 본질적인 관점에서 볼 때, 당시 프랑스 좌파와 우파 모두 프랑스 대혁명의 대의와 유산을 인정하고 계승하는 세력이다. 단지 이들은 향후 프랑스 혁명을 완성하고 공화국 프랑스를 발전시키기 위한 방식에 관한 이견, 즉 급진적 개혁과 온건한 개혁 간 딜레마 속에서 대립한 것이다. 따라서 이들 모두 근본적으로 '공화파Les Républicains'로 정의할 수 있다.

하지만 공화파의 정권 장악뿐만 아니라 공화국 프랑스 체제 자체에 강한 반감을 갖고 저항한 정치 세력도 있었다. 이들이 바로 절대왕정 복고와 구체제 회귀를 부르짖은 '왕당파들Les royalistes'이다. 이들은 프랑스 대혁명을 주도한 세력을 각각 프랑스의 역사적 전통과 연속성을 파괴한 민족사의 반역자로 간주하였다. 왕당파들은 프랑스 국내 구체제 잔존 세력과 국외 망명 왕족 및 귀족층을 주축으로 구성되었다. 당시 혁명 세력은 이들을 반체제 세력이자 수구반동 극우세력으로 규정하고 탄압하였다. 당시에 왕당파들은 프랑스 왕실의 상징인 백합화白合花에서 비롯된 '하양 깃발Drapeau blanc'을 흔들었는데, 이는 삼색기로 상징되는 프랑스 대혁명과 공화국에 대한 저항과 불복종을 뜻하였다. 이들은 국내 부르봉 왕실 지지 세력을 기반으로 부르봉 왕실 복고를 지지하는 유럽 왕실과의 협력을 통해 제1공화국을 무너뜨리고 '왕국 프랑스France royale'를 복원시키고자 하였다. 당시 유럽 왕실들은 프랑스의 정치체제에 대한 적대감을 넘어 프랑스 대혁명과 프랑스 공화국의 존재가 유럽의 국제질서 및 유럽 군주제 체제 붕괴를 초래할 위험이 크다고 보았다. 특히 루이 16세의 처형은 유럽 왕실에 엄청난 충격이었다. 처형된 마리 앙투아네트는 오스트리아 황제 요제프 2세의 여동생이었다. 이들은 프랑스 왕당파 세력을 도와 부르봉 왕실을 복고함으로써 이러한 혁명의 물결을 원천 봉쇄하고자 하였다.

이들 왕당파가 집요하게 공화국 프랑스를 무너뜨리고 왕정복고를 꿈꾼 근본 원인은 무엇일까? 일반적으로 프랑스 왕당파가 기득권 재탈환을 위해 공화국 프랑스 전복을 기도했다고 설명한다. 하지만 이런 시각은 프랑스 대혁명 주도 세력이 구체제를 폄하하면서 만든 반反왕실 및 반反귀족 역사관에 근거한 것이다. 혁명 세력과 훗날 이들의 뒤를 이은 공화파는 프랑스 대혁명과 자신들의 집권 정당성을 뒷받침하기 위해, 혁명 이전의 역사와 집권 세력에 대한 왜곡된 역사관을 대대적으로 날조하고 전파하였다. 이는 특히 자신들이 자행한 피의 숙청을 덮고 정당화하기 위해 더욱 필요하였다. 이에 따라 왕당파들이 부귀영화를 다시 누리기 위해 절대왕정 복고를 기도했다는 낭설이 세인의 머릿속에 박히게 된 것이다.

그러나 실상은 그렇게 간단치 않다. 훗날의 일이지만 왕당파가 재집권하였을 때 이들은 프랑스 혁명 정부에 의해 몰수된 재산 일부만 돌려받는 것에도 만족하였다. 동시에 이들은 루이 14세 이래 누려왔던 면세혜택을 포기하였다. 대신에 왕당파들은 조상 대대로 누려왔던 무기를 들고 전장 터에 나갈 싸울 수 있는 권리, 즉 '국방의 권리'를 독점하기를 원했다. 이러한 사실을 미루어 볼 때, 왕당파들이 권세와 재물에 눈이 어두워 공화국 프랑스를 파괴하려고 했다는 주장은 현실적인 설득력이 없다.

왕당파가 공화국 프랑스를 반대한 진정한 이유

그렇다면 왕당파가 공화국 프랑스를 반대한 본질적 이유는 무엇인가? 이에 대한 답을 찾기 위해서는 당시 시대적 상황을 간단히 짚고 넘어갈 필요가 있다. 오늘날에는 프랑스 대혁명과 민주주의 그리고 공화주의의 역사적 당위성과 보편 타당성을 모두가 인정한다. 하지만 유럽 근대의 과도기인 18세기 말~19세기 초까지만 해도 훗날 프랑스 대혁명의 밑 거름이 된 '계몽사상Idées des Lumières'에 매료된 지식인들을 제외한 대다수 유럽인은 국왕의 권력이 신神이 부여한 것으로 보는 '왕권신수설Droit divin'과 이상적 정치체제로서의 군주제에 대한 강한 믿음을 가지고 있었다. 즉, 신의 선택과 섭리에 따라 주권을 부여받은 군주가 국가를 다스리는 것이 최선의 정치적 안정성과 합리성을 보장한다고 생각되었다.

이러한 '군주 주권Souveraineté monarchique' 사상은 16세기 프랑스 정치사상가 장 보댕Jean Bodin(1530~1596)에 의해 정립되었다. 그리고 이는 향후 프랑스 절대왕정과 프랑스 민족국가 형성을 위한 큰 자산으로 작용하였다. 18세기에 계몽사상이 급속히 확산되는 와중에도 군주제에 대한 믿음은 크게 달라지지 않았다. 앞서 언급한 루소를 제외하고는 볼테르와 《법의 정신》의 저자로 유명한 몽테스키외를 비롯한 절대 대다수 계몽사상가들은 절대왕정을 영국식 입헌군주제 혹은 계몽 군주가 주

▲ 몽테스키외

도하는 온건한 군주제로 대체하고자 하였다. 당시 가장 근대적 지식인들 조차 군주의 정치·역사적 권위와 가치를 인정했으며 군주 없는 국가와 직접 민주주의 혹은 대의제로 운영되는 공화국을 크게 옹호하지 않았다. 이는 프랑스 대혁명 발발 직전에 있었던 그 유명한 '테니스코트 선서(1789)'의 주도자들이 루이 16세 폐위나 군주제 폐지를 외치지 않은 사실을 통해 더욱 명확히 드러난다.

왕권신수설과 군주제에 대한 확신은 유럽 최대의 가톨릭 국가인 프랑스에서 더욱 강할 수밖에 없었다. 우선 프랑스는 '교회의 장녀Fille aînée de l'Église'로 불릴만큼 자타가 공인하는 유럽 가톨릭 세계의 중핵中核이었다. 프랑스 국왕은 '신의 대리인Lieutenant de dieu'으로 일컬어질 만큼 신성불가침의 존재였다. 프랑스 군주의 신성성은 프랑스인들이 민족사의 시작을 서기 5세기 메로빙거 왕조Dynatie mérovingienne(481~751)의 시조인 클로비스 Clovis(466~511)가 가톨릭으로 개종하고 머리에 기름을 부음을 받은 시점으로 잡는 것에서 더욱 명확히 드러난다. 프랑스 국왕과 왕실은 프랑스의 국체와 주권 그리고 역사적 연속성 및 정체성, 더 나아가 프랑스라는 이름

▲ 가톨릭 세례를 받는 메로빙거 왕조의 시조 클로비스

을 가진 민족국가를 대표하는 불변의 상징이었다.

왕당파들의 관점에서 볼 때 프랑스 대혁명 과정에서 부르봉 왕실을 도륙하고 그 위에서 공화국을 설립한 것은 세계질서의 붕괴를 뜻하였다. 즉, 신의 기름 부음을 받지 않은 세력이 프랑스 국왕으로부터 주권과 통치권을 강탈하고 국정을 농락하는 천인공노할 사태였다. 특히 루이 16세 일가 몰살은 천년 넘게 프랑스 민족국가를 지탱해온 신의 대리인을 무단 참살한 사건이었다. 이는 또한 부르봉 왕실이 300년에 걸친 절대왕정 체제를 이룩하며 베르사유 궁전으로 상징되는 프랑스의 영광을 이끌었던 업적을 부정하는 행위이며, 프랑스의 찬란한 역사적 전통과 연속성을 단절시키는 역사의 오류였다. 왕당파들에게 급진 혁명파는 물론 온건 혁명파도 불구대천의 '대역죄인大逆罪人'이자 '난신적자亂臣賊子'일 뿐이었다. 어떤 측면에서는 왕당파들이 반역자들이 세운 공화국을 무너뜨리고 절대왕정으로 복구함으로써 프랑스 역사의 일탈을 바로잡고자 한 것은 당연해 보였다.

극우 왕당파에 가담한 시민과 농민들의 저항과 투쟁

중요한 사실은 비단 귀족들뿐만 아니라 의외로 많은 시민과 지방 농민들도 왕당파들의 대의를 추종하여 극우의 대열에 섰다는 사실이다. 중세 이래 천년 넘게 전통적인 교회와 봉건 영주 중심의 향촌 질서 속에서 살아온 농민들은 프랑스 대혁명 이후에도 여전히 왕권신수설과 가톨릭 신앙을 가슴 깊은 곳에 간직하고 있었다. 이들에게 프랑스 국왕은 여전히 신이 부여한 주권과 정치 및 사회 질서의 상징이었다. 이에 따라 평민과 농민 왕당파들은 중앙 고위 귀족들과 망명 귀족들의 공화국 타도 투쟁과는 별개로 자발적으로 혁명정부와 제1공화국에 대한 대규모 민중 봉기를 통해 공화국 체제를 무너뜨리고 절대왕정을 복원하고자 하였다. 가장 대표적인 예가 '방데 전쟁(1793~1795)'이었다. 당시 프랑스 중서부 방데Vendée 지역에서 수십만의 왕당파 농민들이 절대왕정 복고를 외치며 로베스피에르가 보낸 혁명군에 결사적으로 저항하였다. 이 과정에서 20여만 명에 이르는 왕당파 농민들이 혁명군의 총검 아래 학살되는 비극이 발생하였다. 또한 프랑스 남부의 툴롱Toulon에서도 왕당파의 대의를 추종하는 시민들이 대규모 봉기를 일으

▲ 프랑스 극우 왕당파 군인이자 방데 전쟁의 지도자 앙리 드 라 로슈자클랭

켜 나폴레옹 보나파르트, 즉 훗날의 나폴레옹 1세가 이끄는 혁명군에 의해 유혈 진압되었다.

혁명을 찬성해야 할 시민과 농민들이 수구반동의 낙인이 찍히고 학살당하는 가운데서도 굴하지 않고 왕정복고 투쟁을 이어간 이유는 무엇일까? 이에 대한 답은 비교적 간단하다. 왕당파 귀족들과 마찬가지로 왕당파 시민과 농민들도 '왕국 프랑스France royale'만이 진정한 프랑스이자 조국이고, 혁명 프랑스France révolutionnaire와 공화국 프랑스는 괴뢰정권이자 점령군과 같은 존재로 여겼기 때문이다. 이들의 관점에서 볼 때, 왕당파 농민들

▲ 툴롱 왕당파 봉기를 진압하는 나폴레옹 1세

의 투쟁은 프랑스의 신성성을 해치는 내부의 적에 대항하는 '조국 해방 운동'이었다고 볼 여지가 있다.

내우외환의 프랑스와 나폴레옹의 왕당파 탄압

그 사이 프랑스 제1공화국은 큰 내우외환에 직면하며 걷잡을 수 없는 위기에 빠지게 되었다. 먼저 영국, 오스트리아, 프로이센을 포함한 주요 유럽 군주제 국가들이 프랑스 혁명정부를 전복하기 위해 결성한 '대對프랑스 동맹Coalitions anti-françaises'의 공세가 점차 거세졌다. 대프랑스 동맹은 훗날 나폴레옹 제국이 몰락하는 1815년까지 무려 20년 넘게 끊임없이 프랑스의 국운을 위협하였다. 동시에 로베스피에르의 공포정치를 전복하기 위한 '테르미도르의 반동(1794)'과 나폴레옹의 집권을 위한 '브뤼메르 18일 쿠데타(1799)' 같은 내부 정변이 연달아 발생하면서 공화파 내 자중지란自中之亂이 격화되었다.

내우외환으로 신생 프랑스 공화국이 풍전등화에 처한 사실은 왕당파에게 한 줄기 희망으로 다가왔다. 하지만 부르봉 왕실 복귀와 절대왕정 회복은 여전히 요원한 숙제였다. 사실 그 이전에도 프랑스가 절체절명의 위기에 처한 순간이 있었다. 그러나 프랑스 역사학자 장 가리그Jean Garrigues(1958~)가 말한 바와 같이 국가적 위기의 순간마다 프랑스에는 소위 '구세주'라고 불리는 구국의 영웅들이 극적으로 등장하여 프랑스를 소생시켰다. 가장 유명한 예가 백년전쟁(1337~1453) 당시 잔다르크가 나타나, 거의 망해가던 프랑스의 국운을 지켜낸 사실을 들 수 있다. 민중들은 신이 잔다르크의 뒤를 잇는 또 다른 구세주를 풍전등화에 놓인 제1공화국에 보냈다고 여겼는데, 그가 바로 나폴레옹 1세이다.

툴롱 왕당파 봉기 진압 이후 나폴레옹은 혁명정부의 대규모 귀족 숙청으로 노련한 장교들을 대거 잃고 우왕좌왕하던 프랑스군을 이끌 차세대 지휘관으로 급속히 부상하였다. 나폴레옹은 천재적 군사 재능을 발휘하며 이탈리아 원정(1796~1797)과 마렝고 전투(1800) 등에서 대프랑스 동맹군을 연달아 패퇴시켰다. 나폴레옹의 연전연승으로 인해 대프랑스 동맹은 사실상 와해가 되었다. 이는 아미앵 화약(1802)으로 이어져 당시 프랑스의 외환을 해결하였다.

구국의 영웅으로서 국민적 인기를 등에 업은 나폴레옹은 고대 로마의 삼두정치에서 영감을 받은 통령 정부

▲ 처형되는 앙기엥 공작

Consulat를 수립하고, 이후 스스로 황제의 자리에 올라 프랑스 역사상 최초의 제정帝政을 열어 내부 정치 혼란에 마침표를 찍었다. 이로써 프랑스 제1공화국의 막이 내려졌다. 곧이어 제정 프랑스 시대를 연 나폴레옹 스스로 '프랑스 대혁명 유산의 계승자Héritier de la Grande Révolution'로 선전하였다. 이는 절대왕정 회귀 거부와 부르봉 왕실과의 단절을 선언한 것과 크게 다름이 없었다.

▲ 황제로 즉위한 나폴레옹 1세

한발 더 나아가 나폴레옹은 혁명에서 살아남은 부르봉 왕족과 그 추종자들, 즉 왕당파들을 그의 황제 권력에 대한 잠재적 위협으로 간주하여 제거하려고 하였다. 그 대표적인 예가 부르봉 왕실 후예이자 소위 '앙기엥 공작Duc d'Enghien'으로 불린 루이 앙투완 드 부르봉-콩데의 처형이다. 이러한 나폴레옹의 부르봉 왕실 탄압에 대해 왕당파들은 동양 유교 사회의 역적들과 같은 '찬탈자'로 규정하며 맞대응하였다. 나폴레옹은 본래 프랑스에 신규 병합된 코르시카 출신의 이탈리아인으로 프랑스 왕위를 차지할 그 어떠한 정통성도 가지지 못하였다. 그러나 프랑스를 넘어 전 유럽 대륙을 제패한 나폴레옹의 철권

통치가 지속되는 한 부르봉 왕실 복고는 현실적으로 불가능한 꿈이었다.

나폴레옹의 몰락과 왕당파들의 권토중래

하지만 고난의 시절이 다하면 행복한 시절이 온다는 고진감래苦盡甘來라는 말대로 왕당파들의 오랜 인내와 투쟁이 점차 빛을 발하기 시작하였다. 천하무적으로 보였던 나폴레옹과 그의 제국도 러시아 원정(1812) 패배를 기점으로 급속히 기울기 시작하였다. 이틈을 타서 재결성된 대프랑스 동맹은 라이프치히 전투(1813)에서 나폴레옹에게 결정적 패배를 안겼다. 이후 대프랑스 연합군은 파리에 입성하여 그를 폐위시키고 지중해에 있는 엘바섬에 유배보냈다. 1년 후 엘바섬에서 탈출한 나폴레옹이 정권을 잡았

▲ 1815년 워털루 전투

으나 곧 이어진 워털루 전투(1815)에서 패배함
으로써, 소위 백일천하Les Cent-Jours는 막을 내
리고 그의 시대는 역사 속으로 사라졌다.

백일천하가 종식된 직후 소위 신성동맹
Sainte-Alliance이라 불리는 나폴레옹 전쟁 승전
국(영국, 오스트리아, 프로이센, 러시아)의 지지 아래
루이 16세의 동생인 루이 18세가 귀국하였다.
불가능해 보였던 부르봉 왕실 복고가 이루어

▲ 루이 18세

진 것이다. 수십 년간 국내외에서 탄압받던 왕당파들이 다시 정권을 잡
았다.

26년 만에 부르봉 왕정복고를 이룬 왕당파들은 어떤 행보를 보였을까?
그리고 이들은 어떤 정치를 펼쳤을까? 왕권신수설을 신봉하는 수구반동
으로 몰려서 당한 탄압을 생각하면 이들이 타임머신을 타고 과거로 돌아
간 것처럼 프랑스 대혁명 이전의 절대왕정 체제 회귀를 밀어붙이는 것이
당연지사였을 것처럼 보인다. 하지만 구체제 프랑스를 재현시키기에는 26
년 만에 되찾은 조국 프랑스가 너무나 달라져 있었다. 프랑스 대혁명의 열
매로 자유와 평등의 맛을 본 프랑스인들은 정치적 자유가 유지되는 것은
물론, 확대까지 내심 바라고 있었다. 이들은 더 이상의 정치적 혼란을 바
라지는 않았으나 로베스피에르의 공포정치와 나폴레옹의 제정 독재를 겪
으면서 억압적이고 권위주의적인 정치환경에 신물이 난 상태였다. 게다가
제1공화국과 나폴레옹 제정 시대에 완전한 수준은 아니었지만, 선거와 양
원제 의회와 같은 민주공화적 정치질서와 제도가 프랑스에 뿌리가 내린
상태였다. 왕당파들이 다시 정권을 장악했음에도 혁명 이전의 정치 및 사
회 체제로의 회귀하는 것은 대다수 프랑스인의 엄청난 반발과 더불어 극

렬 저항을 불러올 가능성이 컸다.

왕당파 극우의 분열 : 정통파와 오를레앙 파

이러한 현실은 왕당파들에게 원론적 의미의 절대왕정 회귀와 정치적 자유화 수용을 통한 제3의 길 중 어느 것을 선택할 것인가에 대한 딜레마를 던져주었다. 결국 이는 왕당파를 두 정파로 분열시켰다.

하나는 '정통파Les Légitimistes'이다. 이들은 루이 18세를 위시한 루이 15세의 방계 후손을 지지하는 파벌을 주축으로 구성되었다. 정통파는 혁명 이전의 절대왕정 체제 회귀를 지향하는 근본적 노선을 취하였다.

다른 하나는 '오를레앙 파Les Orléanistes'이다. 이들은 루이 13세의 후손이자 부르봉 왕실의 분파인 오를레앙 가문Maison d'Orléans을 지지하는 파벌을 주축으로 구성되었다. 이들 오를레앙 파는 정통파와 달리 정치적 자유화 수용과 입헌군주제 도입과 같은 '자유주의적 군주제Monarchie libérale'를 지향하는 온건한 노선을 취하였다.

▲ 루이 13세로부터 갈라진 정통파와 오를레앙 파 계보

두 파벌 중 먼저 정국 주도권을 잡은 것은 당시 재임 중인 루이 18세를 뒷배경으로 한 정통파였다. 이들은 루이 18세 사후 그의 동생인 아르투아 백작 샤를 10세를 옹립하며 권력을 유지하였다. 정통파가 샤를 10세를 옹립한 것은 그가 상대적으로 우유부단했던 전임 루이 18세에 비해 반자유주의 성향이 매우 강했기 때문이다. 따라서 이들은 샤를 10세의 치세를 시작으로 절대왕정 복원을 위한 반자유주의 정책을 전격적으로 행동에 옮겼다.

▲ 샤를 10세

그 시작이 샤를 10세의 랭스 대성당Cathédrale de Reims 즉위식이었다. 랭스 대성당은 프랑스 왕가의 시조인 클로비스가 즉위한 곳으로, 루이 16세까지 역대 모든 프랑스 왕들이 즉위식을 거행하여 정통성을 대내외에 과시했다. 랭스 대성당 즉위식은 왕권신수설을 상징하는 행사였다. 정통파가 샤를 10세의 즉위식을 랭스 대성당에서 거행한 것은 그가 프랑스인으로부터 통치권을 부여받은 것이 아니라는 점을 분명히 하기 위한 고도의 정치적 책략이었다. 전임 루이 18세가 따로 즉위식을 거행하지 않고 왕위에 올랐던 것은 왕권신수설 관련 논란을 불식시키기 위한 측면도 있었을 것이다.

이후 정통파는 샤를 10세의 주도 아래 프랑스 대혁명의 유산을 완전히 뒤엎는 반동 정치를 가속화했다. 프랑스 대혁명의 유산을 계승하겠다는 의미로 루이 18세가 공포한 「1814년 헌법 헌장Charte constitutionnelle de 1814」도 무시하고, 언론의 자유를 중지시키고 의회를 해산하였다. 이에 반발하는 시민들을 무자비하게 탄압하였다.

이러한 시대착오적인 반동 및 반자유주의적 정책은 오히려 샤를 10세와 정통파에게 뼈아픈 자충수로 돌아왔다. 프랑스인들은 전임 루이 18세가 약속한 「1814년 헌법 헌장」까지 무시하면서 프랑스의 정치발전을 30년 전으로 후퇴시키려는 정통파에 대한 분노를 쏟아내었다. 프랑스인들은 대규모 시위를 일으키며 샤를 10세의 퇴위를 요구하였다. 정통파의 반동 정치에 대한 저항은 1830년 7월에 대규모 혁명(7월 혁명)으로 발전하였다.

비로소 샤를 10세는 사태의 심각성과 민심 이반을 체감하기 시작하였다. 특히 군인들까지 시민 편에 가담하기 시작하면서 1789년 대혁명의 재연으로 이어져 목숨도 장담할 수 없다고 판단하였다. 샤를 10세는 퇴위를 선언하고 국외 망명을 떠났다. 정통파의 재집권은 이렇게 끝이 났으며 이후 정통파가 다시 집권하지 못했다. 19세기 후반까지 제도권 정파로서 명맥은 이어갔지만, 샤를 10세의 폭정에 부역했다는 과거로 인해 수구반동으로 인식되어 소수 세력으로 머물게 된다.

온건 왕당파 극우, 오를레앙 파의 집권과 대활약

'7월 혁명Révolution de Juillet(1830)'과 이어진 샤를 10세의 퇴위로 정통파가 정치 일선에서 물러났지만, 이것이 바로 공화국 복원으로 이어지지는 않았다. 7월 혁명은 구체제와 절대왕정에 대한 프랑스인들의 영원한 거부 선언과 다름이 없었다. 하지만 프랑스인들은 과거 제1공화국 시절의 정치적 혼란에 대한 부정적 인식 때문인지 군주제와 공화국 간 중용中庸의 길을 선택하고자 했다. 프랑스인들은 자유주의적 군주제를 지향하는 온건한 왕당파인 오를레앙 파에게 기회를 주기로 하였다. 그 결과 프랑스인들의 전폭적인 지지 아래 오를레앙 가문의 종주인 루이 필리프 1세 Louis

Philippe Ier(1773~1850)가 왕위에 올라 '7월 왕정Monarchie de Juillet 시대(1830~

1848)'를 열었다. 이로써 오를레앙 파의 최초이자 최후의 집권이 시작되었다.

프랑스인들이 루이 필리프 1세를 선택한 것은 그의 이력을 고려할 때 충

▲ 7월 왕정의 탄생

분히 이해가 가능한 일이었다. 먼저 '평등한 필리프Philippe Égalité'라는 별명으로 불린 그의 아버지는 일찍부터 계몽사상에 감화되고 절대왕정 개혁의 필요성에 동조한 인물로, 부르봉 왕족으로서는 유일하게 프랑스 대혁명을 지지하였다. 또한 루이 필리프 1세는 전임 정통파 군주들과 달리 프랑스 대혁명 이후에도 국외 망명 대신 국내에 남아 혁명군 장교로서 활약하였다. 그 과정에서 그는 파리 입성을 노리던 프로이센군을 대파한 발미 전투(1792)에 참전하는 것으로 애국과 호국의 정신을 몸소 보여주었다. 당시 프랑스인들에게 루이 필리프 1세는 프랑스 대혁명의 유산을 계승하는 애국·애민의 군주가 될 것이라는 확신을 심어준 것이다.

루이 필리프 1세가 이끄는 오를레앙 파는 집권 이후 시대변화에 역류하려던 정통파와 상반된 행보를 보였다. 이들은 정치적 자유화를 거스를 수 없는 시대적 흐름으로 받아들이고자 하였다. 이를 위한 첫 번째 단계로서 오를레앙 파는 왕당파의 핵심 이념인 왕권신수설과 군주 주권 사상을 온전히 포기하고, '국민주권주의'를 천명하였다. 이를 위해 루이 필리프 1세는 랭스 대성당에서 즉위식을 거행하지 않았고 전통적 호칭인 '프랑스의 왕Roi de France'이 아닌 '프랑스인들의 왕Roi des Français'이라는 호칭을 공식적으로 사용하였다. 자신이 신이 아닌 프랑스인들에 의해 선출되었음을 강조하기 위한 것이었다. 자신의 권력과 정통성이 프랑스 국민의 기반한다는 사실을 공식화하기 위한 것이기도 했다.

다음으로 오를레앙 파는 절대왕정과 완전하게 단절하고 한 단계 진일보된 입헌군주제를 도입하였다. 오를레앙 파의 입헌군주제는 루이 필리프 1세가 공포한 「1830년 헌법 헌장Charte constitutionnelle de 1830」에 근간을 두고 있다. 이는 사실상 7월 왕정의 헌법으로서 정치적 자유화의 시대적 흐름 속에 프랑스 군주제를 융화시키려는 유연성을 지니고 있었다. 특히

「1830년 헌법 헌장」의 3가지 핵심 사항을 살펴볼 필요가 있다.

첫째, 언론·출판의 검열 폐지를 공식화하여 프랑스인들의 언론·출판의 자유를 보장하였다. 이는 프랑스인들의 정치적 자유를 크게 확대시켰다. 둘째, 입법권을 국왕과 더불어 상원Chambre des pairs과 하원Chambre des députés이 공동으로 행사하게 규정하여, 국왕에 의한 입법 독재 가능성을 차단하고자 하였다. 셋째, 가톨릭의 '국교國敎:Religion d'État' 지위를 폐지하여 프랑스인들에게 종교와 신앙의 자유를 보장하였다. 가톨릭이 프랑스 역대 왕조의 왕권 강화를 위한 통치 이념으로 활용되었던 과거를 미루어 볼 때, 7월 왕정의 종교와 신앙의 자유 보장은 매우 파격적인 결정이자 향후 프랑스 왕실을 위협할 수도 있는 정치적 도박이었다.

종합적인 관점으로 볼 때, 루이 필리프 1세는 국가원수이자 행정부의 수장이며 국군통수권자로서 국왕의 지위와 오를레앙 왕조의 세습을 보장받

▲ 「1830년 헌법 헌장」

는 대신에 왕권 제한을 통한 시민의 정치적 자유 확대를 용인한 것이다. 이는 프랑스 왕실의 집권 의지와 정치적 자유화를 원하는 프랑스 국민 간 최대 타협점이었다. 또한 이는 특정 가문 내지는 특정 정파의 이익 보다는 근대로 향하는 프랑스의 국가대계國家大計를 추구했던 루이 필리프 1세와 오를레앙 파의 '열린 유연한 사고Ouverture d'esprit'의 소산이었다.

이러한 오를레앙 파의 정치 혁신은 권력구조 개편과 정치적 자유화 확대를 넘어 선거제도 개편을 통한 유권자 확대로 이어졌다. 당시 프랑스의 선거제도는 오늘날과 같은 보통선거 제도가 아니라 일정 수준의 재산을 가진 성인 남성을 대상으로 하는 '납입금 선거제도Éléction cencitaire'였다. 일정 수준의 선거 납입금Cens를 지불할 수 있는 25세 이상의 성인 남성만 투표권을 행사할 수 있었다. 오를레앙 파는 선거 납입금을 대폭 낮췄고, 이는 유권자 수의 기하급수적인 증대로 이어졌다. 실제로 루이 18세 치세에 11만

▲ 19세기 프랑스의 산업화

명에 불과했던 유권자 수가 루이 필리프 1세 치세 말기에는 900만 명에 이르렀다.

이러한 정치적 선택들로 오를레앙 파는 프랑스의 사회·경제적 근대화를 진일보시키는 역할을 하였다. 7월 왕정은 오랜 혁명과 전쟁으로 인해 영국보다 뒤쳐진 프랑스의 산업화가 매우 시급하다는 점을 인식하였다. 이에 따라 7월 왕정은 먼저 프랑스 각지에 도로와 철도 그리고 운하를 건설하여 산업 자본주의 경제 활성화를 위한 대규모 인프라 구축에 온 힘을 쏟았다. 이는 당시 프랑스 상업 진흥과 더불어 국내 내수 시장 확대에 큰 보탬이 되었다. 참고로 파리의 최초 기차역인 생 라자르Gare de Saint-Lazarre도 이 시기에 건설된 것이다.

오를레앙 파는 사회문제 해결에도 큰 관심을 두었다. 이들은 공교육에 대한 투자를 크게 확대하여 전국에 초등학교를 설립하였다. 이를 통해 초등교육 대상자가 많이 증가하였다. 이는 문맹률 개선으로 이어져 루이 18세 치세에 40퍼센트였던 문해율이 루이 필리프 1세 집권 이래 매년 1퍼센트씩 증가하여 그의 치세 말기에 60퍼센트로 증가하는 놀라운 결실로 이어졌다. 이와 더불어 오를레앙 파는 산업화 과정에서 심각한 사회문제로 떠오른 열악한 노동 환경을 주목하였다. 이들은 최대 근로시간 및 아동 노동 시간제한과 산업재해 예방을 위한 공장 내 안전 수칙 도입을 골자로 하는 노동법을 도입하였다. 이는 근로조건 개선과 노동자 인권 증진을 위한 정치적 노력이 본격화되는 시점이기도 하였다.

결론적으로 7월 왕정, 즉 오를레앙 파의 집권기는 비록 극우 왕당파 세력이지만 유연한 사고를 바탕으로 시대정신을 따르며 프랑스의 정치·경제·사회적 개혁과 진보를 이룬 시기로 평가할 수 있다. 오를레앙 파는 18년간의 집권기간 동안 일당독재가 아닌 반대파인 공화주의자들과 사회주의자들과도 타협과 공존을 통한 상생의 협치를 추구하였다. 루이 필리프 1세는 1840년에 세인트헬레나섬에 묻힌 나폴레옹 1세의 유해를 파리 중심부의 앵발리드Les Invalides에 안장함으로써, '보나파르트파Les bonapartistes'로 불리는 나폴레옹 지지자들의 동정심도 얻었다.

이를 통해 오를레앙 파는 모든 프랑스인을 통합하고 대표하는 국민 정당으로 부상하고자 하였다. 루이 필리프 1세가 '시민 국왕Roi citoyen'으로 불리기를 원했던 것도 이러한 정치적 목표에 바탕을 둔 것이라고 볼 수 있다. 오를레앙 파는 온건한 극우 혹은 국민 우파의 모습을 보여준 것이다. 오를레앙 파의 유연성과 개방성은 국가와 민족의 미래를 위해 기득권을 기꺼이 양보할 수 있는 정치·역사적 식견과 포용력이 있었기에 가능했다. 이것이 바로 오를레앙 파가 추구하는 애국 보수인 이유이다. 따라서 오를레앙 파의 행보는 합리적인 극우의 전형이라고 말할 수 있다.

▲ 나폴레옹 1세의 유해 발굴

7월 왕정의 붕괴와 1세대 왕당파 극우 시대의 종말

　그러나 모든 것에는 끝이 있듯이 오를레앙 파의 집권도 더 큰 정치적 자유화를 원하는 프랑스 시민들의 요구 속에서 그 한계를 드러내기 시작하였다. 공화주의자들을 중심으로 한 시민들은 7월 왕정이 실시한 납입금 선거제 확대에 만족하지 않고, 완전한 '보통선거제Suffrage universel' 도입을 요구하였다. 하지만 오를레앙 파는 보통선거제는 받아들일 생각이 없었다. 이는 보통선거제를 통한 선거권 확대는 '중우정치Démagogie'으로 이어질 것이라는 보수 세력의 인식에 근간을 둔 것이었다. 오를레앙 파는 무엇보다 보통선거제가 다수의 이름 혹은 다수의 폭력으로 왕당파의 최후의 보루인 입헌군주제를 폐지할 수 있다는 우려를 가졌다.

　7월 왕정은 프랑스 시민들의 보통선거제 요구 운동을 탄압하기 시작하

▲ 2월 혁명

였다. 이는 루이 필리프 1세 정권과 공화파가 중심이 된 시민 세력 간 극단
적 갈등으로 번지기 시작하였다. 설상가상으로 당시 프랑스 경기가 악화
되어 빈곤율과 실업률이 증가하면서 일반 노동자 계급도 공화파 측에 대
거 합류하였다. 보통선거제 요구시위는 루이 필리프 1세의 퇴위를 요구하
는 시민혁명으로 급속히 변모하였다.

훗날 '2월 혁명Révolution de février(1848)'이라 불리는 이 거대한 시민혁명
은 사실상 7월 왕정의 정치적 정통성에 대한 최후통첩이자 사형선고였다.
사태의 심각성과 위험성을 깨달은 루이 필리프 1세는 전임 샤를 10세와
마찬가지로 퇴위를 선언하고 국외 망명을 떠났다. 오를레앙 파도 권좌에
서 퇴장하게 된 것이다. 이후 오를레앙 파는 재집권하지 못했고 입헌군주
제 재도입도 이루어지지 않았다. 이들의 빈자리를 대신한 건 역설적으로
나폴레옹 1세의 조카로서 훗날 나폴레옹 3세Napoléon III로 역사에 기록된
루이 나폴레옹 Louis Napoléon Bonaparte(1808~1873)이
제2공화국(1848~1852)을 친위쿠데타로 무너뜨리고
세운 프랑스 제2제정(1852~1870)이었다.

▲ 나폴레옹 3세

2

2세대 프랑스 극우:
국적 독일에 대한 복수를 외친 공화국 우파들

20년 가까이 프랑스의 2번째 황제로서 군림하던 나폴레옹 3세는 1870년 스당 전투(1870)에서 철혈재상 비스마르크Otto von Bismarck(1815~1898)가 이끄는 프로이센(이하 독일 혹은 독일 제국)에 완패하여 포로로 잡혀 허망하게

▲ 스당 전투 이후 포로가 된 나폴레옹 3세와 철혈재상 비스마르크

몰락하였다. 이틈을 타서 나폴레옹 3세의 독재에 대해 오랫동안 반감을 품었던 공화주의자들이 나폴레옹 3세 폐위와 제정 폐지를 선포하였다. 동시에 이들은 곧 공화국 체제 복귀를 선포하였다. 이것이 바로 프랑스 제3공화국(1871~1940)의 시작이다.

사실 제3공화국의 도래는 프랑스 정치사의 또 다른 핵심 분기점이었다. 프랑스 대혁명 이래 약 80년 동안 2번의 제정(1804~1814/1852~1870)과 2번의 왕정(1815~1830/1830~1848)을 겪은 프랑스인들은 더 이상 군주제는 시대에 부합하지 않는 정치체제라는 확신을 갖게 되었다. 이는 공화주의자들이 주도한 제3공화국 설립에 대한 폭넓은 지지로 표출되었다.

군주제에 대한 프랑스인들의 환멸과 거부감이 돌이킬 수 없는 상황에 이르면서 기존에 프랑스 극우를 대표하던 정통파는 물론 오를레앙 파를 위시한 왕당파들도 점차 정치적 생명력과 파급력을 잃어갔다. 정통파는 샤를 10세의 직계 손자인 샹보르 백작Comte de Chambord으로 불린 앙리 다르투아가 후사 없이 사망하면서 재집권의 명분과 원동력마저 거의 상실하였다. 왕당파 극우의 정치적 쇠락은 나폴레옹 왕가 복고를 지지하는 보나파르트파도 피할 수 없었다. 결정적으로는 제3공화국이 '과거 프랑스에 군림했던 모든 왕족에 대한 추방령'을 공표하면서, 왕당파들의 국내 집권 발판 자체가 와해가 되었다.

왕당파 극우를 대체한 2세대 반독주의 극우의 태동

한편 19세기 후반 극우의 핵심에서 밀려난 왕당파들의 자리를 대신하는 새로운 정치 세력이 등장하기 시작하였다. 스당 전투 승전으로 프랑스에 큰 치욕을 안기고 알자스-로렌Alsace-Lorraine까지 차지한 독일 제국

에 대한 보복을 부르짖
는 '반독反獨주의자들Les
Revanchards'이었다. 이들
은 기본적으로 공화국 체
제를 지지하면서도 독일
에 대해서는 매우 강한 적
대적 성향을 드러내는 세
력이었다. 따라서 2세대
반독주의 극우는 본질적

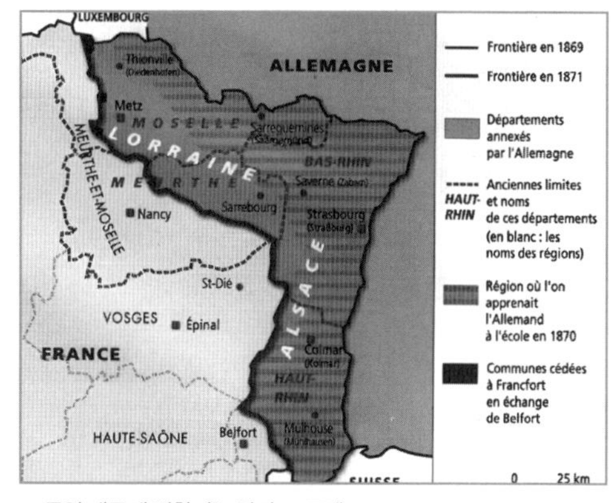

▲ 독일 제국에 병합되는 알자스-로렌

으로 애국 민족주의 성향이 가장 강한 공화국 우파로 볼 수 있을 것이다.

반독주의자들은 어떻게 새로운 극우의 주류로 부상할 수 있었을까? 이
들은 어떻게 기존 1세대 극우 왕당파 지지자들의 마음을 사로잡을 수 있
었을까? 이에 대한 답은 프랑스와 독일 간 역사적 관계를 살펴봄으로써 가
능하다. 비스마르크의 독일 제국이 등장하기 전까지 프랑스인들의 인식
속에서 독일은 기본적으로 역사와 문화가 한 단계 아래에 있는 나라에 불
과했다. 이는 양국의 상반된 역사 이력에 근거한다.

프랑스는 9세기경 샤를마뉴 대제 치세에 유럽의 강대국으로 발돋움한
이후 17세기 루이 14세 치세에 유럽의 문화·예술·학문 중심지로 자리를 잡
았다. 반면 독일은 수 세기 동안 통일 국가도 이루지도 못한 채 수백 개의
영방 국가로 분열된 느슨한 독일계 국가연합체 수준을 벗어나지 못했을
뿐만 아니라, 범汎 독일계인 오스트리아 합스부르크 왕조가 이끄는 신성
로마제국의 영향권 아래 있었다. 독일은 30년 전쟁(1618~1648)에서 나타나
듯이 이웃 강대국인 프랑스와 합스부르크 제국 사이에서 지정학적 체스판
으로 유린당하는 것이 일상이었다. 독일 통일 제국 건설의 주체인 프로이

센 왕국 조차 18세기에 건국된 신생국에 불과했고 군사 강국으로서 발돋
움한 이후에도 유럽 내의 역사 문화적 위치는 매우 초라하였다. 그 유명한
프리드리히 2세조차 그의 궁정에서 프랑스어를 사용하고 프랑스식으로 궁
전을 짓고 프랑스어인 '상수시Sans Souci'로 이름을 붙일 정도였다. 불과 70
년 전에 나폴레옹 1세가 수도 베를린에 입성하여 프로이센을 멸망에 가까
운 상태로 몰아넣었을 뿐만 아니라, 라인강 유역 독일계 영방 국가들을 임
의대로 라인연방Confédération du Rhin으로 통합시켜 사실상 프랑스의 보호
령 내지는 완충지대로 만든 기억이 여전히 선명했다. 프랑스인들의 역사적
우월 의식이 확고한 가운데 나폴레옹 3세의 프랑스 제국이 독일 제국에
의해 패망한 것은 충격을 넘어 영원한 흉터로 남을 역사적 상처였다. 당시
프랑스가 한때 크림전쟁(1853~1856)과 제2차 아편전쟁에서 승리를 거두며
각각 러시아와 청나라를 굴복시키고, 인도차이나반도에 진출하는 등 영국
과 쌍벽을 이루는 제국주의 열강이자 세계 제국으로 부상하였던 사실 때
문에 독일 제국에게 받은 치욕이 더욱 극대화되었다.

　한발 더 나아가 비스마르크는 프랑스를 굴복시킨 영광을 영원히 새기기
위해 태양왕 루이 14세가 건설한 베르사유 궁전의 '거울의 방Gallerie des
Glaces'에서 빌헬름 1세의 독일 황제 즉위식을 거행하고 통일 독일 제국 선
포식을 거행하였다. 이는 과거 나폴레옹 1세를 끌어내린 영국과 러시아도
감히 하지 않은 일이었다. 이러한 비스마르크의 행동은 영광스러운 프랑
스 역사에 씻을 수 없는 치욕을 안겨주려는 대단히 의도적이고 철저히 계
산된 행위였다. 이는 마치 도요토미 히데요시가 조선을 합병하고 경복궁
근정전에서 일왕 즉위식을 거행하고 대일본제국을 선포하는 것과 비슷한
것이다. 이러한 상황 속에서 반일 감정을 품지 않을 조선 사대부와 조선
백성을 찾는 것이 힘들 것처럼, 애국 민족주의 성향이 강한 공화국 우파뿐

▲ 베르사유 거울의 방 독일제국 선포식

만 아니라 많은 프랑스인이 독일에 대한 반감과 복수심을 갖게 된 것은 당연했다. 독일에 대한 보복과 응징은 비참하게 짓밟힌 프랑스의 민족적 명예를 되찾기 위한 지상명령으로 다가왔다.

하지만 프랑스 제3공화국 초기 정국을 장악한 중도성향의 공화국 우파와 좌파는 이러한 강성 애국 민족주의적 공화국 우파의 목소리를 무시하였다. 쥘 페리와 레옹 강베타로 대표되는 중도 세력은 프랑스와 독일 간 현실적 국력 차이를 인정하고 독일에 대한 보복보다는 독일과의 타협을 통한 공존을 택하였다. 이들은 스당 전투에서 경험한 독일의 강력한 군사력과 탁월한 외교 전략으로 유럽을 주름잡는 비스마르크를 두려워했다.

그렇다고 중도 공화파가 프랑스의 명예 회복을 방관한 것은 아니었다. 이들은 반독주의 공화국 우파와는 다른 방향을 제시하였다. 유럽 대륙에서 독일과의 정면충돌을 피하고 유럽 역외, 특히 새로운 국제 패권의 블루

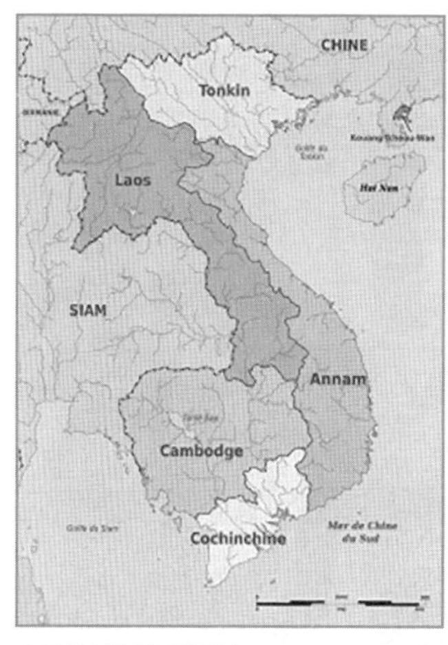
▲ 프랑스령 인도차이나

오션으로 떠오른 아시아와 아프리카 식민지 확장을 통해 실추된 프랑스의 국제적 위상과 명예를 만회하려고 하였다. 이것이 바로 19세기 후반 프랑스의 아시아와 아프리카 식민지 침략의 시발점이다. 실제로 이 시점에 프랑스는 청불전쟁(1884~1885)을 일으켜 인도차이나를 완전히 식민화하며, 독일에 대한 화풀이를 이미 만신창이가 되어 아시아의 병자로 조롱받던 청나라에 대신한다. 이러한 중도 공화파의 해외 식민지 확장 노선을 정당화하기 위한 이념으로서 제3부에서 상술할 문명 개화론Mission civilisatrice이 등장하게 된다. 이는 근대문명을 이룬 백인종이 전근대 상태의 유색인종을 식민 지배를 통해 근대화로 이끌어야 한다는 논리로서, 당시 유행하던 사회진화론과 인종론이 혼합된 산물이었다. 반독주의 공화국 우파는 중도 공화파의 노선을 비겁한 회피 전략으로 인식했다. 이들은 중도 공화파와 이에 편승한 공화국 우파세력을 이탈하여 기존 1세대 왕당파 극우를 대체하는 새로운 극우세력으로 변모한다. 이는 곧 2세대 반독주의 극우의 서막을 알리는 신호탄이었다.

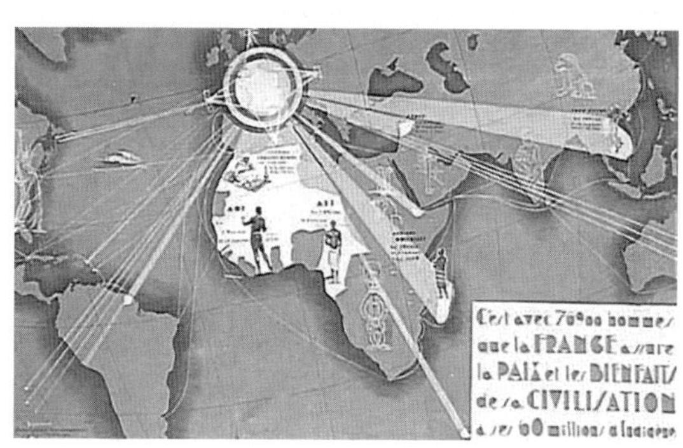

▲ 프랑스 문명 개화론 선전물

2세대 반독주의 극우의 태두, 불랑제 장군과 지지자들

이러한 2세대 반독주의 극우세력의 등장을 이끈 핵심 인물이 바로 불랑제 장군Georges Boulanger(1837~1891)이다. 그는 나폴레옹 3세 치세에 알제리 원정(1830~1904)과 코친차이나 원정(1858~1862) 같은 당시 프랑스의 대외 식민 전쟁에 참전한 베테랑 고위 장교였다. 특히 그는 스당 전투에도 참전하여 나폴레옹 3세가 포로가 되는 장면을 현장에서 지켜보았다. 특유의

▲ 불랑제 장군

카리스마와 참전 용사의 경력에서 느껴지는 애국자의 이미지로 가득 찬 불랑제는 반독주의 공화국 우파세력을 규합시키는 데 성공했다. 훗날 정통파와 오를레앙 파의 잔여 세력도 불랑제의 정치적 매력과 잠재력에 매료되어 손을 내밀 정도였다. 불랑제를 중심으로 통합된 반독주의 공화국 우파 및 강성 애국 민족주의 세력은 '불랑제주의Boulangisme'로 불리는 새로운 극우 정치 운동을 전개하면서 제3공화국 초기 정국에 강력한 도전장을 던졌다.

그렇다면 불랑제주의가 구체적으로 추구한 목표와 가치는 무엇인가? 일반적으로 '불랑제주의자Les Boulangistes'들이 독일에 대한 적개심에서 독일에 대한 보복만을 부르짖은 단순한 포퓰리즘 세력으로 소개되는 경향이 있다. 하지만 이는 사물의 겉면만 보고 판단하는 단견에 불과하다. 당시 독일에 대한 적개심은 정파를 초월하여 대다수 프랑스인이 공유하는 정서였다. 불랑제주의는 일차적으로 독일에 대한 복수, 특히 독일에 빼앗긴 알자스-로렌의 재수복을 통한 프랑스의 명예 회복을 주창하였다. 이들의 궁

극적 목표는 독일을 다시 굴복시킴으로써, 프랑스에 애국주의와 민족주의 기운을 불어넣는 것이었다. 불랑제주의자들이 본 프랑스의 가장 큰 문제는 스당 전투 패배로 상징되는 프랑스-프로이센 전쟁(1870~1871) 패배가 낳은 프랑스인들의 패배주의Défaitisme였다. 불랑제주의자들은 이러한 패배주의를 단순한 물리적 패배와 영토 상실을 넘어 프랑스의 민족혼과 재기의 발판을 영구히 상실하게 하는 위험 요소로 보았다. 불랑제주의자들의 눈에 독일에 대한 복수를 회피하는 중도 공화파는 가장 근본적인 과제인 프랑스의 민족정신과 민족적 자존감 회복을 방관하는 자들로 보인 것이다.

1880년대에 이르러 불랑제와 그의 추종 세력은 본격적인 행보를 개시했다. 불랑제는 그의 화려한 참전 경력과 대중적 인기와 클레망소 같은 저명한 공화파 정치인들의 지지를 바탕으로 오늘날 국방부 장관에 해당하는 전쟁부 장관으로 입각하였다. 클레망소는 훗날 전시 재상으로서 1차 세계대전의 승리를 이끈 인물이었다. 불랑제는 알자스 출신의 경찰 관료인 기욤 슈네블레를 독일에 간첩으로 파견해 대독 복수전을 위한 발판을 마련했다. 그러나 독일 당국이 슈네블레를 체포하면서 프랑스-독일 관계가 급속히 냉각되었고, 불랑제의 행보는 제3공화국 정부에 위험천만한 불장난으로 보여졌다. 프랑스와 관계 악화를 원치 않았던 비스마르크의 외교적 양보로 인해 슈네블레 사건은 무난히 해결되었지만 위험인물로 찍힌 불랑제는 해임되었다.

그럼에도 오히려 그의 대중적 인기는 솟아올랐다. '복수 장군Général Revanche'이라는 별명을 얻은 그는 프랑스 민중들에게 진정한 애국자로서 환대받았다. 이를 제도권 정치 진출을 위한 호기로 여긴 불랑제와 그 추종 세력은 의회 선거와 지방선거에 출마하였다. 불랑제는 국회의원으로 당선되었으며 44명의 불랑제주의자들이 파리와 지방 의회 의원으로 선출되는 소기의 성과로 이어졌다.

하지만 프랑스 정부는 반독주의 극우의 정치적 행보를 반체제 세력의 준동으로 인식하여 집중 감시와 전방위적 견제를 시작하였다. 특히 중도 공화파는 불랑제가 대중적 인기를 바탕으로 과거 나폴레옹 1세처럼 쿠데타를 일으켜 정권을 장악할 것이란 큰 두려움을 느끼고 있었다. 불랑제를 끌어내릴 빌미를 찾던 프랑스 정부는 결국 그와 그의 핵심 추종자들을 국가 전복 시도 혐의로 체포하려고 하였다. 불랑제는 벨기에 브뤼셀로 국외 망명을 떠났고, 얼마 지나지 않아 그곳에서 자살로 비참하게 생을 마감한다. 핵심 지도자와 지도부를 일순간에 잃은 불랑제주의자들은 모래성처럼 와해가 되었다.

▲ 조르쥬 불랑제의 자살

불랑제 사후 2세대 반독주의 극우의 재편과 재기

불랑제의 망명과 죽음은 비단 불랑제주의자들 뿐만 아니라 2세대 극우세력 전반이 위축되는 결과를 낳았다. 하지만 불랑제의 정신과 강성 애국 민족주의를 계승하려는 세력은 이후에도 계속 나타났다. 이 시기부터 반독주의 극우는 불랑제 단일 체제에서 여러 정치단체로 다양화되는 모습을 보인다. 특히 1차 세계 대전을 계기로 반독주의 극우세력의 부활은 더욱 뚜렷해졌다.

프랑스의 승리로 끝난 1차 세계 대전은 어떻게 반독주의 극우세력의 재기에 힘을 실어 주었을까? 이에 대한 답을 찾기 위해서는 1차 세계 대전 이후의 시대적 상황을 좀 더 살펴볼 필요가 있다. 프랑스가 지난 반세기 간 와신상담의 결실로서 독일을 패배시키고 알자스-로렌을 탈환함으로써 비스마르크에게 당한 치욕을 설욕한 것은 맞다. 하지만 승리 쟁취의 대가가 너무나 컸다. 특히 베르됭 전투(1916)로 대표되는 독일과의 소모전 속에서 프랑스는 16만 명 장병들의 목숨을 바쳤다. 전례 없는 치열한 살육전의 기

▲ 베르됭 전투에 투입된 프랑스군들

억은 전후에도 복수의 통쾌감을 넘어 독일에 대한 적개심을 더욱 증폭시켰다. 전후 프랑스의 반독주의 극우들은 불랑제가 원했던 독일을 굴복시키는 것에 만족하지 않았다. 한발 더 나아가 알자스-로렌을 수복하고 「베르사유 조약(1919)」을 통해 해외 식민지는 물론 독일 본토 일부를 차지하고 대규모 군축을 강제하는 것으로 독일의 팔과 다리를 잘랐다.

그럼에도 프랑스인들은 독일이 부활하여 프랑스를 병탄하는 최악의 시나리오를 지우지 않았다. 독일의 존재 자체를 두려워한 것이다. 게다가 1차 세계 대전 중에 발생한 러시아 혁명은 또 다른 공포로 다가왔다. 프랑스 내 공산주의자들을 위시한 극좌 세력은 제정 러시아를 피로 물들여 지워버린 소련을 추종하는 모습을 보이기 시작하였다. 극우 성향은 물론 중도 좌파 성향의 프랑스인들까지 공산주의에 의한 공화국 프랑스 전복 가능성에 경각심을 가지게 되었다.

2세대 극우의 반공주의 흡수와 다양화

그 결과 제1차 세계대전 후 1920~30년대 프랑스에는 더욱 강화된 반독주의와 반공주의를 표방하는 다양한 극우세력이 등장하여 세를 떨치게 되었다. 이와 관련하여 3개의 주요 극우 단체를 살펴볼 필요가 있다.

첫째, '애국자들의 연맹Ligue des Patriotes'을 들 수 있다. 이 정당은 불랑제의 동지이자 그의 실질적 후계자인 폴 데룰레드Paul Déroulède(1846~1914)가 세웠다. 애국자들의 연맹은 불랑제주의의 토대인 반독주의를 기반으로 반영反英주의, 반유대주의, 가톨릭주의 등의 다양한 보수이념을 아우르면서 범 애국 민족주의 정당으로 부상하고자 노력하였다. 이후 애국자들의 연맹은 데룰레드의 뒤를 이은 앙리 갈리Henri Galli(1853~1922)의 지도 아래에

▲ 라로크 대령

서 공화국 우파와의 타협을 통해 제도권 정치 진출을 시도하였다. 그 결과 갈리를 포함한 일부 당원이 국회와 파리 시의회에 진출하는 소기의 성과를 거두기도 하였다.

둘째, '불십자가Croix de feu'를 들 수 있다. 이 정당은 1차 세계 대전 참전 용사인 모리스 다르투아 Maurice d'Hartoy(1892~1981)가 세웠으며, 무공훈장Légion de guerre을 받은 참전 용사 출신 인사들을 주축으로 하였다. 불십자가는 소위 라로크 대령Colonel La Rocque이라 불린 프랑수아 드 라 로크François de La Roque(1885~1946)의 지도 아래에서 30년대에 무려 60만 명의 당원을 끌어모으며 엄청난 세를 과시하였다. 라로크 대령은 모로코 원정과 같은 프랑스 대외 식민 전쟁과 1차 세계 대전에 참전하여 무공훈장을 받은 엘리트 장교인데, 이들이 30년대 반독주의 및 반공주의 극우 세력의 중추로 부상하였다.

▲ 애국자들의 연맹

셋째, '카굴 비밀 조직Organisation sècrete de la Cagoule'을 들 수 있다. 이 단체는 본래 극우 왕당파 단체인 '악시옹 프랑세즈Action française' 출신인 외젠 드롱클Eugène Deloncle(1890~1944)과 자크 코레즈Jacques Corrèze(1912~1991)가 설립하였다. 이들은 사실상 정치적 설득력을 잃은 왕정주의를 넘어 반독주의와 반공주의를 통해 애국 민족주의를 실현하려는 대의로 이 단체를 설립하였다. 카굴 비밀 조직은 소위 '민족을 섬기는 프리메이슨Franc-Maçonnerie au service de la nation'이라 불리며, 극우 비밀 결사의 대명사로 여겨졌다. 이들은 반민족주의자와 공산주의 인사에 대한 암살을 포함한 테러를 불사하는 과격하고 폭력적인 노선을 걸었다.

▲ 외젠 드롱클

▲ 자크 코레즈

이 3개 단체를 위시한 다양한 반독주의 및 반공주의 극우세력은 나치독일이 막을 내리는 1940년까지 활발한 활동을 전개하였다. 이들은 패전국 독일이 반드시 부활하여 전쟁을 일으킬 가능성을 끊임없이 경고하였다. 동시에 소련과 범좌파 세력이 야합하여 프랑스를 내부에서 붕괴시킬 수 있다고 우려했다. 2세대 극우세력은 독일과 공산주의로부터 국가와 민족의 안위를 수호하기 위한 더욱 강력한 애국주의 무장을 강조하며 잠재적 외세 침공에 대한 강경한 대응 노선을 프랑스 정부에 촉구하였다. 이 과정에서 소위 '1934년 2월 6일 위기Crise du 6 février 1934'라고 불리는 대규모 반정부 시위를 통해 당시 프랑스 좌파 정부에 큰 압박을 주기도 하였다.

　반독주의 및 반공주의 극우세력이 무시할 수 없는 정치적 존재감과 파급력을 보여 줄 수 있었던 것은 기본적으로 그들의 이념과 가치를 공유하는 지지층이 비교적 탄탄했음을 말해준다. 이러한 콘크리트 지지층의 형성에는 라로크 대령과 불십자처럼 주요 극우 단체의 지도자들이 1차 세계 대전을 포함한 각종 프랑스의 대외전쟁에서 목숨을 걸고 싸웠던 호국 이력이 정치적 신용장 역할을 했을 것으로 보인다.

1차 세계 대전 이후 2세대 극우세력 증대의 원인과 배경

　1차 세계 대전 이후 극우세력이 크게 준동할 수 있었던 결정적 이유는 무엇인가? 일반적으로 전후 2세대 극우세력의 증대와 관련하여, 당시 프랑스 청년층의 대거 합류는 1929년에 발생한 대공황 사태로 인한 경제위기의 결과로 설명하는 경향이 있다. 하지만 이는 단편적인 해석으로 극우세력의 준동을 사회불만 세력에 의한 일시적 현상으로 폄훼하기 위한 설명

▲ 1934년 2월 6일 극우 봉기

일 뿐이다. 만약에 당시 2세대 극우세력의 상승가도가 경제적 취약 계층의 불만 표출에 불과했다면 '미슐랭Michelin'과 '로레알L'Oréal' 같은 프랑스 굴지의 대기업들이 카굴 비밀 조직과 애국자들의 연맹의 하부 조직인 '청년 애국자 연맹Ligue des Jeunesses Patriotes' 등을 지원한 사실을 설명하기 힘들다. 당시 프랑스 정부의 나치독일과 공산주의의 위협에 대한 미봉적 대처가 30년대 극우세력의 결집과 강화에 촉매제 역할을 한 것으로 보인다. 즉, 당시 극우세력은 극좌와 좌파를 제외하고는 중도 우파와 우파지지층의 암묵적 동정표를 얻었다고 볼 수 있다. 이를 좀 더 잘 이해하기 위해서는 30년대 상황을 다시 한번 살펴볼 필요가 있다.

첫째, 1933년 히틀러의 나치당 집권 이후 독일의 국력이 신장하고 재무장이 급속히 진행되었다. 히틀러는 군수 산업 증대를 바탕으로 독일 경제를 소생시키고 「베르사유 조약」을 파기하면서 군대 규모를 수백만 명으로 증가시켰다. 이는 나치 독일의 전쟁 의지를 노골적으로 드러낸 것과 다르지 않았다. 이러한 상황에서 1차 세계 대전의 승리에 도취한 제3공화국의 좌파 집권 세력은 1920년대 아리스티드 브리앙 총리가 독일 바이마르 공화국(1918~1933)의 구스타프 슈트레제만 총리와의 협력을 통해 이룬 양국 화해 기조를 금과옥조金科玉條로 믿고 유지하고자 하였다. 이들은 양국 간 화해 공로로 노벨평화상을 공동으로 받았지만 2세대 극우세력은 위장 평화 공세로 강하게 비판했다. 이러한 비판은 브리앙과 슈트레제만의 퇴장 이후 히틀러의 집권으로 현실이 되면서 좌파 정부 전복을 위한 허위 선전 선동이 아님이 여실히 드러났다. 훗날에 일이지만 당시 드골조차도 독일의 군사적 위협과 양국 전력의 비대칭 현상을 심각하게 지적하였다. 30년대 '독일 위협론'은 단순히 반독주의 극우세력만이 공유하는 사상도, 흑색선전도 아니라는 사실을 잘 드러낸다. 설상가상으로 히틀러는

▲ 에두아르 달라디에

프랑스의 눈치를 보지도 않고 체코슬로바키아의 주데텐란트Sudetenland와 오스트리아를 합병해 충격을 주었다. 나치 독일의 오스트리아 합병은 비스마르크도 이루지 못한 대大독일주의 Großdeutschland의 실현이라는 점에서 당시 프랑스인들에게 큰 공포로 다가왔다.

그러나 당시 에두아르 달라디에 총리는 여전히 대독 유화책을 고수하며 「뮌헨 협약(1938)」으로 상징되는 히틀러의 위장 평화 놀이에 장단을 맞추고 있었다. 독일의 재무장을 상쇄할 군사력 강화에 큰 노력을 기울이지 않았고 그 유명한 마지노선의 철벽 방어력을 믿고 있었다. 히틀러는 프랑스 지도자들의 오판에 의한 안일함을 틈타 전쟁을 위한 외교적 정지작업을 마무리하고 있었다. 1936년에 히틀러는 이탈리아의 무솔리니와 소위 「강철 협약」이라 불리는 상호 군사동맹을 체결하였다. 이는 훗날 일본과의 '추축국 동맹'으로 확대된다. 이어서 히틀러는 스탈린과 동유럽 세력권 분할과 상호인정을 조건으로 한 「독일·소련 불가침조약(1939)」을 체결하며 프랑스 공격을 대비해 후

▲ 프랑스 아리스티드 브리앙 총리(좌)과 독일 구스타프 슈트레제만 총리(우)

방을 안정시켰다. 히틀러의 공격적 행보가 명확해지고 나치독일에 유리한 국제정세가 조성되자 프랑스인들의 독일에 대한 공포심은 걷잡을 수 없이 확대 재생산되었다. 그들의 공포심을 가장 잘 대변해 주는 정파가 실질적으로 2세대 극우밖에 없었다.

둘째, 소련의 팽창에 따른 프랑스의 공산화에 대한 위기의식이 급증하였다. 1차 세계 대전 중에 발생한 레닌의 볼셰비키 혁명으로 제정 러시아의 전복과 공산주의 소련의 탄생은 프랑스에도 엄청난 충격을 주었다. 한발 더 나아가 소련은 프랑스를 포함한 유럽 전역에 공산주의 확산을 노리고 있었다. 공산주의자들을 중심으로 한 프랑스 극좌 세력은 자신들의 사상적 조국인 소련에 부화뇌동하는 행보를 보였다. 애국 민족주의 성향의 프랑스 인들의 관점에서 볼 때 이러한 공산주의의 급속한 확산은 크게 두 가지 국가적 위기를 가져올 위험이 있었다.

먼저 보편주의Universalisme를 강조하며 민족성을 부정하는 공산주의의 확산은 민족국가 프랑스를 와해시킬 수 있었다. 민족보다 이념을 우선하

▲ 독소불가침조약 체결

는 공산주의는 애국 민족주의 성향의 프랑스인들의 관점에서 볼 때 프랑스 민족성 말살의 씨앗이었다. 다음으로 이념적 조국이자 동지라는 관점으로 소련의 노선을 맹목적으로 추종하는 극좌의 행태는 프랑스의 안보에 큰 위협으로 작용할 수 있었다. 17세기 30년 전쟁(1618~1648) 때 프랑스의 개신교도 세력이 종교적 대의를 이유로 영국과 네덜란드와 같은 개신교도 국가와 야합하여 가톨릭 국가인 조국에 칼을 겨눈 과거를 회상하게 하였다. 이는 히틀러가 스탈린과 「독일·소련 불가침조약」을 체결한 이후 프랑스 공산주의 세력이 대독 적대 노선을 유보하다가 독소전쟁 발발 이후 소련의 대독 선전포고를 듣고 나서야 반나치 레지스탕스 활동을 개시한 점을 보면 매우 신빙성 있는 추측이었다. 이러한 상황 속에서 공산주의를 소련의 마수로 규정하고 반공 노선을 강하게 부르짖은 극우세력이 국가와 민족의 안위를 진심으로 걱정하고 돌보는 정파로 인식된 것이다.

2세대 극우가 집권에 실패한 근본적 이유

그러나 1세대 왕당파 극우를 잇는 2세대 반독주의 및 반공주의 극우세력은 끝내 집권에 성공하지 못하였다. 국민적 존경을 한 몸에 받는 애국자 출신 지도자들과 민중의 탄탄한 지지에도 불구하고 이들은 왜 집권하지 못했을까? 왜 이들은 오를레앙 파와 달리 집권에 실패하고 그저 강력한 재야 세력으로 머물 수밖에 없었을까? 물론 불랑제의 사례에서 살펴보았듯이 당시 주류 정치 세력의 집중적 견제와 탄압이 큰 장애 요소로 작용했을 것이다. 하지만 이는 외재적 요인에 불가할 뿐 2세대 극우세력이 가진 내재적 한계도 중요한 요소로 보아야 할 것이다. 이는 크게 2가지 측면에서 가늠해볼 수 있다.

첫째, 2세대 극우세력은 거대 단일 세력을 이루지 못한 채 분산되어 경쟁했다는 사실이다. 이는 정통파와 오를레앙 파라는 양대 세력으로만 나뉘어 있던 1세대 극우와의 큰 차이점이기도 하다. 위에서 살펴본 바와 같이 2세대 극우세력은 불랑제의 몰락 이후 20세기에 여러 정치단체로 재탄생하였다. 이들이 큰 틀에서 반독주의와 반공주의라는 공통된 이념을 추구했다는 점을 미루어 볼 때, 단일화 내지 대통합은 충분히 가능한 시나리오였다. 하지만 2세대 극우세력은 1934년 2월 6일 위기에서 볼 수 있듯이 거국적 연대만을 추구하였을 뿐 자신들 사이의 강력한 단일화 움직임은 보여주지 않았다. 이는 2세대 극우 정치 세력 사이의 이념적 차이라기보다는 이념의 초점과 행동 방식의 차이로 인한 것으로 보인다.

예를 들면 애국자들의 연맹과 불십자가가 반독주의에 중점을 두었던 반면, 카굴 비밀 조직은 반공주의를 우선시하는 경향을 보였다. 이들과 대조적으로 악시옹 프랑세즈(극우 왕당파 단체)는 군주제 부활의 사상적 태두인 샤를 모라스의 영향 아래 왕정주의와 가톨릭주의를 근본으로 삼고 있었다. 한발 더 나아가 애국자들의 연맹과 불십자가가 정치활동의 방점을 집권에 두었던 반면 카굴 비밀 조직과 악시옹 프랑세즈는 각각 테러활동과 학술 출판 활동에 중점을 두었다. 물론 2세대 극우세력이 보여준 다극화는 상호 경쟁과 견제를 통한 건전한 발전을 촉진했다는 점에서 부정적으로만 볼 필요는 없을 것이다. 다만 2세대 극우세력들이 가장 큰 세력이었던 불십자가를 중심으로 통합되었더라면 이들의 집권 내지는 강력한 제도권 정치 세력화가 가능했을지도 모른다.

둘째, 2세대 극우는 오를레앙 파와 달리 우파와 중도를 아우를 이념적 포용력과 유연성이 다소 부족했다. 오를레앙 파는 극우와 왕정주의자들의 정권이 아닌 모든 프랑스인을 통합하는 정권을 추구하였다. 이들은 단순

▲ 샤를 모라스

▲ 악시옹 프랑세스 로고

한 입헌군주제 실현을 넘어 노동자 계층을 위시한 중하류층까지 포용하기 위한 사회경제적 정책을 추진했다. 이는 공화국 우파는 물론 좌파의 이념과 정강까지 흡수한 것과 다름이 없었다. 하지만 이와 대조적으로 반독주의 및 반공주의 2세대 극우는 애국 민족주의와 국가안보 수호에만 치중하는 모습을 보였다. 2세대 극우는 좌파 지지층들의 관심 사항인 빈곤 및 실업률 해소와 같은 경제 문제해결을 위한 구체적인 이념과 정책적 대안을 내세우지 못하였다. 또한 2세대 극우는 집권의 사다리가 되어줄 공화국 우파, 즉 중도 우파와의 연대도 적극적으로 추진하지 않았다. 이는 2세대 극우가 모든 계층의 지지를 얻을 수 있는 기회를 스스로 박탈한 것으로, 집권을 방해하는 아킬레스건으로 작용하였다. 바꿔말하면 2세대 극우의 반독주의와 반공주의는 기존 극우 지지층을 결집하고 국가안보를 우려하는 일부 우파 지지층의 동정표를 확보하는데 머문 것이라고 결론을 지을 수 있다. 모든 프랑스인의 지지를 확보하려는 노력 대신 극우의 극우로만 남고만 것이다. 이는 2세대 주요 극우 지도자들이 정치인이나 학자로서 경험이 일천하고 평생 전쟁터만 누빈 순수한 군인이었다는 점에 기인한 측면이 강할 것이다.

하지만 2세대 극우가 집권에 실패했다고 해서 이들의 활동이 무의미한 것이 아니다. 이들은 스당 전투 패배 이후에 만연했던 프랑스인의 패배주의를 깨끗이 씻고 잠시 겨울잠에 빠진 프랑스의 민족혼을 일깨우는 정신적 멘토 역할을 하였다. 1차 세계 대전 때 이들은 포탄이 쏟아지는 참호전에서 몸소 애국과 호국 정신을 실천하였다. 또한 독일의 재무장과 공산주의의 확산으로 인한 국가적 위기를 간파하여, 당시 프랑스 집권 세력의 안일 무사주의에 채찍질을 가했다.

그러나 이보다 중요한 점은 2세대 극우는 정치적 정도正道를 지켰다는 사실이다. 주류 정치 세력의 우려와 선전 선동과 달리 이들은 공화주의자로서 소신과 정도를 지키며 공화국 체제를 지지하였다. 물론 샤를 모라스의 사례처럼 이들 사이에 군주제 지지 세력이 존재하기는 하였으나, 그들은 2세대 극우의 주류가 아니었을 뿐만 아니라 두 명의 나폴레옹처럼 쿠데타를 통한 집권을 시도하지 않았다. 앞서 살펴본 불랑제의 사례도 2세대 극우의 공화주의 성향을 잘 드러낸다. 당시 프랑스 정부의 선전과는 달리 불랑제는 일부 강성 지지층과 왕당파들의 권유에도 쿠데타를 시도하지 않았다. 그와 마찬가지로 30년대에 대대적 반정부 시위를 주도한 극우 지도자들도 당시 좌파 정권 지지도 하락 유도를 통한 내각 붕괴를 노렸을 뿐 대규모 폭동 내지 군사 쿠데타를 통한 정권 탈취 및 공화국 체제 붕괴는 거부하였다. 이처럼 2세대 극우는 정치적 자유화의 틀을 벗어나지 않았던 오를레앙 파와 마찬가지로 결코 비합리적인 수구 반동 세력이 아니라는 사실을 입증했다.

이렇듯 1차 세계 대전 이후 시대적 위기를 등에 업고 나름대로 제 역할을 한 반독 및 반공 극우 정치단체들은 1940년에 이르러 그토록 경계한 나치독일의 프랑스 침략으로 제3공화국이 붕괴하면서 함께 해산해야 했다. '역사는 반복된다'는 말이 무색하게 70년 만에 프랑스가 독일에 다시 무릎을 꿇은 사건은 2세대 극우 세력에게 감당할 수 없는 치욕으로 다가왔다. 특히 1940년의 항복은 독일군과 제대로 된 전투도 치르지 못했다는 점에서 더욱 뼈아픈 사건이었다. 이는 1차 세계 대전에 참전한 2세대 극우 지도자들에게 심장을 도려내는 것보다 더 큰 아픔이었을 것이다. 이에 따라 2세대 극우는 제2부에서 후술할 내용처럼 반나치 레지스탕스에 대거 합류하면서 1차 세계 대전 때와 마찬가지로 애국 투사의 길을 걷는다.

3

3세대 프랑스 극우:
제국 프랑스의 향수를 가진 민족주의자들

노르망디 상륙 작전(1944)이 시작된 지 2달 뒤인 1944년 8월에 수도 파리가 나치 독일로부터 해방되었다. 그러나 해방된 프랑스의 정국은 잠시간의 환희를 뒤로한 채 혼란이 연속되었다. 파리 해방과 함께 귀국한 드골의 '자유 프랑스France Libre'를 위시한 반나치 레지스탕스 세력은 조국 재건의 최우선 과제로서 나치 부역자들에 대한 대숙청을 시작하였다. 이들은 정치계, 경제계, 언론계 등을 막론한 모든 분야에서 나치독일의 프랑스 점령과 통치에 적극적으로 협력한 인사들을 무자비하게 처형하고 처벌하였다. 이는 1차 세계 대전의 영웅인 페탱 원수조차 피할 수 없었다. 그는 히틀러와의 굴욕적인 강화를 받아들이고, 사실

▲ 히틀러와 악수하는 페탱

상 나치독일의 괴뢰정부인 비시정부Régime de Vichy의 수반을 역임하며 불과 20여 년 전 수십만에 이르는 그의 부하 장병들의 목숨을 빼앗은 국적國賊 독일의 프랑스 통치에 협력하였다. 그는 드골에 의해 사형선고를 받고 비참하게 옥사했다. 비시정부의 2인자이자 최악질 부역자의 또 다른 대명사인 피에르 라발은 가차 없이 총살되었다. 프랑스의 괴벨스라는 별명으로 친親 나치독일 선전 활동에 앞장섰던 필리프 앙리오는 파리 해방 직

▲ 파리 해방 후 개선하는 드골

▲ 프랑스 나치독일 부역자 숙청

전 레지스탕스 활동가들에 의해 자택에서 처참하게 맞아 죽었다. 간신히 사형을 피한 부역자들은 민족 반역자로서 낙인이 찍히거나 피선거권이 박탈되어 프랑스 정계와 사회에서 완전히 매장되었다. 해방 프랑스 정국에서 민족 반역자 세력은 모조리 거세당하거나 음지로 축출되었다. 나치 독일 부역자 처벌 분위기는 로베스피에르의 공포정치 아래 반혁명 분자들에 대한 무자비한 처형 분위기와 유사하였다.

프랑스 해방 정국 이후 하나가 된 드골파와 2세대 극우

드골이 이끄는 우파(이하 통칭 드골파)와 반나치 레지스탕스 활동을 함께 한 극우도 나치 부역자 숙청에 적극적으로 나서며 기본적으로 같은 정치 적 노선을 걷게 된다. 드골파와 극우파의 유착은 훗날 프랑스 제4공화국 시기(1945~1958)까지 이어지는데, 양자는 긴밀한 동반자 관계 속에서 범우 파 세력의 중추를 구성한다. 이는 반독주의를 특징으로 하는 2세대 극우 의 해산을 알리는 신호탄이었다.

여기에는 두 가지의 불가피한 상황 이 크게 작용하였다. 먼저 국적 독일 이 완전하게 패망하여 분단됨에 따 라 더 이상 독일 위협론이 정치적 담 론으로서의 가치를 지니지 못했다. 다 음 반공주의는 본래 드골파를 위시 한 정통 우파도 공유하는 사상이었 기 때문에 더 이상 극우의 독점적 수 식어가 될 수 없었다. 이렇듯 전후 상

▲ 프랑스 인민 연합당

▲ 조르쥬 비도

호 결합 관계에 접어든 드골파와 2세대 극우는 철의 장막으로 대표되는 냉전의 도래 속에서 프랑스의 공산화를 봉쇄하여 국가와 민족을 지켜야 한다는 공동 사명 의식을 강하게 느꼈다. 이는 이들이 피를 함께 흘리며 민족해방 투쟁을 벌였던 동지애가 다시 작동하는 것이기도 하였다. 이후 드골파와 극우는 제4공화국에서 드골이 세운 '프랑스 인민 연합당RPF, Rassemblement du Peuple Français'과 1차 세계 대전 참전 용사이자 극우 레지스탕스 출신인 조르쥬 비도Georges Bidault(1899~1983)가 세운 '대중 공화 운동 MRP, Mouvement Républicain Populaire'이 공존하며 정치활동을 이어가게 된다.

제4공화국 초기 정국은 장 물랭으로 상징되는 좌파 반나치 레지스탕스 활동에 나섰던 사회주의자들과 이에 합류한 일부 공산당 세력에 의해 주도되었다. 이러한 좌파 주도 정국은 공동의 정적을 둔 드골파와 극우 간 분열을 방지하는 요소로 작용하였다. 또한 프랑스-인도차이나 전쟁(1946~

▲ 대중공화운동 MRP

1954) 패배와 수에즈 위기(1956)에서 드러난 제4공화국 좌파 정권의 대외정책적 무능은 양자 간 유대를 강화하는 촉매제로 작용하였다. 즉, 제4공화국 좌파 정권의 정치·외교적 실책으로 인한 프랑스의 불안정화는 위대한 프랑스를 지향하는 드골파와 극우의 공통된 비판 대상이자 가장 큰 우려 사항이었다. 이에 따라 후술할 알제리 전쟁으로 인해 제4공화국이 붕괴되고 드골이 제5공화국의 출범과 함께 정권을 잡았을 때도 극우는 반발하는 모습을 보이지 않았다. 드골이 프랑스의 혼란을 수습하고 조국과 민족의 존엄과 위대함을 지킬 것이라 굳게 믿었기 때문이었다.

알제리 독립 결정에 반발한 3세대 제국 민족주의 극우의 등장

하지만 이러한 극우의 기대는 점차 실망으로 돌아왔다. 드골은 강력한 카리스마와 지도력으로 제4공화국이 남긴 정치적 혼란을 안정시켰지만, 알제리 독립으로 대표되는 프랑스 식민 제국 해체 노선을 걷기 시작한 것이다. 이는 극우세력의 대大프랑스주의에 위배되는 것이었다. 이러한 예상치 못한 드골의 행보에 극우는 반발의 목소리를 내기 시작하였고, 이는 결국 20년간 한 지붕 아래 정치적 동지로 함께한 드골파와 극우 간 균열을 가져왔다.

'알제리 전쟁(1954~1962)'은 베트남 독립 시도로 벌어진 프랑스·인도차이나 전쟁에 이은 알제리 해방 전쟁이다. 당시 '민족 해방 전선Front de Libération Nationale'으로 대표되는 알제리 독립주의자들이 각종 소요 사태를 일으키며 알제리 독립을 요구하였다. 무려 8년간 이어진 알제리 전쟁은 소모적 유혈사태와 함께 교착상태에 빠져 해결의 기미가 보이지 않았고, 프랑스 내에서도 알제리 독립 승인과 알제리 지배 유지로 국론이 분열되어

▲ 알제리 전쟁

정치적 고르디우스의 매듭이 되었다.

알제리 전쟁으로 붕괴한 제4공화국의 잔재 위에서 집권한 드골은 알제리 문제의 해결 없이는 그가 세운 제5공화국도 같은 운명을 피하지 못할 것이라고 믿었다. 고심 끝에 그는 '알제리 독립에 관한 국민투표 Référendum sur l'Indépendance de l'Algérie'를 실시하여, 투표 결과에 따라 이 문제를 결정하고자 하였다. 1962년 4월에 시행된 프랑스 본토 국민투표와 같은 해 7월에 시행된 프랑스령 알제리 국민투표에서 각각 90퍼센트와 99퍼센트의 독립 찬성표가 나왔다. 이에 드골은 "네, 여러분의 뜻을 이해했습니다. Oui, je vous ai compris"로 화답하며 알제리 독립 승인을 공식화하였고 같은 해 알제리 독립이 이루어졌다. 하지만 프랑스 식민 제국에 대한 향수를 가진 2세대 극우

▲ 알제리 독립 투표 결과를 알리는 프랑스 언론

의 후예를 비롯한 강성 민족주의자들은 드골의 알제리 독립 승인에 강하게 반발하였다. 이들은 드골파와 거리를 두면서 새로운 극우를 형성한다. 이것이 바로 제국 프랑스 유지를 지지하는 강성 민족주의 극우, 즉 '3세대 제국 민족주의Nationalisme impérial' 극우이다.

3세대 극우가 제국 프랑스 해체를 반대한 진정한 이유

그렇다면 왜 3세대 극우는 알제리 독립 문제를 계기로 드골파와 결별을 한 것일까? 사실 알제리는 인도차이나와 같은 다른 식민지에 비해 프랑스에 매우 특별한 의미와 상징을 지닌 식민지였다. 이는 크게 3가지 측면에서 설명될 수 있다.

먼저 알제리는 19세기 '프랑스 제2 식민제국Second empire colonial français' 출범을 알리는 신호탄과 같은 존재였다. 18세기 7년 전쟁(1756~1763)의 패배로 영국에게 북아메리카와 동인도 식민지를 상실한 프랑스는 19세기 초반에 다시 식민 제국 재건에 나섰다. 그 시작이 바로 1830년 알제리 정복

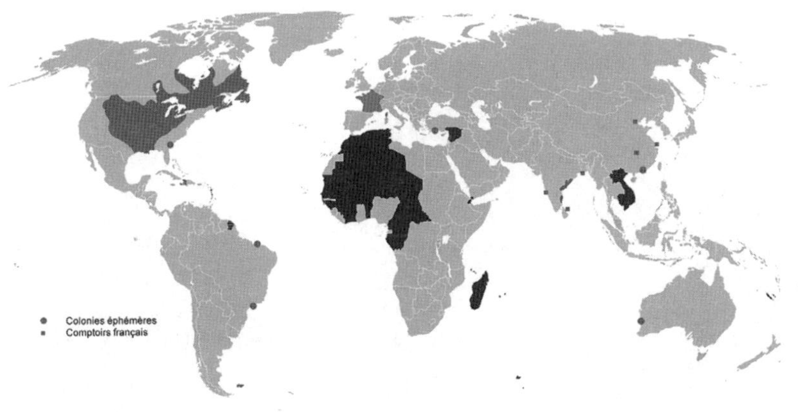

▲ 프랑스 식민제국 강역

이었다. 프랑스는 알제리 식민지화를 바탕으로 서아프리카의 방대한 지역을 지배하는 데 성공하였다. 또한 알제리는 프랑스 식민 제국 내에서 프랑스 본토보다 영토가 더 넓은 식민지이기도 하였다. 따라서 알제리 독립은 프랑스 식민 제국 와해를 가속화 할 위험이 있을 뿐만 아니라 프랑스 제국 역사에 마침표를 찍는 상징적 의미로 다가왔다. 강성 민족주의 극우의 관점에서 볼 때 알제리 독립 승인은 프랑스 식민 제국의 자살행위나 다름이 없었다.

다음으로 130여 년에 걸친 프랑스 식민 통치 속에서 알제리에는 이미 소위 '피에-누아르Les Pieds-noirs'라 불리는 백만 명이 넘는 프랑스인이 정착하여 거주하고 있었다. 알제리 독립 당시에 이들 대부분은 노벨문학상을 수상한 알베르 카뮈처럼 알제리에서 나고 자랐다. 이들 피에-누아르에게 알제리는 단순한 식민지가 아니라 고향이자 프랑스의 일부분이었다. 이는 프랑스 본토에서도 강성 민족주의 극우뿐만 아니라 많은 프랑스인의 폭넓은 공감을 얻고 있었다. 여기에는 알제리가 프랑스 본토와 지중해를 사이에 둔 가장 가까운 식민지인 점도 크게 작용하였다. 이에 따라 3세대 극우

▲ 알제리 독립 직후 프랑스 본토로 돌아오는 피에-누아르

를 중심으로 한 알제리 독립 반대자들은 알제리를 단순한 식민지가 아니라 고대 로마 제국과 북아프리카 속주屬州의 관계와 유사하게 프랑스 본토와 연결된 지방 내지는 프랑스 본토의 연장선으로 인식하였다. 이러한 관점에서 볼 때 알제리 독립 승인은 알제리 거주 프랑스인의 터전을 뒤흔드는 일이자 프랑스 영토 일부를 일부러 떼어내는 행위나 다름이 없었다. 특히 후자는 제1공화국에서 유래하여 드골이 만든 제5공화국 헌법에서 계승한 "공화국은 분열될 수 없다. La République est indivisible."는 조항을 위반한 사항이기도 하였다.

3세대 제국 민족주의 극우는 '알제리 독립은 곧 프랑스 식민 제국 해체'라는 확신을 가졌을 것이다. 이는 실제로 알제리 독립 이후 프랑스 아프리카 식민지 독립 행렬이 이어진 사실을 통해 사실로 드러났다.

3세대 극우가 제국 프랑스에 대한 향수를 잊지 못한 보다 근본적인 이유는 무엇일까?

이들은 프랑스 식민 제국 유지가 프랑스의 위대함을 유지할 수 있는 필요충분조건이라고 생각하였으며 드골이 수용한 급속한 식민지 독립은 프랑스를 강대국 대열에서 이탈시킬 것이라고 믿었다. 3세대 극우는 제국 프랑스를 미국 및 소련과 어깨를 나란히 할 수 있는 강대국 프랑스의 위상을 지켜줄 수 있는 역사적 자산으로 보았던 것이다.

드골의 제국 프랑스 해체에 분노한 3세대 극우의 대반격

알제리 독립이 실현되면서 프랑스 식민 제국 해체가 급행 궤도를 타자 3세대 극우는 드골에게 강력하게 반발하였다. 조르쥬 비도가 알제리 독립에 대한 항의와 드골에 대한 실망의 표시로 프랑스를 떠나버릴 정도였

▲ 1961년 반란 4장군

다. 이와 동시에 단순한 반발을 넘어서는 구체적인 행동으로 드골의 결정을 뒤집으려고 한 이들도 있었다. 이를 주도한 것은 프랑스 식민지 주둔 군대에서 평생을 복무하며 제국 프랑스를 수호했던 군인들이다.

'1961년 반란 4 장군Les quatre généraux de la révolte de 1961'이라 불리는 장군들은 심지어 군사행동까지 계획했다. 반란 4 장군인 모리스 샬Maurice Challe(1905~1979), 에드몽 주오 Edmond Jouhaud(1905~1995), 라울 살랑Raoul Salan(1899~1984), 앙드레 젤레르André Zeller(1989~1979)는 알제리 독립을 원천 봉쇄할 군사작전을 모의하였다. 이들은 드골 정권에 대항할 군내 비밀 결사 조직인 '비밀군대조직 OAS, Organisation de l'armée secrète'을 결성하였다.

▲ 피에르 샤토-조베르

4 장군의 계획에 강성 민족주의 성향의 영관급 장교 수백 명이 따랐다. 그 대표적인 사례가 우리의 광복군에 해당하는 자유 프랑스군에 복무하며 나치 독일군과 싸우고, 이후 프랑스군 중령으로 각종 대외전쟁을 지휘하며 명성을 떨친 피에르 샤토-조베르 Pierre Chateau-Jobert(1912~2005) 이다. 여기에 조르쥬 비도와 같은 일부 민간 극우 정치인도 비밀

군대조직 OAS에 은밀히 가담하였다.

이들은 프랑스령 알제리 수호를 명분 삼은 군사작전을 개시한다. 1961년 4월에 4 장군은 공수부대를 투입하여 현 알제리의 수도인 알제Alger를 기습 점령한 후 알제리가 자신들의 통제에 있다고 선포하고 드골의 알제리 독립 용인에 대한 결사항전을 선언했다. 명분이야 어쨌든 이는 명백한 군사 반란이었다. 또한 드골 정권에 대한 정면 도전이자 자칫 내전으로 번질 수 있는 군사행동이었다.

그러나 4 장군의 반란은 비상대권Pleins pouvoirs을 선포한 드골의 즉각적인 대응과 카리스마에 눌린 휘하 반란군 장병들이 투항하면서 본토와 식민지 간 유혈 군사 충돌로 이어지지 않고 진압되었다. 하지만 이 반란은 드골파와 3세대 제국 민족주의 극우 간 단절을 상징하는 분기점이자 서로 물과 기름처럼 반목하게 되는 시작점이었다.

훗날 4 장군 중 앙드레 젤레르의 아들인 베르나르 젤레르가 책과 인터뷰를 통해 이 사건의 내막을 밝힌 적이 있다. 그에 따르면 4 장군 모두 수십 년을 프랑스군에서, 특히 시리아와 인도차이나 같은 프랑스 대외 식민 전쟁에 참전했던 소위 잘나가는 군내 엘리트들이었다. 또한 반란 이전까지 서로 안면이 거의 없는 사이로서 한국 육군의 하나회처럼 사적인 파벌 관계로 연결된 사이가 아니었다는 것이다. 이들은 제국 프랑스 수호라는 대의로 만나 단결하여 거사를 벌였다. 4 장군의 반란은 결코 진급 욕심이나 권력욕에서 비롯된 것이 아니었다.

알제리 4 장군 반란 진압 이후에도, '제국 프랑스는 곧 프랑스 위대함'이라는 확신을 가진 3세대 극우의 준동은 쉽게 식지 않았다. 이들은 드골과 그를 추종하는 우파 세력을 프랑스의 위대함을 의도적으로 훼손한 '또 다른 형태의 민족 배신자'로 치부하였다. 이는 드골이 과거 자신이 "위대함

▲ 프티-칼마르 암살 미수 사건 당시 피격 당한 대통령 전용차의 모습

이 없는 프랑스는 프랑스가 될 수 없다.Sans la grandeur, la France ne peut être la France"라고 말한 사실을 부인한 것으로 보았다.

또한 비밀군대조직 OAS의 잔여 세력은 드골에 대한 직접적인 암살 시도까지 감행하였다. 그중 가장 유명한 것이 드골 대통령 내외의 목숨을 앗아갈 뻔한 1962년의 '프티-칼마르 암살 미수 사건'이다. 유명한 영화 〈자칼의 날〉은 이 사건에서 착안한 것이기도 했다. 비밀군대조직의 요원들이 드골 대통령 내외가 탄 차량을 향해 수십 발의 총탄을 퍼부었다. 이는 과거 나치 독일 점령기에 2세대 극우 비밀 결사 조직들이 나치 독일군 장교와 부역자들에 대해 가한 저항과 비슷한 것으로 드골에 대한 3세대 극우의 크나큰 배신감을 잘 드러낸다.

장-마리 르펜의 등장과 3세대 극우의 세대교체

한편 비밀군대조직 OAS의 폭력 노선과는 별개로 제도권 정치에서 드골파에 도전장을 던진 3세대 극우가 있었다. 이들은 반드골파 강성 민족주의자들을 결집시킨 새로운 강성 애국 민족주의 정당을 창당해서 드골파를 대체하는 제도권 정치 세력으로 자리 잡고자 하였다. 이때 등장한 인물이 유명한 장-마리 르펜 Jean-Marie Le Pen(1928~2025)이다. 그는 프랑스-인도차이나 전쟁과 알제리 전쟁에 참전했던 장교 출신으로 제국 프랑스 민족주의자로서 모습을 드러내었다. 드골 집권기에 장-마리 르펜은 불과 30대 청년이었던 까닭에, 그는 3세대 극우의 젊은 기수이자 당시 극우의 세대교체를 상징하는 인물이었다.

사실 장-마리 르펜은 정치입문 때부터 드골의 프랑스 식민 제국 해체 노선에 강한 불만과 반감을 드러내었다. 특히 알제리 독립 추진이 진행되자 그는 정치입문 이전부터 드골이 대국大國인 프랑스를 일부러 소국小國으

▲ 청년 시절 장-마리 르펜

로 축소시키려 한다고 불만을 토로하기도 하였다. 드골파에 대한 적개심을 키워가던 장-마리 르펜은 1964년에 당시 원로 극우 정치인인 장 루이 틱지에르-비냥쿠르Jean Louis Tixier-Vignacour(1907~1989)가 대통령 선거에 출마하자 그의 보좌관으로 활약하며 드골파에 대한 정면 도전을 시작하였다. 틱지에르-비냥쿠르는 알제리 독립 문제로 드골과 대립각을 세우는 한편 반란 4 장군의 한 명인 살랑 장군과도 밀접한 관계를 유지하였다. 이후 장-마리 르펜은 화려한 대외전쟁 참전 경력 및 특유의 카리스마를 무기로 청년 민족주의자 이미지를 앞세우며, 반드골주의 강성 민족주의 세력을 빠르게 규합하였다. 그는 드골 사후 2년 뒤인 1972년에 제5공화국의 최대 극우 정당이자 현 '국민연합Rassemblement National'의 전신인 '국민전선Front National'을 창립하였다. 이는 장-마리 르펜과 국민전선이 향후 프랑스 극우의 선봉으로 나설 것을 예고하는 신호탄이었다.

형태만 달랐던 드골파와 3세대 극우의 제국 민족주의

이렇듯 2차 세계 대전 이전의 제국 프랑스의 영광 재현을 꿈꾸며 드골파를 등지고 독자노선을 선택한 3세대 극우를 과거의 향수에 취한 시대착오적인 집단으로 단정할 수 있을까? 과거 1세대 왕당파 극우의 첫 주자였던 정통파처럼 3세대 제국 민족주의 극우를 수구반동으로 규정하는 것은 단순한 발상에 지나지 않는다. 물론 드골이 선택한 알제리 독립과 이어진 프랑스 식민 제국 해체는 당시와 향후 시대적 흐름으로 미루어 볼 때 옳은 결정이었다. 소위 '탈식민주의'라 일컫는 식민 제국 해체 흐름은 비단 프랑스뿐만 아니라 영국, 네덜란드 스페인, 포르투갈 등의 기존 유럽 식민 열강들 모두 거스를 수 없는 시대의 대세였기 때문이다.

무엇보다 유럽 식민 열강의 식민지 유지는 새로운 초강대국으로 등장한 미국과 소련 중심의 양극 냉전 체제 속에서 허용되기 힘들었다. 2차 세계 대전 이후 미국과 소련은 과거 유럽 제국주의 패권의 상징인 식민 제국 체제를 해체하고 신규 독립한 식민지 민족과 국가를 그들의 영향권 아래 두면서 새로운 세계질서를 만들고자 하였다. 게다가 이즈음 양차 세계 대전의 원흉으로 지목된 제국주의에 대한 도덕적 반성 기류가 전 세계적으로 거세게 몰려왔다. 이에 따라 식민 제국 체제 유지는 정치적 명분과 대의를 급격히 상실하였다. 설상가상으로 '민족자결주의'에 다시 눈을 뜬 식민지 민족들의 민족의식과 저항 의식은 더 이상 무력으로 누를 수 있는 상황이 아니었다.

이보다 더 근본적인 문제는 2차 세계 대전으로 인해 프랑스를 포함한 유럽 식민 열강들이 폐허가 되거나 국력 쇠퇴에 접어들었다는 사실이다. 바꿔말하면 이들은 더 이상 많은 식민지를 유지할 여력을 가지지 못했다. 유럽 식민 열강 중 이례적으로 끝까지 식민 제국 체제를 유지하려고 했던 나라가 포르투갈이었다. 포르투갈은 살라자르 독재 정권 하에서 포르투갈

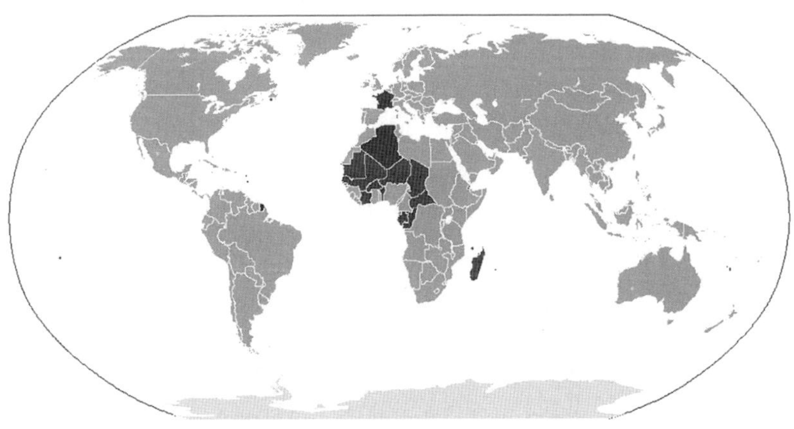

▲ 프랑스 공동체. 프랑스와 프랑스 옛 식민지 사이에 설립된 조직이다.

식민지 전쟁(1961~1974)까지 불사하면서 군대를 보내 식민지 독립운동을 진압하려고 하였다. 그러나 쇠퇴한 국력과 식민지 민족들의 강력한 저항과 더불어 미국과 소련을 위시한 국제사회의 압력으로 인해, 포르투갈은 아무런 소득도 없이 반강제적으로 식민지에서 철수하고 나아가 유럽의 최빈국으로 전락하였다. 그 과정에서 살라자르 독재 정권도 붕괴하였다.

이러한 시대 정황을 미루어 볼 때, 드골은 불필요한 짐이 될 수 있는 식민 제국 체제를 해체하고 남은 국력을 프랑스 본토 재건에 쏟았다. 드골의 결정은 실리적인 것이자 올바른 노선이었다. 그렇다고 그가 4세기 넘게 축적된 프랑스 식민 제국의 유산을 완전히 버린 것은 아니었다. 수백 년간 프랑스 언어와 문화 그리고 제도 아래 있던 전 대륙의 식민지와 프랑스는 특별한 관계를 가질 수밖에 없었고, 이는 향후 프랑스의 외교 및 전략적 자산으로 활용할 가치가 있었다.

그래서 드골은 식민 제국의 단단한 매듭 대신 프랑스와 옛 식민지 사이의 느슨한 연결고리로서 '프랑스 공동체Communauté Française'를 창설하였다. 이는 영국과 영미英美계 국가 간 정치 경제적 연결고리인 '영연방British Commonwealth'과 유사한 것으로 이해할 수 있다. 즉, 드골은 프랑스 공동체를 통해 프랑스와 옛 식민지 간 특수한 네트워크를 재정립하는 것으로 과거 식민지들에 대한 프랑스의 정치·외교·경제·군사적 영향력을 유지하고 발전시키고자 하였다.

이러한 관점에서 볼 때 드골도 근본적으로 3세대 극우가 선전한 바와는 달리 맹목적인 반反제국 프랑스주의자는 아니었다. 다만 그는 당시 프랑스의 상황과 전 세계적 흐름을 고려하여 오대양 육대주 위에 세워졌던 프랑스 식민 제국의 역사적 유산과 전략적 자산을 미래지향적 내지는 지속가능한 방식으로 유지하고 발전시키려 했던 전략가였다. 드골이 원했던 것

은 프랑스 식민 제국의 완전한 해체가 아닌 프랑스 식민 제국의 '현대적 재
탄생Renaissance à la modernité'이었다.

　이러한 전략적 정책의 결과로서, 오늘날에도 프랑스는 식민 제국의 유산
으로서 북아메리카(예: 프랑스령 과달루프), 남아메리카(예: 프랑스령 기아나), 아
프리카(예: 프랑스령 마요트), 오세아니아(예: 프랑스령 폴리네시아) 등지에 해외 영
토를 보유하고 있다. 오늘날 프랑스는 실질적으로 오대양 육대주에 자국령
이라는 지정학적 자산을 보유한 유일한 유럽 국가로 남아있다.

　이러한 드골의 진정한 속마음을 고려할 때 드골파와 3세대 극우의 차이
는 종이 한 장에 불과했던 것으로 볼 수 있다. 사실 이를 잘 드러내는 일화
가 있다. 드골이 1967년에 캐나다 국빈 방문 중 퀘벡주Quebec州 수도 몬트
리올에 가게 되었을 때였다. 퀘벡은 본래 프랑스가 16세기에 개척한 '누벨
프랑스Nouvelle France'라 불린 옛 식민지로서 7년 전쟁 패배 이후 영국령
캐나다로 편입된 것이었다. 그래서 퀘벡 주민들의 대다수는 프랑스인들의
후손으로서 영국과 캐나다 당국의 억압 아래에서도 여전히 프랑스어를 모

▲ 자유 퀘백 만세를 외치는 드골

국어로 사용하고 프랑스 문화와 관습을 유지하고 있었다.

퀘벡 주민들이 모인 몬트리올 광장에서 연설을 하던 중 드골은 갑자기 "자유 퀘벡 만세! Vive le Quebec libre!"를 외쳤고, 이는 프랑스의 영혼을 간직한 퀘벡인들의 심장을 뒤흔들었다. 이어 그는 "프랑스 만세! Vive la France!"를 외쳤다. 퀘벡인들은 엄청난 환호성을 질렀다. 이러한 드골의 발언은 퀘벡 독립운동을 자극했을 뿐만 아니라, 궁극적으로 누벨 프랑스를 건설한 프랑스 식민 제국의 영광을 상기시키는 것이었다. 알제리 독립을 승인한 드골의 영혼 속에도 제국 프랑스의 영광이 버젓이 살아 숨 쉬고 있었다.

프랑스 식민 제국 해체와 관련한 이견을 제외하고는 드골이 추진한 외교 안보 정책 전반과 관련하여 드골파와 3세대 극우 간 이견과 대립이 거의 없었다. 예를 들어 드골이 프랑스의 나토 탈퇴를 결정하고 프랑스의 자체 핵무장을 행동에 옮겼을 때 당시 극우세력은 이에 대한 맹렬한 비판이나 반대를 제기하지 않았다. 이는 드골파와 3세대 극우의 애국 민족주의가 본질적으로 같다는 것을 보여주는 사례이다.

국민전선의 등장과 3세대 극우의 민족정체성 수호 운동

장-마리 르펜은 1974년 프랑스 대선에 출마하면서 자신의 정치적 입지와 더불어 제5공화국 아래 극우의 정치적 영향력을 크게 확대시켰다. 다른 한편 이후 국민전선은 한 차례 노선 변경을 시도했다. 드골 집권기인 60년대에 프랑스의 식민지 독립이 대거 이루어져 프랑스 식민 제국 체제 복원은 정치적 설득력과 현실성을 잃어갔다. 이러한 현실을 깨달은 장-마리 르펜을 중심으로 한 3세대 극우는 70년대 이후 제국 프랑스 부활과 같은 구시대적인 담론을 사실상 폐기하였다. 게다가 드골파의 집권 아래 '영광의 30년Trentes Glorieuses'이라는 전후 경제 호황기를 누리던 프랑스 국민의 머릿속에서 제국과 식민지 이야기는 관심 밖의 주제로 전락하였다.

특히 '68혁명Révolution de 68'을 경험한 청년 세대들에게 프랑스 식민 제국은 구세대가 집착하는 제국주의와 파시즘의 산물로 거부감을 일으켰다. 대신에 3세대 극우는 70년대 이후 프랑스를 포함한 서유럽 국가에서 정치 사회적 문제로 떠오른 대량이민 문제에 주목하기 시작하였다. 이들은 인종과 문화가 전혀 다른 중동과 아프리카발 이민자 대량 유입이 비단 프랑스의 국가 및 사회 질서뿐만 아니라 프랑스 고유의 민족정체성을 혼란시킬 수 있다고 보았다. 이에 따라 3세대 극우는 민족정체성 수호를 기치로 하는 애국 민족주의로 변모하였다. 프랑스 식민 제국 시절에 프랑스 본토 내 중동과 아프리카 식민지 출신의 이민자들이 존재한 건 사실이다. 그러나 당시 그 숫자는 수천 명에 불과했을 뿐만 아니라 프랑스 본토 문화와 제도에 순응하는 모습을 보여 큰 문제가 되지는 않았다. 하지만 50년대부터 국가 재건을 위한 노동력 공급을 이유로 진행된 중동과 아프리카발 이

▲ 68 혁명

민행렬은 그 속도와 규모 면에서 이전과는 크게 달랐다. 이미 60년대 말에 프랑스는 추가적 외국인 노동력을 필요하지 않을 만큼 일자리가 포화상태에 있었다. 이러한 상황에서 방치된 이민자 대량 유입은 프랑스 사회에서 문화충돌과 같은 사회문제를 일으키기 시작하였다. 이 문제는 범우파 대통령인 발레리 지스카르 데스탱이 1976년에 가족 초대 이민제도를 시행하면서 더욱 악화가 되었다. 이후 중동과 아프리카발 대량이민은 프랑스 사회가 통합할 수 없는 수준에 이르기 시작하였다. 그 과정에서 주류사회에 통합되지 못한 중동·아프리카 출신 이민자들의 심각한 일탈이 발생하기 시작하였다.

문제가 심각해진 것은 이들 상당수가 이슬람이라는 점이었다. 이들은 점차 자신들만의 공동체를 이루며 이슬람 문화를 고수한 채 프랑스 언어와 문화에 동화되는 것을 거부하였다. 이들의 수가 급속히 늘어나는 상황 속에서 점차 많은 프랑스인은 가톨릭을 기반으로 한 국가 혹은 민족정체성이 교란될 수 있다는 위기의식을 갖게 되었다. 사실 이러한 대량이민으로 인한 문제점과 그로 인한 민족정체성 위기의식은 당시 드골주의 우파와 사회주의 좌파도 공유하고 있었다. 잘 알려지지 않은 이야기이지만 70년대 중반까지만 해도 좌파는 이러한 대량이민 행렬을 자본가의 예비군 Armée de réserves des patrons이자 프랑스 노동자들의 임금 삭감을 위한 수단으로 비난하기도 하였다. 그러나 이후 주류 우파와 좌파는 인종주의자와 민족주의자로 비칠 것을 두려워한 나머지 더 이상 이민 문제와 민족정체성 문제에 대해 소극적인 모습을 보이는 것으로 현실을 외면하였다.

주류 기득권 정치 세력의 이러한 현실 회피는 3세대 극우가 발호할 토양이었다. 3세대 극우는 민족정체성 수호를 내세우며 주류 우파에 실망한 민족주의 성향 프랑스인들의 동정을 얻기 시작하였다. 그 과정에서 장-마리 르펜과 국민전선은 더 이상 수용 불가한 대량이민 중단과 불법 이민자 및 외국인 범죄자 추방을 주장하기 시작하였다. 그러자 '정치적 올바름'이란 명분을 내세우던 프랑스 주류 언론과 주류 정치권은 3세대 극우를 인종주의자 혹은 배타적 민족주의자로 비난하며 정치공세를 가하였다.

3세대 극우의 민족정체성 수호 운동에 오해와 진실

그렇다면 이러한 국민전선의 민족정체성 수호 노선이 인종주의와 배타적 민족주의의 발로로만 볼 수 있을까? 실상은 그렇게 간단치가 않다. 물론 장-마리 르펜을 포함한 일부 3세대 극우 정치인들이 이슬람 이민자들에 관해 과격한 발언과 실언을 거듭 자행한 건 사실이다. 그로 인해 3세대 극우 전체가 인종주의 집단으로 매도될 수 있는 빌미가 제공되었다. 이와 관련하여 장-마리 르펜과 그를 맹목적으로 추종하는 과격 정치인들의 책

▲ 시내 거리에서 기도하는 프랑스 무슬림들

임이 매우 크다. 하지만 분명한 점은 당시 국민전선이 지적한 당시의 아랍-이슬람 계열 이민자 대량 유입으로 인한 문제점, 특히 프랑스인들이 더 이상 프랑스에 살고 있지 않다고 느끼는 위기의식은 이미 커지는 중이었다는 사실이다. 잘 알려지지 않은 사실이지만 드골도 프랑스 고유의 민족정체성을 지키기 위해 대량이민 제한 필요성을 암시하였다. 이와 관련하여 그는 다음과 같은 말을 남겼다.

> "황인 프랑스인, 흑인 프랑스인 그리고 갈색 프랑스인이 있는 건 매우 좋다. 이는 프랑스가 모든 인종에 열려있는 나라라는 것과 보편적 사명 의식을 지니고 있다는 점을 잘 드러낸다. 하지만 이는 이들이 소수 집단으로 존재하는 것을 전제로 할 때이다. 그렇지 않으면, 프랑스는 더 이상 프랑스가 아니다. 우리 (프랑스인)는 우선 백인종 유럽 민족이자, 그리스-라틴문화와 기독교를 근간으로 하는 민족이기 때문이다."
>
> C'est très bien qu'il y ait des Français jaunes, des Français noirs, des Français bruns. Ils montrent que la France est ouverte à toutes les races et qu'elle a une vocation universelle. Mais à condition qu'ils restent une petite minorité. Sinon, la France ne serait plus la France. Nous sommes quand même avant tout un peuple européen de race blanche, de culture grecque et latine et de religion chrétienne.

이에 덧붙여 드골은 아랍인 대량이민이 일으킬 수 있는 문제와 관련하여 다음과 같은 말을 남겼다.

"병 안에 있는 기름과 식초를 섞어도 나중에 그들은 다시 분리
된다. 아랍인들은 아랍인일 뿐이고 프랑스인들은 프랑스인일
뿐이다."

Essayez d'intégrer de l'huile et du vinaigre. Agitez la bouteille. Au bout
d'un moment, ils se sépareront de nouveau. Les Arabes sont des Arabes,
les Français sont des Français.

드골의 정치적 계승자인 자크 시라크 대통령도 이즈음 "프랑스에 너무
많은 외국인이 있다.Il y a l'overdose d'étrangers."고 말한 바 있다. 그의 뒤를
이은 드골파 니콜라 사르코지 대통령도 이민 문제와 관련하여 민족정체성
문제를 사회적 논의 주제로 내세운 바 있다. 이를 미루어 볼 때, 장-마리
르펜과 국민전선의 중동·아프리카발 대량이민 제한을 통한 민족정체성 수
호 구호는 단순한 구호가 아니라 현재 많은 프랑스인이 느끼는 문제에 대
한 과감한 해결방안의 하나였다.

3세대 극우의 상승가도와 어두운 그늘

이렇듯 다소 위험성 있는 강성 민족주의 행보를 걸은 장-마리 르펜은 많
은 프랑스인이 암묵적으로 공감하는 민족정체성 위기의식에 대한 목마름
을 채워주면서 정치적으로 크게 약진했다. 국민전선은 1986년에 열린 총
선에서 무려 35명의 후보를 국회에 진출시키는 성과로 이어졌다. 제5공화
국 역사상 극우 정당의 첫 제도권 중앙 정치 진출 사례이자 이후 이어질
현대 프랑스 극우세력의 정치적 성장에 안정적인 선로를 놓아준 쾌거였다.
국민전선은 장-마리 르펜이 정치 일선에서 물러날 때까지 정권 창출이나

국회 정국 장악에는 성공하지 못하였다. 하지만 냉전이 종식된 90년대 이후 프랑스 내 이슬람 이민자의 급증과 프랑스 고유문화와 아랍-이슬람 문화 간 충돌 문제가 더욱 심각해지면서 국민전선은 기존 극우와 우파 내 강성 민족주의 성향의 프랑스인들의 지지를 받으며 정치적 생명력과 상품성을 유지하였다. 2000년대에 들어 국민전선은 민족정체성 위기를 심화시킨 프랑스의 이슬람화 위험성을 설파하며 더욱 큰 인기를 구가하였다. 이를 바탕으로 장-마리 르펜은 2002년 대선에서 사상 최초로 당시 총리였던 사회당 후보 리오넬 조스팽을 누르고 재임 대통령 시라크와 결선 투표에 진출하는 성과를 거두었다. 결선 투표에서 극우 집권 저지를 위한 좌·우파 거국 연대에 밀려 완패했지만, 이는 극우가 집권까지 가능하다는 것을 예고하는 것이었다.

70년대 이후 3세대 극우의 정치적 존재감과 파급력 확대를 통해 두 가지의 중요한 시사점이 있다. 먼저 3세대 극우가 주류 언론과 정치권의 견제 속에서도 콘크리트 지지층을 확보했다는 점이다. 다음으로 3세대 극우가 언제든지 범우파 민족주의 성향의 유권자들과 기존 주류 정치에 실망한 유권자들을 규합하여 주연의 자리를 위협하는 핵심 조연으로 등장할 수 있다는 점이다.

동시에 장-마리 르펜의 국민전선에도 어두운 그림자가 존재하는데, 이는 3세대 극우가 정치권 변두리만 머물 수밖에 없었던 결정적 이유이기도 하였다. 물론 장-마리 르펜의 강한 카리스마와 화제성은 국민전선을 위시한 3세대 극우의 정치적 생명력 유지를 위한 활력소 역할을 하였다. 그러나 동시에 그의 다소 독선적이고 권위주의적 정치 리더십은 국민전선을 포함한 3세대 극우를 사실상 일인 지배하에 두는 역효과를 낳았다. 즉, 20세기 후반의 프랑스 극우가 장-마리 르펜이라는 일인 브랜드로 획일화된 것이다.

이는 앞서 살펴본 바와 같이 19세기와 2차 세계 대전 이전의 다양한 정당과 다수의 정치 지도자들이 이끌었던 2세대 극우의 모습과 대조적이다.

▲ 브뤼노 메그레

결론적으로 3세대 극우의 르펜화化는 다음과 같은 문제를 낳았다. 국민전선이 장-마리 르펜의 단점과 한계를 그대로 물려받음에 따라 이민 문제와 인종 갈등의 정치·사회적 이슈화를 제외하고는 드골파에 군집한 다수의 애국 민족주의 성향 프랑스인을 끌어올 수 있는 새로운 화제 선점과 정책적 대안을 보여주지 못하였다는 점이다. 19세기 범우파와 중도 좌파까지 유혹할 수 있는 정치적 시각과 정책적 대안 제시 능력을 통해 정권을 잡았던 오를레앙 파와 달리 국민전선은 정권을 창출할 수 있는 정치적 시각과 정책적 대안을 제시하지는 못하고 있고, 이것이 그들이 집권할 수 없는 결정적인 요인으로 작용하였다.

사실 3세대 극우 진영 내에서 이러한 문제점을 인식하지 못한 것은 아니었다. 90년대 후반에 장-마리 르펜 일인 지도 체제의 한계를 체감하던 국민전선 내 일부 개혁파 세력이 극우의 대중화 내지는 보편성 확대를 위한 움직임을 보였다. 대표적인 예가 국민전선의 2인자였던 브뤼노 메그레의 개혁노선이었다. 그는 당내 추종자들과 함께 '국민운동-국민전선Front National-Mouvement National'을 발족시켰다. 이러한 새로운 정치 운동을 통해 3세대 극우와 국민전선의 정치적 확장성을 보강하고자 하였다. 이를 통해 국민전선이 궁극적으로 드골파까지 포섭할 수 있는 범우파 중심 세력으로 거듭나게 하고자 하였다. 하지만 이러한 메그레의 개혁노선은 이를 자신의 권위에 대한 도전이자 당내 쿠데타로 간주한 장-마리 르펜에 의해 물거품이 되었다. 이후 메그레는 물론 그의 추종자들도 국민전선에서 제명됨에 따라 3세대 극우의 혁신은 불가능한 꿈이 되었다. 이는 국민전선이 장-마리 르펜이 일선에서 물러날 때까지 프랑스 국민이 주류 우파와 좌파 집권 세력에 던지는 경고 신호이자 프랑스 선거판의 흥을 띄우는 정치적 박수무당 역할에 머무르는 결과를 낳았다.

4

4세대 극우:
유럽 연방화에 저항하는 주권주의자들

21세기에 들어서면서 프랑스는 민족정체성을 위협할 수 있는 또 다른 정치적 쟁점과 맞닥뜨리게 된다. 이는 국민주권을 위협할 수 있다는 점에서 프랑스의 이슬람화 문제보다 더욱 심각한 사안이 될 수도 있다. 바로 '유럽통합Intégration européenne'의 심화와 가속화였다. 사실 유럽을 하나의 국가처럼 만드는 것을 궁극적인 목표로 하는 유럽통합 운동은 50년대 '유럽 철

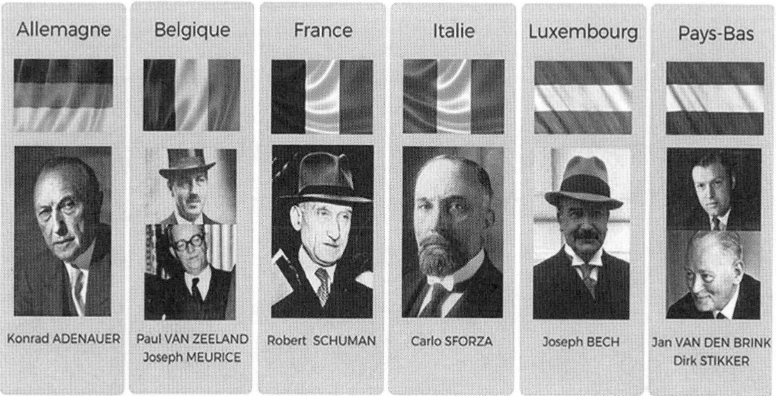

▲ 유럽 철강 석탄 공동체 창립 국가와 지도자들

강 석탄 공동체Communauté européenne du charbon et de l'acier' 건설을 골자
로 하는 '슈만 계획Plan Schuman'을 시작으로 꾸준히 진행되었다. 그러나
이는 주로 유럽 국가 간 경제 협력 확대에 중점을 둔 경제통합 시도에 가
까웠다.

하지만 냉전 종료 이후 발생한 90년대 유럽통합 운동은 새로운 국면에
접어들었다. 1993년에 훗날 유로화Euro라 불리는 유럽단일통화 도입과 공
동 대외안보 정책 도입 등을 약속한 「마스트리히트 조약(1992)」이 체결되었
다. 이는 유럽 국가 간 경제 협력 심화라는 기존의 유럽통합 단계를 크게
웃도는 것으로, 각국의 경제주권과 외교 주권을 양도 및 통합하는 더 높
은 단계를 뜻하는 것이다. 바꿔말하면 이는 유럽통합을 넘어서는 '유럽 연
방화Fédéralisation européenne' 건설을 공식화 한 것이었다. 이에 따라 「마스
트리히트 조약」 체결 이후 유럽공동체Communauté européenne는 오늘날 우
리에게 익숙한 '유럽연합Union européenne'으로 이름을 변경하였다. 또한 불
과 6년 뒤인 1999년에 유럽연합은 유로화 도입을 승인한 국가들의 모임인
'유로존Zone euro'을 중심으로 유로화를 도입하였다. 이러한 유럽통합의 심

▲ 1992년 「마스트리히트 조약」 서명식

화와 가속화 속에서 유럽통합의 규모 또한 빠르게 확대되었다. 붕괴한 소련의 족쇄와 철의 장막에서 벗어난 동유럽 국가들이, 90년대 폴란드와 체코의 나토가입을 기점으로 하여 2000년대 들어 대거 유럽연합에 합류하였다. 2013년에 크로아티아까지 유럽연합에 가입한 가운데 유럽연합은 「마스트리히트 조약」 이후 불과 20년 만에 무려 28개국으로 확대되어 동서 유럽을 아우르는 거대한 공간으로 확장되었다. 한발 더 나아가 사실상 유럽연합 헌법Consitution européenne으로 만들어진 「리스본 조약(2009)」이 체결되면서, '유럽합중국Les États-Unis d' Europe'으로 향하는 유럽연합의 길이 크게 확대되었다.

유럽통합의 모순 심화와 주권주의의 대두

그러나 이러한 유럽 연방화의 가속화와 유럽연합의 급속한 공간 확장은 하나의 유럽 건설이라는 장밋빛 전망과 함께 어두운 그림자도 드리우기 시작하였다. 먼저 성급한 단일 통화 도입은 프랑스를 위시한 남유럽 국가의 산업경쟁력 저하와 경제 침체를 초래하기 시작하였다. 애초에 유로화가 독일 통화인 마르크화Mark에 기반을 둔 까닭에 유로화는 기존 프랑스 통화인 프랑화Franc에 비해 비싼 통화였다. 비싼 유로화 사용은 프랑스의 수출 경쟁력을 점차 갉아먹기 시작하였다. 이는 2000년대 이후 프랑스의 실업률이 증가하고 국가부채가 급속히 증가하는 부작용을 가져왔다. 프랑스보다 더욱 취약한 산업 구조와 경제 체력을 가진 스페인과 포르투갈은 비싼 유로화 사용으로 발생한 '유로존 위기(2010-2012)'를 겪으며 국가 파산 위기에 몰리기도 하였다.

다음으로 유럽연합의 급속한 확대, 특히 가난한 동유럽 국가들의 대거 가입은 프랑스, 영국, 독일을 위시한 기존 서유럽 회원국에 엄청난 재정적 부담을 가져왔다. 유럽연합은 회원국의 분담금으로 운영되는데 이는 각 회원국의 경제 규모에 비례한다. 참고로 2024년 기준으로 프랑스와 독일 두 나라의 경제 규모가 유럽연합 전체의 40퍼센트를 차지한다. 프랑스는 유럽연합의 경제 대국이기 때문에 낙후된 신규 동유럽 회원국의 인프라 개선과 생활 수준 개선을 위해 더 많은 분담금을 지출해야 하는 상황에 놓이게 되었다.

유럽 연방화가 가속화되는 움직임이 점점 심각한 쟁점으로 떠오르자 아랍·이슬람 이민 문제에만 집중했던 기존 3세대 극우와 차별화된 차세대 강성 민족주의자들이 등장했다. 이들은 유럽 연방화로 인한 프랑스 국익 침해 차원을 넘어서 프랑스의 주권과 민족정체성 소멸 문제를 심각하게 바라보아야 한다고 주장하며 활동을 시작하였다. 이들 차세대 민족주의자들은 2010년대 이후 재야와 언론에서 활발한 활동을 전개하며 프랑스 극우에 새로운 역동성을 불어넣기 시작하였다. 이들이 '주권주의Souverainisme'를 전면에 걸면서 등장하며, 오늘날 프랑스 극우의 주류가 된 4세대 극우, '주권주의자들Les Souverainistes'이다.

주권주의는 무엇인가? 주권주의는 국가와 민족이 스스로 운명을 결정할 수 있는 고유의 권한인 주권을 외세로부터 온전히 지키며 그 주권을 자유롭게 행사하자는 주장이다. 주권을 외세와 공유하거나 주권 일부를 외세에 양도하지 않는 것도 포함한다. 즉, 주권주의는 국민주권의 완전한 수호를 말한다. 이러한 관점에서 볼 때, 주권주의자들은 '초국가적Supranational' 성격을 가진 유럽연합을 또 다른 형태의 외세로 보고 이로부터 프랑스의 주권을 온전하게 되찾고 지키려고 하는 강성 애국 민족주의자들이다.

도대체 왜 이들은 이토록 절대적 주권 수호에 집착하는 것일까? 이는 주권주의자들이 프랑스의 주권 의식이 태동한 역사적 및 사상적 배경을 온전하게 이해하고 있기 때문으로 보인다. 먼저 프랑스에서 국민주권의 개념을 최초로 제시한 장 보댕은 국민주권이 절대성Absoluité을 가진다고 주장하였다. 이는 국민주권은 결코 주권자인 군주 혹은 민족을 제외하고는 그 누구에게도 종속될 수 없다는 주장이다.

▲ 유럽연합 집행위원장 폰 데어 라이엔

제1부에서 간략히 언급한 바와 같이 루소는 국민주권은 "양도될 수 없는Inaliénable"것이라고 단언하였다. 국민주권은 타자와 공동으로 행사되거나 분할될 수 없다는 주장이다. 이러한 프랑스 국민주권의 사상적 토대로 미루어 볼 때 4세대 극우가 주권 수호에 집착하는 것은 설득력을 가진다.

4세대 극우는 구체적으로 어떤 측면에서 유럽 연방화가 프랑스의 국민주권에 중대한 위협이 된다고 보는 것일까? 이에 대한 답은 비교적 간단하다. 주권주의자들은 '유럽집행위Commission européenne'와 '유럽중앙은행Banque centrale européenne'과 같은 유럽연합의 수뇌부가 본래 민주적으로 선출되지 않고 전형적인 회전문 인사와 정실 인사로 권력을 잡은 '초국가적 기술관료 세력Technocratie supranationale'임을 강조한다. 구체적으로 말하면 프랑스 국민에 의한 선출이라는 정통성을 부여받지 않은 유럽연합에 프랑스 국민주권이 양도되는 것은 국민주권주의에 정면으로 위배된다. 또한 비민주적인 초국가적 기술관료 세력이 유럽통합이란 대의와 명분으로 프랑스의 주요 정책에 간섭하는 것은 일종의 신탁통치信託統治로도 볼 수 있다. 이는 중세 시절 교황이 서방 기독교 세계 단결을 이유로 프랑스의 외교정책을 통제하려고 한 사실을 떠올리게 한다. 프랑스 언어와 역사에 문외한일 뿐만 아니라, 프랑스의 국운에 대해 한 번도 진지하게 고민을 해본 적이 없는 초국가적 기술관료 세력들의 손에 프랑스의 주권을 맡긴다는 것은 주권주의자들의 눈에는 위험천만한 일로 보였다. 또한 초국가적 기술관료 세력들이 프랑스 국익을 위한 정책을 펼칠지도 매우 불확실하게 보였다. 한발 더 나아가 이들이 주도하는 유럽 연방화 속에서 민족국가 프랑스의 고유 정체성이 온전히 보존되기는 힘들 공산이 매우 클 것으로 우려했다. 이것이 바로 4세대 극우가 유럽 연방화에 필사적으로 저항하게 된 결정적 동기이자 대의명분이다.

4세대 주권주의 극우의 선구자, 마린 르펜

주권주의 극우의 전면 등장은 3세대 극우의 아이콘 장-마리 르펜이 고령으로 일선에서 물러나고 그의 딸인 마린 르펜Marine Le Pen(1968~) 이 국민전선의 수장이 된 2011년부터 가시화되었다. 그녀는 프랑스 극우의 선봉에 서서 내부적으로는 아버지가 부르짖은 프랑스의 이슬람화 저지로 대표되는 민족정체성 수호론을 계승 발전시키는 한편 외부적으로는 유럽 연방화 저지를 통해 주권주의로 귀결되는 민족정체성 수호 운동을 펼

▲ 장 마리 르펜과 그의 딸 마린 르펜

쳤다. 이는 3세대 극우가 4세대 극우로 넘어가는 과도기를 상징함과 동시에 주권주의가 프랑스 극우의 핵심 이념으로 자리를 잡는 시발점이었다.

먼저 내부적 민족정체성 수호와 관련하여, 마린 르펜은 이민의 제도적 제한을 넘어 보다 근본적이고 강경한 해결책을 제시하였다. 그녀는 프랑스 내 여러 이민 문화 공동체의 존재를 인정하는 다문화주의Multiculturalisme 폐기를 주장하고, 가톨릭 문명을 바탕으로 한 프랑스의 단일 민족정체성을 강조했다. 이와 동시에 그녀는 모든 이민 공동체, 특히 아랍·이슬람 공동체에 프랑스 문화를 존중하고 온전히 수용할 것을 강력하게 요구하였다. 프랑스 단일 문화 강조를 통한 마린 르펜의 민족정체성 수호 운동에 대해 주류 언론과 집권 세력이었던 좌파와 중도 우파 진영은 인종주의와 전체주의의 발로라고 거세게 비판했다.

그렇다면 마린 르펜이 다문화주의를 인정하지 않는 것은 인종주의나 전체주의에 바탕을 둔 것일까? 실상은 그렇게 간단치 않다. 사실 그녀의 강경한 내부적 민족정체성 수호 노선은 부친 때보다 더욱 심각해진 프랑스의 이슬람화 가능성에 대한 많은 프랑스인의 위기의식을 반영한 것이었다. 그 대표적 예시로 2015년에 미셸 울벡이 출간한 소설《복종La Soumission》이 베스트셀러가 된 사실을 들 수 있다. 울벡은 오랜 대량이민으로 다수가 된 이슬람 이민자들이 이슬람 정당을 만들어 집권하면서 이슬람 율법인 「샤리아Charia」를 헌법으로 선포함으로써 프랑스를 이슬람 공화국으로 만드는 과정을 생동감 있게 묘사하였다. 울벡의 소설이 인기몰이를 할 수 있었던 것은 비단 극우성향 프랑스 인뿐만 아니라 이전에 비해 더욱 많은 프랑스인이 고유 민족정체성 상실에 대한 상당한 두려움을 가지게 되었음을 잘 드러낸다. 게다가 마린 르펜을 비난하고 다문화주의를 옹호하였던 올랑드 좌파 정권(2012-2017)도 이율배반적으로 외국인 이민과 정책을 까다롭게

▲ 미셸 울벡의 《복종》

만들었다. 이는 좌·우파를 막론한 모든 정파가 마린 르펜이 가진 문제의식을 암묵적으로 공유한다는 것을 드러낸 것이다.

다음으로 마린 르펜은 프랑스의 주권 회복을 통한 국익 수호와 더불어 외부적 민족 정체성 수호를 주장한다. 특히 그녀는 오늘날 프랑스의 경기침체 문제가 유럽통합과 유럽연합에 기인한 측면이 크다고 보았다. 프랑스의 주권 일부가 유럽연합에 양도되었는데, 유럽연합은 사실상 독일의 강력한 영향력에 종속된 상황이라는 것이다. 따라서 프랑스는 국익에 맞는 경제정책을 펼치지 못하고 있다는 것이다. 이를 해결하기 위해 마린 르펜은 유럽연합과 유로존을 탈퇴하여 프랑스의 경제 주권과 통화 주권을 회복할 것을 주장하였다. 한발 더 나아가 그녀는 유럽통합을 불가침의 종교로 삼는 오늘날 유럽주의자들Les Européistes이 추진하는 유럽 연방화가 프랑스의 완전한 국민주권 양도를 넘어서 독립된 국가이자 민족으로서 프랑스의 정체성을 지울 것이라고 보았다. 특히 그녀가 더욱 우려하는 점은 결과적으로 프랑스가 유럽합중국의 한 지방으로 전락할 가능성이 있다는 점이었다. 마린 르펜의 관점에서 볼 때, 이는 곧 1500년 역사를 통해 세워진 프랑스가 유럽에 흡수되고 소멸이 되는 것과 다름이 없었다. 그녀의 관점에서 이는 새로운 형태의 매국인 것이다. 이러한 마린 르펜의 노선에 대해 서구 주류 언론과 유럽주의자들로 가득 찬 주류 정치권은 유럽의 단결과 평화를 방해하기 위한 구시대적 민족주의 발로라면서 비난 공세를 펼쳤다.

그렇다면 과연 마린 르펜의 주권주의는 국수주의와 반시대적 산물로 단언할 수 있을까? 실상은 그녀가 유럽 연방화에 반대하고 저항하는 것은 앞선 살펴본 내부적 민족정체성 위기론과 마찬가지로 부정할 수 없는 현실적 문제에 기반하고 있다는 점이다. 이어질 제2부에서 보다 자세히 설명하겠지만, 유럽통합과 유럽연합이 독일의 경제적 이익을 중심으로 돌아가는 점은 자타가 공인하는 사실이다. 또한 각기 다른 언어와 문화 그리고 역사적 정체성을 가진 유럽 국가를 하나의 국가로 만들기 위해서는 각국의 민족의식과 민족정체성을 일정부분 지우는 것은 불가피하다. 이런 상황을 중국의 현재와 비교해 본다면, 오늘날 중국이 하나의 중국을 기치로 위구르족과 티베트족을 비롯한 소수민족의 정체성을 지우는 것과 크게 다를 바 없다. 드골파 거물 정치인 중 한 명인 마리-프랑스 가로도 유럽통합이 유럽의 민족국가를 지우기 위한 목표를 가지고 시작되었다고 말한 바 있다. 결과적으로 마린 르펜의 유럽 연방화에 대한 반대와 저항에 기반한 주권주의는 4세대 극우를 중심으로 유럽연합과 유럽통합에 대한 비판과 거부를 골자로 하는 소위 '유럽회의주의Euroscepitisme'의 중심이 된다.

▲ 독일과 유럽연합

마린 르펜의 주권주의 운동이 큰 힘과 주목을 받게 되면서 주권주의자들을 중심으로 한 기존 극우의 세대교체가 가속화되었다. 먼저 장-마리 르펜의 은퇴와 함께 자연스럽게 과거 프랑스 제국주의에 대한 향수와 인종주의적 성향을 지닌 구세대 극우 정치인들은 일선에서 물러났다. 이후 마린 르펜의 강력한 후원 아래 그녀의 조카인 89년생 마리옹-마레샬 르펜 Marion-Maréchal Le Pen(1989~) 과 81년생 정치 신예 플로리앙 필리포 Florian Philippot(1981~) 가 4세대 주권주의 극우의 간판으로 나선다. 우선 이 두 청년 정치 신예의 등장은 국민전선이 더 이상 중노년층의 전유물이 아니라는 점을 선언한 것이다. 또한 이는 국민전선이 20세기의 정치적 유산을 벗어나 새로운 시대 흐름에 맞게 애국 민족주의를 실현하겠다는 의지의 표현으로도 볼 수 있다. 이에 따라 마린 르펜은 당명을 '국민연합 Rassemblement National'으로 바꾸었다. 더욱 주목할 점은 마린 르펜이 훗날 당 부총재로 기용한 필리포의 존재이다. 그의 중용은 국민연합이 르펜 가문의 지배와 독점이라는 틀과 벗어나고자 하는 몸부림으로 볼 수 있다.

▲ 마리옹-마레샬 르펜 (좌)과 플러리안 필리포 (우)

마린 르펜의 지휘 아래 이루어진 극우의 혁신은 세대교체에만 그치지 않았다. 그녀는 한발 더 나아가 유대인 출신의 장 메시아Jean Messiah(1970~)를 당의 중책에 등용했다. 이는 기존 극우가 반이슬람과 더불어 반유대주의적 성향이 강했다는 사실을 미루어 볼 때 매우 파격적인 인사이다. 메시아는 프랑스 민족정체성 수호와 주권주의에 대한 강한 신념을 가진 정치 신인이었다. 마린 르펜이 그를 중용한 것은 4세대 극우가 주권주의라는 큰 장막 아래 연령 및 출신과 관계없이 모든 애국 민족주의자들을 포용하여, 공동의 대의인 프랑스의 민족정체성과 주권을 수호하겠다는 의지의 표현이다.

4세대 극우의 다양화와 상호 경쟁

이러한 세대교체에 이어 주목해야 할 점은 '다양화Diversification'이다. 앞서 설명한 바와 같이 1970년대 이후 3세대 극우는 장-마리 르펜과 국민전선으로 상징될 정도로 여러 지도자들이 공존하고 경쟁하는 모습을 보여주지 못하였다. 하지만 마린 르펜의 인사 혁신 이후 그녀 및 국민연합과 별도로 주권주의 운동을 내세우는 다수의 정당과 지도자들이 대거 등장하였다. 이는 민족주의에 비해 주권주의란 어휘가 애국 민족주의Nationalisme patriotique를 부드럽게 포장할 수 있는 정치적 상품성에 기인한 측면이 크다. 이와 관련하여 총 4가지 사례를 소개하고자 한다.

첫째, 프랑수아 아슬리노François Asselineau(1957~)와 그의 신생 '정당 공화국 인민 연합Union Popolaire Républicaine'이다. 아슬리노는 전직 고위 공무원 출신으로서 드골주의 계승을 천명하여 2007년에 공화국 인민 연합을 창당하였다. 하지만 그는 몇 년간 재야에서 정치 강연 활동만 하며 큰

▲ 프랑수아 아슬리노

주목을 받지는 못하였다. 하지만 2010년대 중반 이후 주권주의가 대세로 떠오름에 따라 그의 정치 운동도 점차 대중의 관심을 받으며 주권주의의 한 축이 되었다.

아슬리노의 주권주의는 기본적으로 드골주의에 근간을 둔 것이다. 그는 초창기부터 유럽연합을 프랑스의 주권과 국익을 옥죄는 체제로 비판하였다. 특히 그는 유럽연합의 빈약한 민주정치적 정통성을 지적한다. 동시에 아슬리노는 나토에 대해 미국이 의도하는 대외전쟁에 프랑스를 불필요하게 끌어들이는 체제라고 비판하였다. 그래서 그는 줄곧 프랑스의 유럽연합 탈퇴와 유로존 탈퇴 그리고 나토 탈퇴를 주장하고 있으며, 이를 통해서만이 프랑스의 주권과 국익이 보존될 수 있다는 신념을 굽히지 않고 있다. 그러나 아슬리노와 그의 정당은 현재까지 프랑스 제도권 정치에 진출하지 못하고 있는데, 이 때문에 대다수 프랑스인은 아슬리노와 그의 정당의 정치적 존재감을 크게 느끼지 못하고 있다. 다만 그는 2017년에 대선에 깜짝 출마하기도 하였다.

둘째, 서문에서 잠시 언급한 니콜라 뒤퐁 에냥과 그의 신생 정당 '약진하는 프랑스!Debout la France!'를 들 수 있다. 그는 본래 아슬리노와 마찬가지로 드골주의자로서 2000년대 드골주의 우파 중추 정당인 '대중운동연합Union du Mouvement Populaire' 소속의 제도권 정치인이었다. 그는 2005년에 현「리스본 조약」의 토대인 유럽연합 헌법 조약 비준을 반대하는 등 유럽연방화 기도에 반발하였다. 이 과정에서 친親유럽으로 돌변한 드골파와 큰 갈등을 빚기 시작하였다. 이후 그는 정당 동지인 사르코지 대통령이 2005년 국민투표에서 부결된 유럽연합 헌법 조약을 「리스본 조약」을 통해 우회하여 비준한 것에 강하게 반발하여 탈당하였다. 이로써 그는 드골파 주류와 완전하게 결별하고 주권주의 극우로서의

▲ 니콜라 뒤퐁 에냥

길을 걷는다. 그 뒤 '약진하는 프랑스!'를 이끌며 유럽 연방화 저지를 통한 프랑스 주권 수호를 부르짖고 있다.

다만 뒤퐁 에냥은 아슬리노와 달리 프랑스의 유럽연합 및 유로존 잔류를 주장하고 있다. 대신에 그는 유럽통합의 개혁을 통한 프랑스 주권 회복을 제안하는 등 상대적으로 온건한 입장으로 선회하였다. 본래 제도권 정치인 출신이었던 그는 대중과 언론의 인지도가 어느 정도 있는 편이다. 이를 바탕으로 2024년까지 '약진하는 프랑스'는 국회에 그를 포함한 2명의 소속 의원을 배출하였다.

셋째, 에릭 젬무르 Eric Zemmour(1958~) 와 그의 신생 정당 '재정복당 Reconquête'을 들 수 있다. 그는 메시아와 마찬가지로 유대인 출신 극우로서, 본래 기자와 작가로서 활동하였다. 근본적으로 드골주의자였던 그는 베스트셀러가 된 《프랑스의 자살 Le Suicide français》 출간을 통해 프랑스 민족국가 파괴와 프랑스의 이슬람화를 경고하는 등의 강성 애국 민족주의 성향을 보였다. 그로 인해 그는 주류 언론과 좌파의 엄청난 비판과 공격을 받은 반면, 극우 성향 프랑스인들의 지지를 한 몸에 받았다. 이후 활발하고 도발적인 언론 및 집필 활동으로 얻은 대중적 인지도와 극우세력의 지

▲ 4세대 프랑스 극우 에릭 젬무르와 그의 베스트 셀러《프랑스의 자살》

지를 바탕으로 젬무르는 재정복당을 창당함과 동시에 2022년 대선에 출마하면서 4세대 극우 정치인으로 탈바꿈하였다. 젬무르는 프랑스의 이슬람화 저지를 통한 민족정체성 수호 운동을 주도함과 동시에 유럽연합을 강하게 비판하며 주권주의 성향을 뚜렷하게 나타내고 있다. 특히 그는 유럽연합의 친이민정책 때문에 프랑스의 아랍-이슬람 이민 문제가 해결되지 않는다고 주장한다. 현재는 젬무르는 사라 크나포Sarah Knafo(1993~)와 같은 4세대 극우 신예들을 등용하면서 재정복당을 국민연합을 능가하는 애국민족주의 정당으로 성장시키기 위해 노력하고 있다.

마지막으로 필리포와 그의 신생 정당 '애국당Les Patriotes'를 들 수 있다. 필리포는 앞서 살펴본 대로 마린 르펜의 국민연합의 부총재로 중용되었다. 이를 통해 그는 마린 르펜의 차기 후계자로 큰 각광을 받으며 국민연합의 중역으로 맹활약하였다. 그러나 필리포는 마린 르펜이 이끄는 국민연합의 향후 노선과 관련해 마찰을 빚게 되었다. 강경한 주권주의자였던 그는, 마린 르펜이 프랑스의 유럽연합과 유로존 탈퇴를 유보하며 다소 온건한 노선으로 변화한 것에 큰 불만을 품게 되었다. 마린 르펜의 노선 변화는 프랑스의 유럽연합과 유로존 잔류를 내심 원하는 유권자들의 지지를 얻기 위한 현실적 타협이라고 볼 수 있었다. 그러나 필리포는 유럽연합과 유로존 탈퇴 없이 프랑스의 주권과 국익 수호는 불가능하다는 신념을 굽히지 않았다. 이견을 좁히지 못한 둘은 결국 각자의 길을 가기로 결정하였다. 필리포는 국민연합을 탈당하고 그의 강경 노선을 실현하기 위해 애국당

▲ 애국당

을 창당하였다. 이후 필리포는 아슬리노와 궤를 같이하여 유럽연합이 프랑스의 경제 및 외교정책을 통제하고 있다고 비판하고 있다. 그는 이에 대한 해결책으로서 프랑스의 유럽연합 탈퇴, 즉 '프렉시트Frexit'를 꾸준히 부르짖고 있다.

현재 진행 중인 4세대 극우의 세대교체와 혁신

　주권주의자들의 가져온 4세대 극우의 역동성은 2020년대에도 이어지며 빛을 발하고 있다. 먼저 마린 르펜은 필리포와 결별한 후 필리포보다 더욱 젊은 95년생 조르당 바르델라 Jordan Bardella(1995~) 를 차기 후계자로 발탁하였다. 또한 그녀는 당총재에서 물러나 바르델라에게 총재직을 맡기는 파격적인 인사를 단행하였다. 바르델라의 중용은 다시 한번 르펜 가문의 지배 이미지를 탈피하는 효과를 주었다. 또한 이는 국민연합의 청년 애국 정당 이미지를 확고히 하고 4세대 극우가 더 큰 대중성을 확보하는데 큰 보탬이 되고 있다. 바르델라를 중심으로 한 4세대 청년 극우 인사들이 정계

와 언론에서 광폭 행보를 보임에 따라 상대적으로 고령화된 드골파를 중심으로 한 주류 우파와 4세대 극우 전반 간 차별성이 극대화되고 있다. 이는 기존 주류 우파 지지자들을 주권주의 극우 진영으로 끌어오는 효과를 가져왔다. 이러한 4세대 극우의 확장성은 현 마크롱 정권의 실정과 시너지 효과를 일으켜 제도권 정치에 큰 도전으로 이어졌다. 실제로 2024년에 열린 총선에서 국민연합이 전체 577석 중 123석을 확보하며 원내 제3당으로 부상하였다. 극우 정당이 세 자릿수 이상의 원내 의석을 확보한 것은 제3공화국 이래 프랑스 정치사에서 전례가 없는 일이었다.

더욱 중요한 점은 국민연합이 총리 탄핵을 주도할 수 있을 만큼 원내 거대 정당이 된 것과 대조적으로 제5공화국 정치사 전반을 좌지우지한 드골파를 계승하는 정당인 '공화당Les Républicains'이 원내 50석 확보에 그친 소수당이 되었다는 사실이다. 극우와 우파 간의 이러한 원내 역학 관계 역전은 프랑스 정치사상 전례가 없는 일이다. 이는 동시에 다음과 같은 중대한 정치사적 시사점을 제공한다. 즉, 60년대 드골파와 절연하여 비주류 소수 세력으로 전락했던 극우세력이 4세대 극우의 혁신을 통해 애국 민족주의

▲ 조르당 바르델라

색채가 옅어진 주류 우파를 잠식하는 단계에 이르렀다는 사실이다.

4세대 극우의 인기 상승 배경과 향후 전망

이렇게 급부상한 4세대 주권주의 극우에 대해 서구 주류 언론과 이를 그대로 따르는 국내 주류 언론은 유럽을 분열시키는 극단주의 세력이자 위험한 포퓰리즘 세력으로 소개하고 있다. 그러나 프랑스 4세대 극우의 상승가도를 그렇게 쉽게 평가절하하는 것은 다수의 대중을 경멸하는 오만에 가깝다. 만약 주권주의자들이 그저 값싼 동정표를 얻기 위해 대중 선동을 일삼는 비합리적 집단이라면 지난 2022년 대선에서 마린 르펜에게 41퍼센트의 득표율을 안겨준 1,320만 명의 프랑스인들을 모두 어리석은 국민들이라고 평가할 수 있을까? 그렇다면 프랑스 국민의 절반이 광기 어린 포퓰리스트인가?

마린 르펜이 출마한 지난 3번의 대선에서 그녀는 당선되지는 못했지만 각각 17퍼센트, 33퍼센트, 41퍼센트의 득표율 올리면서 상승가도를 달렸다. 앞서 설명한 바와 같이 국민연합은 지난 2024년 총선에서 역대 최고의 호성적을 거두었다.

이러한 현상은 오늘날 주권주의자들의 목소리가 시간이 지날수록 정파를 넘어 보다 많은 프랑스인들의 마음을 사로잡고 있다는 사실을 의미한다. 이는 프랑스의 기존 주류 정치권에 대한 실망감에 지쳐서 새로운 정치적 대안을 원하는 프랑스인들의 목마름을 4세대 극우가 상당 부분 해소한다는 점을 강하게 시사한다. 이에 더하여 4세대 극우에 대한 비방성 정치공세를 펼치기 전에 전임 우파 사르코지 정권과 전임 좌파 올랑드 정권, 그리고 중도를 표방한 현 마크롱 정권의 실정이 주권주의들의 활로를 열어주었다는 사실을 다시 한번 숙지할 필요가 있다. 즉, 친親유럽 및 친親이민을 주장하는 주류 기득권 정치 세력이 정치적 성공을 거두지 못하고 있는 것이 주권주의자들의 정치적 설득력과 파급력이 꺼지지 않는 보다 깊은 뿌리이다.

그렇다면 이러한 지지율 상승을 바탕으로 4세대 극우는 오를레앙 파 이후 200년 만에 극우의 집권을 달성할 수 있을까? 주권주의 세력의 집권 가능성은 3세대 극우 때보다는 확실히 높으나 여전히 반반에 머물 것으로 보인다.

먼저 긍정적인 요소로 4세대 극우의 집권 가능성을 높여주는 요인은 드골파로 대표되는 제5공화국 정통 우파 세력의 와해이다. 앞서 살펴본 것처럼 드골파도 본질적으로는 애국 민족주의를 가슴 속에 품은 까닭에, 극우 유권자를 흡수하고 극우의 집권을 저지하는 결정적 역할도 했다. 그러나 지난 총선 선거 결과에서 드러나듯이 정통 우파는 국회 내 소수파로 전락하였을 뿐만 아니라 주류 세력으로 재기 위한 특별한 활로나 드골과 같은 구세주 역할을 할 젊고 새로운 우파 정치인을 내세우지 못하고 있다. 이는 바르델라를 내세워 이미지 쇄신과 더불어 지지자를 결집하고 있는 국민연합과 너무나 대조적이다. 또한 이러한 정통 우파의 와해는 주권주의 성향이 강한 우파 유권자들을 4세대 극우로 흡수하는 결과를 가져올 것이 자명하다.

반면 4세대 극우의 집권 가능성을 감소시키는 요인은 프랑스인들의 가슴 속에 있는 극우 집권에 대한 우려이다. 이는 특히 대선에서 더욱 잘 드러난다. 즉, 프랑스인들은 정권 장악과 거리가 있는 지방선거와 총선에서는 극우 정당에 과감하게 많은 표를 던진다. 이는 극우 정당 지지를 통한 기존 정권과 주류 정치권 세력에 경고장을 던지는 성격으로 이해할 수 있다. 하지만 프랑스인들은 집권과 직접적으로 연결되고 국가 대사와 직결되는 대선, 특히 2차 결선 투표에서는 마크롱처럼 명목상 중도를 지향하는 후보에 표를 던지는 경향을 지니고 있다. 이는 극우가 집권하면 나치 독일 시대가 재현될 것 같다는 근거 없는 두려움에 기반한다.

그러나 마린 르펜이 지난 3번의 대선에서 득표율이 꾸준한 상승세를 보이고 있는 점을 미루어 본다면, 극우 집권에 대한 프랑스인들의 두려움도 점차 감소하고 있는 것으로 보인다. 다만 이러한 감소세가 지속될지 정체될지 아니면 퇴행할지가 유동적이다. 중도 주류 정치 세력의 인기가 추락하는 가운데 4세대 극우가 자신들이 애국주의적일 뿐만 아니라 정치적으로도 유능하다는 사실을 끊임없이 증명하는 것이 최대 변수이다.

2

한국 극우의 기원과 계보

1

1세대 한국 극우:
숭명반청을 외친 서인-노론

한국 극우의 기원과 계보는 어떠한가? 한국의 근대 정치가 '8.15해방' 이후에 본격적으로 시작된 까닭에, 근대적 정파로 이해할 수 있는 한국 극우의 역사는 200년이 넘는 역사를 가진 프랑스 극우와 비교할 때 불과 수십 년에 지나지 않는다. 하지만 오늘날 한국 극우(뉴라이트)의 전형적인 특징인 극단적 사대주의事大主義의 뿌리를 거슬러 올라가면, 그 사상적 시조는 17세기 조선 후기 주류 붕당인 '서인西人'에서 찾을 수 있다.

서인이 지닌 극단적 사대주의는 15세기 중반 세조世祖의 친명親明 사대주의의 유산이다. 세조를 위시한 계유정변(계유정난:1453) 주동자들은 김종서金宗瑞와 황보인皇甫仁을 비롯한 문종文宗의 고명대신을 척살하고 단종端宗의 왕위를 찬탈한다. 성리학 기준에서 용납될 수 없는 방법으로 왕위에 오른 세조는 취약한 정통성을 상국上國 명나라의 승인으로 메우려 했다. 세조와 쿠데타 공신 세력은 명 황제의 지지를 얻는 대가로 명나라에 대한 외교적 저자세를 고착화한다.

조선 건국을 주도한 정도전鄭道傳을 위시한 관학파官學派도 친명親明 사대주의자들이었지만 이들은 무조건적인 사대를 추구한 것은 아니어서, 나중에는 요동 정벌까지 추진했다. 계유정변 주동 세력이 뿌린 친명 사대주의 씨앗은 아이러니하게도 이 쿠데타에 반대했던 사림士林 세력에게 계승된다. 4대 사화를 극복하고 정권을 장악한 사림은 동인과 서인으로 나뉘었다. 이중 서인은 맹목적인 친명 사대주의를 절대적인 통치 이념으로 승화시키며, 이를 명분 삼아 국왕을 압박하고 백성들을 억압 및 착취하면서, 자신들만을 위한 정치를 자행하다가 그 후신인 '노론老論'이 끝내 일본에 나라를 팔아먹는다.

'서인 西人'이라는 붕당은 신사임당申師任堂의 아들인 율곡 이이李珥의 제자들이 점차 모여 결성되었다. 서인은 퇴계 이황李滉의 제자들이 주축이 된 '남인南人'과 남명 조식曺植의 제자들이 주축이 된 '북인北人'과 더불어 임진왜란(1592~1598) 이후 조선 붕당 정치의 삼두체제를 구성한다.

서인은 광해군光海君 재위 시기까지 '동인東人'이라는 같은 뿌리를 가진 북인과 남인에게 정국 주도권을 상실하면서 야당으로 전락했다. 여기에는 크게 2가지의 복합적인 이유가 작용하였다.

첫째, 서인은 애초에 선조宣祖의 후계자로서 광해군을 크게 지지하지 않았다. 이는 먼저 광해군이 선조의 적자嫡子가 아니라는 점에 기인한다. 극도의 적서嫡庶 차별과 종법 질서를 중시하는 성리학 원리주의 세력인 서인의 관점에서 볼 때, 이러한 광해군의 결점은 두 살배기의 어린 나이이지만 영창대군永昌大君이라는 적자가 있는 상황에서 쉽게 묵인될 수 없었다. 즉, 서인에게 광해군의 서자庶子 신분은 그의 탁월한 능력으로 결코 만회될 수 없는 것이었다. 더구나 선조도 노골적으로 광해군을 핍박하고 암묵적으로 영창대군을 후계자로 삼고자 하였다. 이에 따라 타의 추종을 불허하는 탁월한 정치적 줄서기와 처세 감각을 가진 서인은 선조가 죽는 순간까지 광해군에 대한 암묵적 거부권을 행사하였다.

둘째, 서인은 조헌趙憲과 고경명高敬命의 활약을 제외하고는 임진왜란 동안 직접 전선 일선에서 창검을 들고 왜군에 비장하게 맞서 싸우는 모습을 보여주지 못했다. 서인도 이항복李恒福의 사례처럼 왜란 극복을 위한 정치·외교적인 활약을 보여준 것은 사실이다. 하지만 사실상 전시재상戰時宰相이었던 남인의 류성룡柳成龍이 보여준 막대한 공헌이 더욱 크고 빛나는 것은 결코 부정할 수 없다. 이러한 서인의 빈약한 호국 활약은 남명 조식의 '칼을 든 선비 정신'에 따라 곽재우郭再祐와 정인홍鄭仁弘과 같은 수많은 민중적 영웅급의 의병장을 배출하여 사실상 왜란 극복의 일등 공신이었던 북인과 비교할 때 더욱 초라해진다. 게다가 북인은 명나라 황제의 보호 아래 일신의 안일을 위한 요동 도주만을 생각하며 국난 극복을 등한시한 부왕 선조를 대신하여, 분조分朝를 이끌고 왜군을 맞서 싸운 광해군을 차기 왕으로 적극적으로 지지하였다. 이에 따라 우여곡절 끝에 왕위에 오른 광해군도 정치적 은인이자 왜군에 맞서 함께 피와 땀을 흘리며 명분과 실천 양면의 우위를 장악한 북인을 집권당으로 중용한다. 따라서 광해군 시대의 개막은 서인에게 정치적 암흑기를 선고하는 것이나 다름이 없었다.

서인의 정치이념, 숭명 사대주의의 등장

서인은 광해군 치세 아래 절치부심하며, 광해군과 여당 북인을 압박하고 새로운 정치적 명분과 수단을 강구하였다. 그 명분이란 상대적인 친명 사대주의를 절대적인 '숭명崇明 사대주의'로 악화시킨 것이었다. 그 수단이란 무력으로 임금을 내쫓는 쿠데타였다. 숭명 사대주의가 가능했던 것은,

조선은 원래 명나라를 사대했는데 여기에 임진왜란 때 명나라에서 대규모 원군을 파견하여 왜란 극복에 큰 보탬을 준 사건에서 비롯되었다. 서인은 명나라 황제에게 보은하고 명나라와의 의리를 저버리지 않는 것은 국왕조차 넘어설 수 없는 금도라고 여겼다. 서인은 이를 망한 나라를 다시 살려줬다는 '재조지은再造之恩'이라는 가치로 도덕화 및 이념화하여 자신들의 핵심 정강 및 세계관으로 확대 재생하였다. 서인의 숭명 사대주의에 따르면 조선은 보편적 문명 세계를 상징하는 명나라의 일부로서, 재조지은을 베푼 명나라를 성리학 윤리에 따라 임금이자 어버이로서 절대적으로 따르고 섬겨야 한다.

서인의 숭명 사대주의를 통한 정치공세는 명청明淸 교체기라는 당시 시대적 상황과 광해군의 중립 외교 시도와 맞물려 복잡하게 돌아갔다. 광해군 집권 시기에 명나라에는 최악 암군暗君 중의 한 명인 만력제萬曆帝가 재위하고 있었다. 만력제는 소위 태정怠政(태만한 정치)이라 역사에 기록된 파업에 가까운 실정을 하였고, 명나라를 전쟁터로 만들지 않기 위해서 임진왜란에 대규모 군사를 조선에 파견함으로써 자국의 재정과 국방력을 크게 악화시켰다. 이틈을 탄 만주滿洲의 여진족女眞族이 후금後金(훗날의 청나라)을 세워 동북아의 신흥강국으로 급부상하며 명나라의 패권에 도전했다.

이러한 시대 변화 속에서 광해군은 명나라 및 후금 모두와 원만한 관계를 유지하면서 중원 패권 다툼에 휘말리는 시나리오를 피하고자 하였다. 이에 따라 그는 명나라에서 후금 공격을 위한 군사 파병을 요청했을 때, 한 귀로 듣고 다른 한 귀로 흘리면서 당시 후금 군주 누르하치努爾哈赤에게 조선이 적대할 의사가 없고, 사대 의리 때문에 명나라에 겉으로만 복종하고 있음을 은밀히 밝혔다. 광해군은 명나라의 강요에 못 이겨 강홍립姜弘立을 총사령관으로 하는 조선군을 압록강 건너 사르후 전투(1619)에 보냈

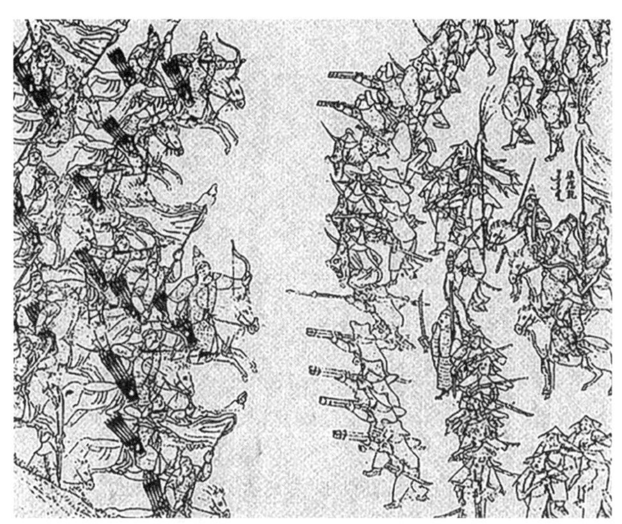

▲ 사후르 전투

으나, 무조건적으로 명나라에 가담하기보다는 현지 사정을 보아 결정하라는 편의종사便宜從事를 선택하게 했다. 광해군의 중립외교는 국익을 우선시한 현명한 결정임과 동시에, 고려가 보여준 요나라와 북송北宋 사이 그리고 금나라와 남송南宋 사이 등거리 외교 전략과 본질적으로 크게 다르지 않았다.

하지만 광해군의 중립 외교는 서인의 숭명 사대주의와 공존할 수 없는 것이었다. 동시에 이는 서인에게 전방위적 정치적 공세와 더불어 반정反正, 즉 쿠데타의 빌미를 줄 수 있는 광해군 정권의 가장 민감한 아킬레스건이기도 했다. 서인은 광해군의 국익 우선 중립 외교를 쿠데타를 위한 천재일우의 기회로 삼았다. 이들은 광해군이 여진족 오랑캐 후금과 내통하여 재조지은을 저버리고, 사대 종주국을 넘어 절대불변의 군주국으로 섬겨야 할 명나라를 기만한 것이라며 정치공세를 시작했다. 더 나아가 서인은 중화주의 및 성리학 세계관에 따라 조선 국왕을 명나라 황제의 신하로 바라

▲ 광해군묘

보며, 광해군을 성리학 최고의 가치인 충의를 저버린 위정자로 비난하였다. 이를 통해 서인은 광해군과의 관계를 군신 관계가 아닌 동등한 사대부 간 관계로 규정함과 동시에 광해군을 용상에서 끌어내리기 위한 쿠데타를 준비했다.

숭명 사대주의로 반정을 일으킨 서인의 집권과 비극

광해군의 중립 외교와 서인의 숭명 사대주의는 결국 1623년에 '계해정변인조반정(1623)'을 통해 충돌했다. 서인은 선조의 손자이자 광해군의 조카인 능양군綾陽君을 얼굴로 내세워 기습적인 군사 쿠데타를 일으켰다. 쿠데타는 성공하여 광해군의 폐위와 북인의 몰살을 초래하였다. 이는 단순히 북인이라는 한 붕당의 도륙을 넘어, 그나마 북인을 통해 계승된 조선 전기 문무文武를 겸비하는 귀족 전통이 말살되었음을 뜻하는 것이었다. 조선 선비의 문약文弱과 조선 후기의 처참한 국방력은 바로 여기서 비롯된 바가 크다. 계해정변의 성공으로 능양군은 인조仁祖로 즉위했는데, 이는 이후

300년간 이어지는 서인의 권력 독점을 알리는 신호탄이었다.

서인은 숭명 사대주의를 대의명분으로 군주를 폐위하고 권력을 장악했지만, 곧 그들의 이념과 명

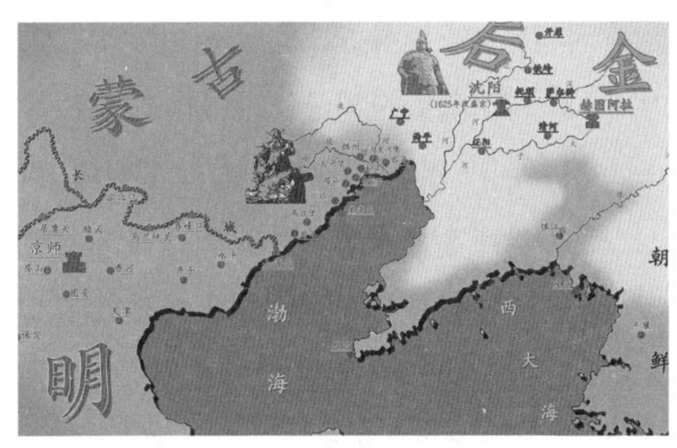

▲ 명-청교체기 지도

분은 다른 현실과 시대변화 속에서 큰 과제에 직면하게 된다. 명나라는 사르후 전투 패배 이후 후금에 요동遼東을 비롯한 산해관山海關 동쪽 지역을 내주게 되었는데, 이는 조선과의 지리적 연결고리가 끊어진 것을 의미하는 것이었다. 이에 따라 조선은 임진왜란 때처럼 더 이상 명나라의 군사적 지원을 기대할 수 없는 상황에 놓이게 되었다. 반면에 후금은 홍타이지皇太極의 지도하에 더욱 강력한 국력을 키우면서 몽골까지 지배하게 되었다. 홍타이지는 정복된 칭기즈 칸成吉思汗의 후예들이 바친 대원제국大元帝國의 전국 옥쇄를 손아귀에 넣자 국명을 후금에서 청淸으로 바꾸고 황제국을 선포하였다. 이는 명나라의 숨통을 끊어서 500년 전의 금나라에 이어 다시 한번 중원中原을 지배하고, 더 나아가 동아시아 유일 패권국으로 자리매김하겠다는 확고한 의지를 천명한 것이었다.

광해군 집권 시기보다 명나라가 청나라에 크게 밀리게 되었음에도 서인 정권은 오히려 숭명 사대주의를 더욱 노골적으로 천명하게 된다. 이들은 명나라를 도와 청나라를 몰아내자는 '숭명반청崇明反淸'을 부르짖고, 청나라에 대해 더욱 강화된 적대 노선을 취한다. 물론 서인이 금나라가 북송을 멸하고 중원의 절반을 차지했던 과거 상황과 유사하게 전개되고 있던

당시 국제정세를 전혀 모르는 것은 아니었다. 하지만 이들은 숭명 사대주의를 대의명분으로 광해군을 폐위한 까닭에, 국익에 맞게 숭명 사대주의를 수정 내지는 철회할 수 없었다. 그 순간에 계해정변의 정당성은 곧바로 상실될 수밖에 없기 때문이었다. 이는 또 다른 반정 세력에게 서인 정권을 무너뜨릴 명분을 주는 것이나 다름이 없었다. 그래서 서인은 청나라가 흥기하는 속에서 외교적 자살에 가까운 숭명반청을 외칠 수밖에 밖에 없었다. 또한 이는 국익보다 국내 권력을 계속 장악함으로써, 자신들의 부귀영화를 지키는 것이 더욱 중요했기 때문이다.

서인의 숭명반청 노선은 결국 민족사의 큰 비극으로 다가온다. 정묘호란(1627)에도 불구하고 조선의 반청 적대 노선이 강화된 것을 본 홍타이지는 직접 10만 대군을 이끌고 조선 침략에 나섰다. 이는 '병자호란(1636)'의 시작이었다. 이괄의 난(1623) 이후로 평안도 정예군이 와해된 조선은 명나라와 몽골을 제압했던 청군을 결코 당해낼 수 없었다. 조선의 서북방을 순식간에 돌파한 홍타이지의 대군은 수도 한양을 점령하고 그 일대를 쑥대밭으로 만든다. 곧이어 청군은 인조가 피난한 남한산성을 유럽에서 수입한 홍이포紅夷砲로 포위 공격하며 조선, 특히 숭명반청의 심장, 서인 정권의 무조건 항복을 요구하였다. 팔도 근왕군이 청군에 각개 격파되고 40여 일간의 농성전이 한계에 달하면서 인조와 서인 정권은 오랑캐라고 비하하던 청나라에 항복할 수밖에

▲ 후금 홍타이치

없었다. 국가와 백성을 지키기 위해 자신들의 목숨을 바치는 것을 거부했던 인조와 서인 정권은 결국 항복을 선택했고, 인조는 삼전도에서 홍타이지 발밑에서 삼궤구고두三跪九叩頭를 행하여 치욕적인 항복식을 치렀다. '삼전도의 굴욕(1637)'으로 기록된 항복의 결과물로 소현세자昭顯世子와 훗날 효종孝宗으로 즉위하는 봉림대군鳳林大君을 포함해 수십만의 조선 백성이 청나라의 노예로 끌려가게 되었다. 삼전도의 굴욕은 시대착오

▲ 삼전도비

적인 계해정변을 일으킨 서인 정권의 총체적 정치·외교·군사적 무능을 상징한다. 동시에 이는 서인이 천하의 절대적 진리와 도덕으로 믿은 숭명 사대주의의 실패와 숭명반청의 모순을 여실히 보여주는 사건이기도 했다.

홍타이지가 인조의 왕위와 조선의 국체를 건드리지는 않았던 까닭에 삼학사三學士(홍익한, 윤집, 오달제)와 같이 강경 반청주의자들이 처형된 것을 제외하고 서인 정권 체제는 그대로 유지될 수 있었다. 그 사이 청나라는 이자성李自成의 농민 반란군이 명나라를 멸망시킨 것을 틈타, 명나라 장수 오삼계吳三桂가 열어준 산해관을 돌파하여 북경을 함락시키고 중원을 삽시간에 점령하였다. 그리고 이 장면은 당시 청군과 동행한 소현세자와 봉림대군도 두 눈으로 지켜보게 된다. 이로써 청나라는 명나라를 완전하게 대체하고 천하 유일의 천자국으로 들어섰고, 서인의 국시國是 숭명 사대주의는 현실성을 완전히 상실하게 되었다.

명나라 멸망 이후에도 숭명반청을 외친 서인-노론

그러나 인조를 위시한 서인 정권은 현실성을 상실한 숭명 사대주의를 포기하지 않았다. 오히려 명나라 멸망 이후 조선 조정에서는 김상헌金尙憲과 같은 대청 강경파들이 서인의 주도로 지조와 절개가 넘치는 사대부로 더욱 추앙받았다. 서인 정권은 겉으로는 청나라에 사신을 보내서 신하로서 사대했지만, 속으로 여전히 청나라를 불가촉의 오랑캐로 경멸하고 있었다. 한발 더 나아가 서인 정권은 북벌론을 내세우며 조선 군대로 멸망한 명나라를 되살려 섬기자는 세계 정치사에서 그 유례를 찾기 힘든 발상까지 하게 되었다. 숭명 사대주의는 현실과 유리되고 고립된 채 갈라파고스화化 되었고, 이를 통해 서인은 국내 정권을 계속 유지하고자 하였다. 서인은 속으로는 조선 임금을 명나라 임금의 신하로 대접하면서도, 겉으로는 절대 지존으로 대우하는 것처럼 하는 겉과 속이 다른 정당이었다.

그렇다면 서인-노론이 이토록 숭명반청을 국가적 이념으로 고수한 가장 핵심적인 이유는 무엇인가? 그것은 바로 자신들의 정권 유지와 성리학 원

▲ 효종 영릉

리주의 사회 질서 유지였다. 앞서 말한 바와 같이 숭명 사대주의의 공식적 폐기는 언젠가 서인 정권 붕괴로 이어질 위험이 컸다. 더구나 200년 넘게 사대 종주국으로 섬겨오고 재조지은을 베푼 명나라를 버리고, 청나라에 영합하는 모습은 서인-노론이 국왕과 만백성에게 강조하는 충의로운 모습과 모순되는 것이었다. 이는 임진왜란과 병자호란 간 서인-노론이 대단히 무능하고 비겁한 모습을 보인 점에서, 조선 백성에게 더 이상 서인-노론 정권에 대한 복종을 거부하게 할 빌미를 제공할 공산이 컸다. 이에 따라 서인-노론은 숭명반청을 공식적으로 외치면서, 자신들의 허울뿐인 절개와 충의를 선전하고자 한 것이다. 그리고 이는 궁극적으로 서인-노론 정권에 대한 조선 사회 전체의 충성을 강요하기 위한 것이다. 이러한 관점에서 볼 때 서인-노론의 숭명반청은 오늘날 반미反美 적대 노선을 통한 북한의 체제 단속처럼 내부 정치용에 가깝다. 결국 서인-노론의 북벌론도 숭명반청의 깃발을 장식하기 위한 수식어에 불과하였던 것이다. 이는 진정으로 청나라에 대한 복수를 꿈꾼 효종이 북벌론을 실제로 행동에 옮기려고 하자 우암 송시열宋時烈이 수신修身을 내세우며 사실상 결사반대한 사실을 통해 잘 드러난다. 애초에 문약한 서인-노론에게 당시 청나라의 황금기를 구가하던 강희제康熙帝의 군대에 맞서 싸울 용기와 능력도 없었다. 더욱 근본적으로 관점에서 볼 때 이들도 속으로 북벌이 현실성이 없다고 판단했으며, 북벌 시도 혹은 북벌 실패로 인한 청나라의 보복이 자신들의 정권을 끝장낼 것이라는 두려움에 사로잡혀 있었다.

예송논쟁으로 정권을 장악한 남인

이런 상황에서 북벌 군주 효종이 세상을 떠난 직후, 서인이 효종을 둘째

아들로 대접해서 자의대비 조씨(인조의 계비)의 상복 입는 기간을 1년으로 보는 1년복설을 주장하고 남인의 윤휴尹鑴와 허목許穆이 3년복설을 주장하면서 예송논쟁이 발생했다. 이것이 갑인예송(1674)인데, 이때는 서인이 승리해 1년복설이 받아들여졌다. 15년 후 효종비 인선왕후仁宣王后가 세상을 떠나자 서인은 맏며느리의 복제인 1년복설 대신, 둘째 며느리 이하의 복제인 대공복(9개월복)설을 주장했고, 이것이 조선 왕실의 정통성을 부정한 것이라는 남인의 공세로 서인의 시커먼 속내가 여지없이 폭로되었다. 이에 당시 국왕 현종顯宗은 정권을 서인에서 남인으로 넘기게 된다. 기묘하게도 그 직후 현종은 갑자기 급서하고 어린 숙종肅宗이 즉위하였다. 숙종은 부왕의 유지를 이어 남인의 수장 허적許積을 계속 영의정으로 유임시키고, 당시 남인 내 가장 올곧고 강경한 계파인 청남淸南의 지도자로 떠오른 윤휴까지 등용했다.

윤휴는 실질적 북벌을 주장했는데 이에 서인은 다급해졌다. 그들에게 북벌은 구호뿐으로 조선 군주를 압박하는 수단에 불과했던 까닭에, 그가

▲ 서인의 영수 송시열(좌)과 청남의 영수 윤휴(우)

실질적 북벌론을 주장하자 당황할 수밖에 없었다. 청남 윤휴의 북벌론은 만주까지는 다시 조선이 차지하자는 것이었다. 즉, 옛 고구려의 고토 수복이자 여말선초麗末鮮初에 수포로 돌아간 요동 정벌의 실현이었던 것이다. 이를 위해 숙종과 윤휴는 군비증강을 실시했는데, 서인은 청나라와 분쟁 거리가 된다면서 시종일관 반대

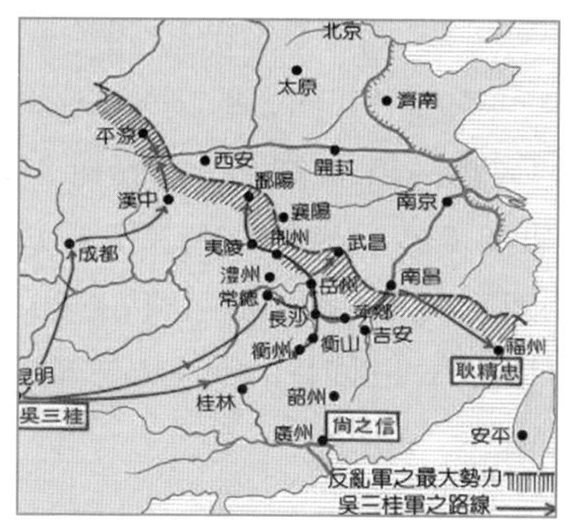

▲ 삼번의 난 형세도

했다. 때마침 중원에서 오삼계와 더불어 옛 명나라 장수이자 한족 출신의 청나라 제후인 경정충耿精忠과 상지신尙之信이 '삼번의 난(1673~1681)'을 일으키자, 남인은 이에 호응해 북벌을 단행할 것을 주장했다. 말로만 북벌을 주장하던 서인이 적극 반대하는 가운데, 시일이 흐르면서 전황이 청 조정에 유리해지고 삼번 세력은 패색이 짙어갔다. 그러자 숙종은 훗날 청 황제에게 삼번의 난을 틈타 북벌을 꾀했다는 꼬투리가 잡히지 않기 위해, 남인 정권을 서인 정권으로 전격적으로 갈아치우는 '경신환국1680'을 단행했다. 이 과정에서 윤휴를 비롯한 청남 북벌론 세력이 대거 숙청당한다.

계해정변 이후 관제 야당으로 체제 내에 끌어들였던 남인이 예송논쟁과 북벌론을 이용해 일시 정권을 잡은 것을 봤던 서인은, 남인의 재기를 원천봉쇄하는 특단의 조치를 취하기로 하였다. 경신환국으로 다시 정권을 잡은 서인은 정치공작을 이용해 허새許璽를 위시한 조정 안에 남아있던 주요 남인 인사들을 사형시켰다. 그러나 곧 이 사건의 진상이 드러나자 서인 내 소장파는 정치 공작자들의 처벌을 요구했다.

이 문제로 정국이 시끄러워지자 숙종은 그 처분을 송시열, 박세채朴世 采, 윤증尹拯 등의 서인 원로들에게 맡겼다. 송시열은 당초 정치 공작자들 의 처벌을 찬성하다가 이것이 당(서인)을 위해 한 일이라는 서인 중진들의 설명을 듣고 정치공작 찬성으로 돌아섰고, 박세채와 윤증 등은 반대했다. 정치공작에 찬성하는 서인이 대부분 원로와 중진이어서 이들이 '노론老論' 이 되었고, 반대하는 서인이 대부분 젊었기 때문에 이들이 '소론小論'이 되 었다.

노론의 일당독재에서 세도정치로 퇴행

남인은 실권 후 악질적인 정치공작까지 당했으나 숙종 때 남인 계열 여 인 장희빈張禧嬪이 훗날 경종景宗으로 즉위하는 첫 왕자를 낳은 것을 계 기로 다시 정권을 장악했다. 이것이 바로 '기사환국(1689)'이다. 이후 노론 또한 미인계를 활용하여 자신들이 입궁시킨 숙빈 최씨淑嬪 崔氏를 숙종에 게 접근시켰는데, 그녀도 왕자 연잉군延礽君, 즉 훗날의 영조英祖를 낳았 다. 이를 계기로 노론은 끝내 '갑신환국(1690)'을 일으켜 남인 세력을 대거 도륙한다. 이로써 노론은 조정 내 유일한 견제 세력이었던 남인까지 완전 히 축출하고 천상천하 유아독존의 지배체제를 구축한다. 이 또한 남인이 라는 한 붕당의 몰살을 넘어 조선 성리학 사대부 중 국왕의 권위와 국가의 자주성을 존중했던 선비들의 절멸이자, 그나마 양심적이고 합리적인 기득 권층의 퇴출을 뜻하는 것이었다. 이렇듯 정권을 절대 독점한 노론 세력은 이미 망한 명나라를 섬기자는 숭명 사대주의라는 시대착오적인 이념을 바 탕으로 근대를 향해 변화하던 조선 사회의 역동성을 가로막게 된다.

노론 일당독재는 다양한 정파가 공존하고 경쟁하는 세계사적 추세에 역행하는 일당독재 이념 정치체제로 정치적 다양성을 말살하였다. 또한 이들은 성리학 원리주의 질서 수호를 기치로 삼아 농업 생산력 증대에 따른 부농富農의 등장과 대동법大同法 실시로 등장한 공인貢人들이 주도한 사회 변화로 조선이 자발적 근대화로 나아가는 흐름과 기존의 신분제 해체 흐름을 철저히 가로막았다. 한발 더 나아가 노론은 대항해시대 이후 촉진된 동서양 교류의 확대 속에서 조선을 이미 시효가 다한 중화 사대주의 세계관, 그것도 이미 망한 명나라를 섬기는 사대주의 세계관에 인위적으로 가두고 근대화를 선도하던 서구 문명과의 접촉을 완전하게 차단하였다. 이는 마카오와 데지마를 통해 서구 문물을 선별적으로 수용하고 당시 세계 정세를 파악하려고 한 청나라와 일본 에도막부의 행보와 비교할 때 극단적 쇄국주의에 가까웠다. 근본적인 관점에서 볼 때, 훗날 조선의 근대화 실패는 흥선대원군興宣大院君의 쇄국정책이 아닌 여기서 비롯된 것이다.

이러한 노론의 시대에 역류하는 정치는 18~19세기에 이르러 더욱 극명하게 드러난다. 결론적으로 서인-노론의 일당독재는 조선을 17세기 체제에 영구히 가두고 새로운 세상과의 조우를 불허하고자 한 것이다. 이는 이들이 인조와 공모하여 청나라에서 서구 문물을 들여오며 새로운 조선의 탄생을 꿈꾼 소현세자를 독살한 사실을 통해 예고된 것이었다.

이러한 서인-노론의 시대 퇴행적 정치는 18~19세기에 이르러 더욱 극명하게 드러난다. 이는 특히 18세기 후반 정조正祖의 개혁 정치에 대한 서인-노론의 거센 저항을 통해 잘 이해할 수 있다. 서인-노론의 구시대적 정치의 심각성을 깨달은 정조는 새로운 조선 건설을 통한 부국강병을 꿈꾼다. 먼저 그는 정약용丁若鏞과 채제공蔡濟恭을 비롯한 남인 출신 인재를 적극적으로 등용하며 서인-노론 일당독재에 충격을 가한다. 이어 정조는 서얼 출사를 허용하여 신분제 완화를 유도하였다. 이는 이덕무李德懋와 박제가朴

齊家와 같은 서얼 출신의 유능한 인재가 활약하는 바탕을 마련하였다. 또한 정조는 신해통공(1791)과 같은 정책을 통해 상공업 진흥을 꾀하였다. 동시에 그는 서구 과학 기술 수용을 통해 그동안 정체되어있던 조선의 과학 기술 발전과 더불어 군사력 강화를 유도한다. 이는 수원화성 건설과 장용영壯勇營 설립이라는 괄목할 만한 성과로 이어진다. 서얼의 출사 허용과 상공업 진흥 그리고 서구 과학 기술 수용을 통해 부국강병을 시도한 정조에 대해, 노론은 온갖 정치적 방해와 암살 시도를 서슴지 않았다. 결국 정조는 노론과의 극렬한 정치적 충돌 속에서 독살에 가까운 의문의 죽음을 맞았다.

정조의 죽음은 사대주의에 기반한 성리학 원리주의 체제로 다시 회귀한 것을 뜻하는 것이었다. 또한 이는 17세기 효종의 북벌론을 좌초시킨 데 이은 서인-노론 수구 반동 정치의 두 번째 승리로서, 이들의 불패 신화를 다시 한번 확인하는 것이기도 했다. 더 나아가서 단순한 개혁 중흥 군주에 대한 서인-노론의 정치적 승리를 넘어 숭명 사대주의를 기반한 성리학 원리주의 체제 수호를 뜻하는 것이었다. 만약 정조의 개혁 정치가 좀 더 오래 지속되었다면, 조선은 이미 19세기 전반에 훗날 청나라의 양무운동洋務運動 수준으로 부국강병을 이루어내었을 것이다. 정조 사후 본격화된 19세기 서세동점西勢東漸 시대 속에서 노론

▲ 정조

은 세도정치勢道政治라는 더욱 극단적이고 퇴행적인 그리고 폐쇄적인 정치 집단으로 변모했다.

정조 사후부터 철종哲宗 시대까지 노론의 노른자 세력인 안동김씨 가문과 풍양 조씨 가문 등의 소수 가문이 정권을 독차지해 온갖 부정부패를 일삼으며, 권세를 완전하게 독점함과 동시에 사유화하였다.

▲ 안동김씨 김조순

1세기 전과 마찬가지로 이들 세도 가문은 여전히 성리학 원리주의와 숭명 사대주의 수호를 고집하며 조선을 시대 흐름에 뒤쳐진 전근대적 약소국으로 전락하도록 만들었다. 이 과정에서 중앙과 지방에서 만연해진 부정부패와 가렴주구는 홍경래의 난(1811)과 임술농민봉기(1862)와 같은 반체제적 민란을 불러일으켰다. 설상가상으로 당시에 이양선異樣船으로 대표되는 서구 열강이 조선에도 모습을 드러내면서 조선의 국운이 풍전등화에 놓이게 되었다. 폐쇄적 일당독재 속에서 극소수 유력집안의 권력 독점이란 세도정치까지 퇴행했던 노론은 흥선대원군의 등장과 개혁 정치로 인해 일시적으로 위축되었다. 그러나 그는 명성황후明成皇后의 사주를 받은 아들 고종高宗에 의해 쫓겨났다. 고종의 친정은 명목뿐이고 노론의 핵심 가문 중 하나인 여흥 민씨 가문과 노론 소수 가문이 권력을 독차지했다.

▲ 흥선대원군

모든 사회변화를 저지하는 민씨 척족 노론

이때는 청나라까지도 서양 세력에 북경이 점령당하고 굴욕을 겪던 19세기 말이라는 점에서 노론 집권은 조선에 큰 재앙이었다. 여흥 민씨를 필두로 한 노론은 자신과 가문, 당의 이익만을 우선하며 나라를 지키기 위한 시대변화와 부국강병에 담을 쌓았다. 부정부패와 매관매직 등의 온갖 수단을 동원한 축재는 노론 정권의 일상이었고, 이는 임오군란(1886)과 동학농민운동(1894~1895)을 불러일으키며 조선의 내부 혼란을 더욱 악화시켰다. 이런 와중에 김옥균金玉均으로 대표되는 개화파가 등장해 메이지 유신(1868)으로 대표되는 일본식 부국강병을 실시하려고 하였다. 이들은 민씨 척족 정권이 청나라를 끌어들여 개혁정책을 저지하자, 그 유명한 갑신정변(1884)이란 비상 수단으로 나라를 개화開化로 이끌려 했다. 하지만 이 또한 권력욕에만 사로잡힌 고종과 민씨 척족 정권이 청나라를 끌어들이는 바람에 좌절되고 말았다. 청나라를 오랑캐 국가로 부정하던 노론 정권이 청군을 불러들인 것은, 서인-노론의 숭명 사대주의마저 쿠데타용 명분에 불과했다는 사실을 여실히 말해주는 것이었다.

나라를 팔아먹은 1세대 극우 노론

일본이 청일전쟁(1894~1895)으로 청나라를 쫓아내고, 1904년의 러일전쟁으로 러시아까지 쫓아내자 숭명 사대주의 노론은 이제 새로운 주인으로 일본을 선택했다. 1623년의 계해정변(인조반정)이란 쿠데타로 집권한 서인이 노론과 소론으로 나뉜 후 노론은 끝내 나라를 팔아먹는 지경까지 이르렀다. 이들 노론 대신들은 1905년에 국가의 외교권을 일본에 팔아먹는 을

▲ 을사오적. 왼쪽부터 박제순, 이지용, 이근택, 이완용, 권중현

사늑약에 이어 1910년에는 나라 전체를 일본에 팔아먹었다. 일본의 조선 통감 데라우치 마사다케寺內正毅와 나라를 파는 협상을 진행했던 을사오적과 정미칠적의 우두머리인 이완용李完用은 노론 당수였다. 내각 총리대신 이완용의 밀명을 받아 비밀협상에 나섰던 이인직李人稙이 이 협상에서 '나라의 종주권을 중국에서 일본으로 넘기는 것'이라고 말한 사실은, 서인들이 일으킨 계해정변, 노론들이 주도한 을사늑약 및 매국 협정이 같은 성격의 것임을 말해주는 것이다. 조선은 300년 이상 집권한 서인-노론 세력이 주도적으로 나라를 팔아먹은, 전 세계적으로 희귀한 사례를 남긴 망국이었다. 이 노론 세력이 한국의 1세대 극우였다.

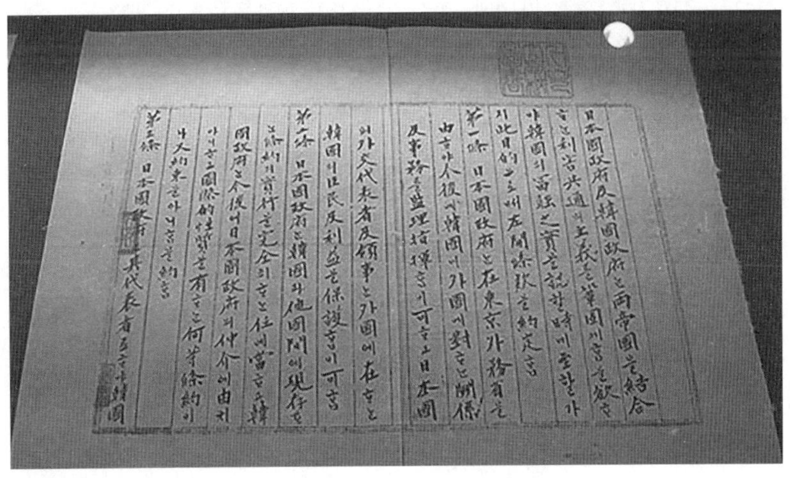

▲ 을사늑약 문서

1910년 나라 팔아먹은 공로로 일제에게 귀족 작위를 받은 명단

작위	이름	
후작	이재완李載完(대원군 조카)	윤택영尹澤榮(본관 해평, 노론)
	이재각李載覺(왕족)	박영효朴泳孝(본관 반남, 철종 사위, 노론)
	이해창李海昌(왕족)	이완용李完用(본관 우봉, 노론)
	이해승李海昇(왕족)	
백작	이지용李址鎔(본관 전주, 노론)	송병준宋秉畯(본관 은진, 자칭 노론)
	민영린閔泳璘 (본관 여흥, 순종비 민씨 오빠, 노론)	고희경高羲敬(본관 제주, 중인)
후작	이완용李完鎔(본관 전주, 노론)	임선준任善準(본관 풍산, 노론)
	이기용李埼鎔(본관 전주, 노론)	이재곤李載崑(본관 전주, 노론)
	박제순朴齊純(본관 반남, 노론)	윤덕영尹悳榮(본관 해평, 노론, 순종 처 숙부)
	조중응趙重應(본관 양주, 소론)	조민희趙民熙(본관 양주, 노론)
	민병석閔丙奭(본관 기흥, 노론)	이병무李秉武(본관 전주, 무과 출신)
	권중현權重顯 (본관 안동, 한미한 가문 출신)	이근명李根命(본관 전의, 노론)
		민영규閔泳奎(본관 여흥, 노론)
	이하영李夏榮 (본관 경주, 한미한 가문 출신)	민영소閔泳韶(본관 여흥, 노론)
	이근택李根澤(본관 전주, 노론)	민영휘閔泳徽(본관 여흥, 노론)
		김성근金聲根(본관 안동, 노론)
	이용식李容植(본관 한산, 노론) - 훗날 3·1운동 가담 작위 박탈	
	김윤식金允植(본관 청풍, 노론) - 훗날 3·1운동 가담 작위 박탈	

2

2세대 한국 극우:
내선일체를 꿈꾼 민족 반역자들

경술국치(1910)로 상징되는 한일병합은 조선 왕조 500년 역사에 종지부를 찍었다. 노론은 나라를 팔아먹었지만 동시에 이는 정파로서의 노론의 와해와 소멸도 의미하는 것이었다. 하지만 나라를 팔아먹은 대가로 노론 세력은 조선 멸망 이후에도 개인과 가문의 기득권은 계속 유지할 수 있었다. 매국의 대가이자 일본의 식민 통치에 협조하는 조건이 붙었지만, 일본 제국령 조선의 최고위 기득권 계층으로 자리매김한다. 이들은 일제의 귀족 작위와 막대한 하사금을 받고 조선총독부의 주구走狗가 되어 동족 위에 다시 군림하기 시작한다.

이는 한국의 2세대 친일 매국 극우가 역사의 전면에 나서는 서막이었다. 2세대 한국 극우의 특징은 그나마 독립 영토 국가를 지향한 1세대 서인-노론의 사대주의까지 버리고 매국매족의 지경까지 이르렀다는 점이다. 2세대 친일 매국 극우에게 일본은 단순히 중화를 대체하는 새로운 사대 대상을 넘어 한민족을 직접 지배하고 통치하는 영구불변의 종주국이었다. 이들은 조선인으로서 정체성을 완전히 버리고 스스로 일왕의 충신이자 일본인으로서 새로운 삶을 살기로 결심한 것이다. 그리고 이는 당연히 2세대 친일 매국 극우세력의 부귀영화를 보장받는 것을 전제로 하는 것이었다.

2세대 친일 매국 극우로 탈바꿈한 서인-노론 후예들

2세대 친일 매국 극우는 일왕의 식민 통치 대리인인 조선총독부의 앞잡이로서 민족을 탄압하고 민족 자체를 일본에 예속시키는 임무를 수행하게 된다. 이를 선도한 것이 노론에서 일본제국령 조선의 지배계층으로 전향한 을사오적과 핵심 노론 가문 출신 세력들이다. 이와 관련한 5명의 대표적 인사를 살펴보고자 한다.

첫째, 을사오적의 대명사인 이완용을 들 수 있다. 그는 경술국치 직후에 일본 귀족원 의원이 되며 일본 지배층에 성공적으로 편입되었다. 일본 귀족과 옛 조선 최고 귀족이라는 이중 지위를 바탕으로, 그는 일본과 식민지 조선 간 정치적 연결고리가 되어 조선의 독립을 저지하는 역할을 하였다. 특히 이완용은 '3.1 독립 만세 운동(1919)'이 일어났을 때. 이를 경거망동으로 폄훼하고 선전하며 일왕과 조선총독부의 입장을 옹호하였다. 이후에도 그는 끊임없이 일본의 조선 지배를 정당화하는 발언을 하며 조선인들의 항일 의지를 꺾고, 당시 국제사회에 한일병합의 현실을 왜곡 선전하는 데 일조하였다.

둘째, 구한말 대표적 친일 매국 단체였던 일진회一進會의 설립자이자 국권 박탈의 주동자로서 이완용과 쌍벽을 이루었던 송병준宋秉畯을 들 수 있다. 먼저 그는 조선총독부의 고위 정책 자문으로 활동하며, '토지조사사업'을 비롯한 일본의 초창기 조선 식민지화 정책 추진을 도왔다. 특히 그는 일본으로부터 거액의 자금을 받아 이를 활용하여 전국 각지의 토지를 매

▲ 2세대 친일 매국 극우를 대표하는 이완용과 송병준

입하고 막대한 부를 증식하였다. 이는 사실상 일본인들을 대신하여 조선에 일본 자본을 유입시키고 조선의 부동산을 일제의 통제 아래 두기 위한 것이었다. 이어 그는 일제 덕택으로 축적한 막대한 사재를 통해 조선총독부를 옹호할 친일 관변 단체들을 조직 및 육성하며, 조선 내 친일적인 분위기 형성을 유도하였다.

셋째, 서인-노론의 명문 반남박씨 가문 출신이자 김옥균과 함께 갑신정변을 주동했던 박영효朴泳孝를 들 수 있다. 그는 한일병합 이후 일본으로부터 조선인 중 최고 작위인 후작 작위를 수여 받으며 이완용과 마찬가지로 일본 지배층에 가장 성공적으로 편입되었다. 게다가 그는 조선총독부 자문기관인 중추원의 부의장에 오르면서 일본 식민 통치의 선구자가 되었다. 특히 그는 옛 조선 왕실의 부마라는 사실과 조선인 출신 일본 최고 지배층의 일원이라는 배경을 바탕으로, 여전히 한일병합을 받아들이지 않는 옛 조선 양반 가문을 회유하는 역할을 맡았다.

넷째, 명성황후의 친척이자 동학농민운동 때 청나라군 파병을 획책했던 민영휘閔泳徽를 들 수 있다. 그는 청일전쟁 직후 친일 매국노로 전향하여 을사오적과 더불어 일본에 국권을 넘기는 데 부역하였다. 한일병합에 대한 공로로 민영휘는 일본으로부터 자작 작위를 받는다. 이후 일제로부터 받은 막대한 하사금과 정치자금을 받아 조선총독부가 조선 경제 수탈을 위해 설립한 조선식산은행朝鮮殖産銀行와 동양척식회사東洋拓殖株式會社의 최대 지주가 되었다. 이는 사실상 조선인으로 위장한 일본 금융 자본가 역할이었다. 이를 바탕으로 그는 막대한 사재를 축적함과 동시에 '조선의 금융 경제 식민화의 앞잡이'가 되었다.

다섯째, 서인-노론의 명문 밀양 박씨 가문 출신이자 구한말 일본군의 앞잡이로서 항일 의병 탄압의 기수로 맹활약한 박중양朴重陽을 들 수 있다. 그는 한일병합 이후에 충청도와 경상도 도지사로 임명되어, 사실상 일왕의 조선 지방 영주로 활약하였다. 이를 통해 그는 조선총독부의 조선 지방 행정 장악과 통제를 위한 밑바탕을 다졌다. 특히 그는 일본 망명 시절에 일본 경찰제도를 보고 배운 경험을 바탕으로, 항일 독립운동 감시를 위한 일제의 '헌병 경찰제도'가 뿌리가 내리는 데 상당한 역할을 하였다. 이밖에도 그는 3.1 만세 운동 이후, 사실상 친일 관변 단체인 자제단自制團을 조직하여 일본 경찰보다 앞서서 조선인들의 독립운동을 와해시키고자 하였다.

이렇듯 을사오적을 중심으로 한 2세대 극우 초창기 활약은 일본의 정치적 및 군사적 점령에 앞장서면서 조선의 경제적 식민화를 촉진하는 데 노력했던 것으로 특징 지울 수 있다. 이들의 적극적 협력이 없었다면, 일제 점령 초기 조선총독부 지배체제가 자리매김하는데 더 많은 세월이 소요되었을 것이다. 초창기 2세대 친일 매국 극우가 뿌린 씨앗은 1930~40년대에 이르러 이들의 매국 정신을 추종하는 자생적 친일매국 극우의 등장으로 화려한 꽃을 피우게 된다.

후반기 자생적 2세대 친일 매국 극우의 등장과 활약

조선의 물리적 식민화를 완수한 을사오적과 구한말 노론 핵심 권력층 출신 친일 매국 세력의 바통은 후반기 2세대 친일 매국 극우에게 이어진다. 이들은 노론 후예가 주축이 된 전반기 2세대 극우와 달리 노론 가문 출신이 여전히 큰 뼈대로 남아있는 가운데 비非노론 가문과 비非양반 가문 출신들이 자생적으로 친일 매국 극우에 대거 합류하는 특징을 보인다. 이들 후반기 2세대 극우는 조선총독부가 민족성 말살을 위해 실시한 문화통치文化統治에 부합하는 조선의 정신적 신민화 작업에 적극적으로 가담하게 된다.

그들의 핵심 목표는 조선인의 역사·문화적 정체성을 지우는 것이었다. 이를 통해 후반기 2세대 극우는 일제가 내세운 '내선일체內鮮一體'와 '황국신민화皇國臣民化'를 충실히 따르며 조선인을 일본인으로 완전히 동화시키고 일제의 신민으로 흡수시키고자 하였다. 후반기 2세대 친일 매국 극우는 아래의 핵심 인사들을 통해 잘 대표된다.

▲ 황국신민화교육

첫째, 서인-노론 명문 해평 윤씨 출신이자 조선총독부 중추원 참의를 지낸 윤치호尹致昊를 들 수 있다. 그는 일찍부터 조선인의 민족성을 비하하고 일본인의 우월성을 찬양하는 가운데 내선일체와 황국 신민화 운동 확산을 주도하였다. 먼저 그는 조선인의 일본인화를 위한 방편으로 식민지 조선 내 일본어 교육 확대와 상용화를 주장하였다. 이어 조선인의 신사참배 의무를 옹호하면서 일왕의 신민으로서의 소속감과 사명감을 불어넣고자 하였다. 특히 그는 조선인의 완전한 일본인화를 근대화와 문명화를 위한 불가피한 과정이라는 궤변을 퍼뜨렸다. 이는 같은 서인-노론 출신인 이완용의 한일병합 합리화 발언과 크게 맞닿아 있다.

둘째, 한때 3.1 운동 민족 대표 중 한사람이자 친일 매국노로 변절한 최남선崔南善을 들 수 있다. 그는 윤치호와 궤를 같이하여 내선일체를 조선의 문명적 진보로 설명하며 민족성 말살과 일본화의 정당성을 설파하였다. 특히 일본 관점이 짙은 '일선동조론日鮮同祖論'을 주장하면서, 한일병합이 조선과 일본 간 역사적 재결합이라는 해괴망측한 논리를 전개하였다. 이후 그는 일제가 세운 만주 건국대학의 교수직을 얻으며, 조선총독부의 후원 아래 다수의 글과 강연을 통해 일본의 우월성과 조선의 일본화 필요성을 꾸준히 선전하였다. 이러한 최남선의 행보는 마찬가지로 친일 매국노로 변절한 춘원 이광수李光洙가 친일 문학을 통해 조선인의 맹목적 일본 추종과 동화를 장려한 사실과 크게 맞닿아 있다.

셋째, 조선총독부가 한국사 왜곡과 축소를 위해 만든 조선사편수회 소속으로 일제 식민사관 전파에 앞장선 이병도李丙燾와 신석호申奭鎬를 들 수 있다. 이들은 일본인 식민사학자들의 앞잡이가 되어 한국 고대사를 대폭 축소하고 유사 이래 한국은 외세에 휘둘려 왔다는 것을 골자로 하는 식민사관을 정립하였다. 이는 조선인들 스스로 자신들의 조상과 자국사에

대한 비하와 환멸을 일으키려는 일본인 식민사학자들의 의도에 전문 역사 지식을 가지고 부역한 것이었다. 일본인 식민사학자들은 《삼국사기》를 가짜로 몰면서 연대부터 맞지 않는 《일본서기》의 내용을 사실이라고 역사를 왜곡했는데, 이병도, 신석호는 그 앞잡이가 되어 '《삼국사기》 불신론'을 주창하며 신라·고구려·백제·가야사를 대폭 축소 및 왜곡했다. 이는 현재 한국의 후세대 매국 극우 역사학자들에게 계승되고 있다. 한편으로 일왕을 역사의 주인으로 보는 야마토 왜 중심 사관, 곧 '황국사관皇國史觀'을 신봉하는 것으로 우리 민족을 말살해 일본 민족으로 바꾸려 한 작업이었다. 바꿔말하면 이는 '역사학의 내선일체 작업'이었다.

이렇듯 후반기 2세대 극우가 민족정체성 말살과 조선인의 일본인화에 총력을 기울이는 가운데, 이들 중 또 다른 일부는 내선일체에 저항하는 항일 독립운동에 대한 무자비한 탄압을 가하며 3.1 만세 운동 이후 흐릿해진 조선총독부의 무단통치武斷統治를 계승한다. 이들에게 일본의 지배를 거부하고 타도하는 조선인은 자신들이 굳게 믿는 내선일체의 정당성 세뇌에 눈엣가시 같은 존재였다. 후반기 2세대 극우의 항일 독립운동 탄압은 크게 일본 경찰에 투신한 부류와 일본군에 투신한 부류의 활동으로 나뉜다.

일본 경찰로 활약한 후반기 2세대 극우는 다음과 같은 대표 인물을 통해 알 수 있다. 먼저 경상도 지역에서 일본 경찰로 활약한 하판락河判洛을 들 수 있다. 그는 '고문귀拷問鬼'라는 별명을 얻을 정도로, 체포된 항일 독립운동가들을 무자비하게 고문해서 불구로 만들었다. 그 대표적인 사례가 일본의 군수 시설을 파괴하고 항일 전단을 살포하며 독립운동 자금 마련을 추진한 '천우회 불온 전단 사건(1942)'이다. 당시 하판락은 이 사건을 주동한 천우회 회원들을 체포하여 잔인하게 고문하였는데, 이들 중 일부는 심각한 고문 후유증으로 숨을 거두었다.

다음으로 평안도에서 일본 경찰로 활약한 김덕기金悳基를 들 수 있다. 그는 평안도에서 활동하던 항일 무장 단체인 천마대天摩隊와 낭림대浪林隊를 일망타진하고, 그 과정에서 낭림대 대원들을 직접 총으로 살해하였다. 이후 김덕기는 홍범도洪範圖, 김좌진金佐鎭과 함께 활약했던 독립군 사령관 오동진吳東振을 체포하여 옥중에서 죽게 하였다.

일본 군인으로 활약한 후반기 2세대 극우는 대표적으로 항일독립군 소탕에 적극적으로 개입한 이들을 통해 잘 드러난다. 가장 대표적인 예시로 만주의 항일독립군 토벌을 위해 창설된 간도특설대 대원들을 들 수 있다. 조선총독부 중추원 참의를 역임한 친일 매국노 이범익李範益은 만주국의 간도성間島省 성장으로 영전하여 재직 중, 조선인에 의한 항일독립군 소탕을 주장하며 일제의 괴뢰군 만주군 산하 '간도특설대間島特設隊' 창설을 주도한다. 마침내 중일전쟁(1937~1945)이 한창이던 1938년에 간도특설대가 공식적인 출범을 알렸다. 이렇듯 창립된 동족 토벌을 위한 일본군 특공대에 후반기 2세대 친일 매국 극우도 대거 가담한다. 그 선두주자가 바로 김백일金白一, 신현준申鉉俊, 강재호姜在浩이다. 이들은 사실상 간도특설대의 창설 요인이자 위관급 장교로서 일제 패망까지 항일독립군 진압에 적극적으로 관여하였다. 특히 이들은 당시 만주 최대의 항일 무장 단체였던 동북항일연군에 큰 타격을 입히고, 만주 내 항일 독립 인사들을 색출 및 처형하였다. 또한 이들은 항일 무장 세력 토벌을 명분으로 조선인 마을을 약탈하고 무고한 양민들을 학살하였다. 일제로부터 항일독립군 소탕의 공로를 인정받은 강재호와 신현준은 만주국 훈장을 받는다. 일제의 관점에서 볼 때, 이들 조선인 출신 일본 군인에 의한 항일독립군 토벌 활약상은 조선인의 자발적 내선일체와 황국 신민화를 대내외에 선전할 최고의 수단이었다. 이러한 간도특설대 선두주자들의 활약은 이후 제3부에서 후술할 바와 같이 향후 해방 이후 초창기 국군과 군사독재 정권의 주역이 되는 정일권鄭一權, 백선엽白善燁, 박정희朴正熙와 같은 차세대 조선 청년의 만주군 합류에 큰 활로를 열어주게 된다. 이는 일제강점기 내내 동족이 동족을 토벌하는 것을 입신양명의 기회를 삼는 그릇된 가치관을 뿌리내리게 하였다.

한편 일제강점기 말기 태평양전쟁(1941~1945)에 이르러 후반기 2세대 친일 매국 극우는 내선일체와 황국 신민화를 더욱 극렬하게 설파하고 정당

▲ 간도특설대

화하는 행태를 보인다. 이 시기에 이들의 목표는 민족성 말살과 일본화 완성을 넘어 조선인을 만리타국에서 벌어지는 일본의 전쟁에 총동원하는 것이었다. 이는 후반기 2세대 친일 매국 극우에 의해 신성한 의무와 영예로 선전되었으나, 실상은 조선 천지를 일본의 전쟁 물자 기지로 착취하고 조선 청년을 일본군의 총알받이로 만들기 위한 사악한 목표에 바탕을 둔 것이었다. 이는 후반기 2세대 극우가 조선총독부의 지령 아래 설립한 '조선임전보국단朝鮮臨戰保國團'과 '국민정신총동원조선연맹國民精神總動員朝鮮聯盟'을 통해 잘 드러난다.

조선임전보국단은 조선총독부의 후원 아래 일제의 대외 침략 전쟁 지원을 위해 설립된 단체이다. 한때 민족대표 33인의 일원이었으나 최남선처럼 변절한 최린崔麟이 단장을 맡은 가운데, 전반기 2세대 친일 매국 극우와 후반기 2세대 친일 매국 극우를 대표하는 박중양과 윤치호가 고문을 맡았다. 이들은 식민지 조선에 전시체제 분위기를 조성하며 조선 청년들의 일본군 자원입대와 조선 여인들의 정신대 참여를 독려하였다. 동시에 이들은 창씨개명과 신사참배를 더욱 강조하며 내선일체와 황국 신민화 완성에 박차를 가하였다. 국민정신총동원조선연맹은 마찬가지로 조선총독부의 후원 아래 설립된 단체이다. 여기에 최린, 윤치호, 친일매국 자본가 박흥식朴興植을 위시한 후반기 2세대 친일 매국인사들이 대거 발기인으로 참여하였다. 특히 이들은 단체이름에

▲ 조선임전보국단

서 유추할 수 있듯이 일제의 태평양전쟁 승리를 위한 조선인들의 정신 무장과 단결 강화에 방점을 두었다. 이를 위해 후반기 2세대 극우는 태평양전쟁을 '아시아의 평화를 위한 성전聖戰'으로 왜곡 선전하며, 일제의 최후 승리에 대한 믿음과 무한한 희생을 강요하였다.

이렇듯 일본 극우들보다 더욱 광신적으로 일왕에 대한 충성과 헌신을 구현한 후반기 2세대 친일 매국 극우의 행보는 2가지의 핵심 사실을 시사한다. 먼저 이들은 충성스러운 일왕의 신민臣民으로 인정받고자 하였다. 이를 위해 일본 극우보다 더욱 일본인으로서 역사관 및 세계관적 정체성과 신념을 가지게 되었다. 다음으로 이들은 일본제국이 청일전쟁과 러일전쟁에서 승리하자 일본은 영원히 번영을 구가할 것이고, 조선은 결코 일본인의 지배에서 벗어나지 못할 것이라 믿어 의심치 않았다. 일본이 2차 세계 대전에서 패전하지 않았더라면, 2세대 친일 매국 극우와 그 후예들은 일본제국령 조선의 최고 권력층으로 군림하면서 내선일체와 황국 신민화를 넘어서는 단계의 한민족 말살 작업에 투신했을 것이 틀림없다.

하지만 이들의 바람과 달리 미드웨이 해전(1942) 패배 이후 일본의 승세

▲ 신사참배

는 급격히 꺾였다. 설상가상으로 미국의 나가사키·히로시마 원폭 공격까지 받자 3개월 전의 나치 독일 패망에도 불구하고 끝까지 버티던 일왕은 무조건 항복선언을 하게 된다. 이는 1868년 메이지 유신으로 탄생하여 아시아 최초로 근대 열강의 대열에 오른 신화를 쓴 일본제국의 비참한 결말임과 동시에 조선 지배의 종말을 뜻하는 것이었다.

그때가 1945년 8월 15일로서 경술국치로 나라를 점령당한 지 정확히 서른다섯 해가 되는 때였다. 절대 대다수 조선인이 일본의 패망 소식에 환희에 찬 만세를 불렀던 것과 대조적으로 2세대 친일 매국 극우는 정신적 조국의 패망에 당황했다. 무적불패의 일본제국이 영원할 것이라 믿었던 이들에게 조선총독부의 종말은 엄청난 충격임과 동시에 천지가 개벽할 만한 대사건이었다. 이들은 조선총독부와 조선 주둔 일본군이 완전하게 철수한 이후 벌어질 해방정국을 극도의 불안함과 두려움을 간직한 채 맞이하고 있었다.

▲ 미국에 항복하는 일본

3

3세대 한국 극우: 반공군사독재의 주구가 된 친일 매국노와 계승자들

소위 1억옥쇄一億玉碎(1억 명의 신민이 천황을 위해 옥처럼 부서지는 것)를 외치며 영미귀축英美鬼畜(악귀와 짐승같은 영국과 미국)에 대한 최후승리를 믿은 일제가 허망하게 패망한 가운데, 조선총독부도 35년간 휘두르던 무소불위의 권위와 통제력을 상실하며 정치적 뇌사 상태에 빠지게 된다. 이에 따라 일왕의 충복이자 조선총독부의 주구로서 식민지 조선 위에 군림하던 2세대 친일 매국 극우의 지위도 찰나처럼 사실상 무력화 된다. 설상가상으로 이들은 제1부에서 간략히 살펴본 나치독일 패망 이후 프랑스의 민족반역자들이 겪은 비참한 최후와 말로와 같은 상황이 발생할 것을 걱정해야 했다. 프랑스에서 불과 4~5년간 나치 지배에 협력했던 반민족 세력들이 때로는 재판도 없이 좌·우파 레지스탕스 활동가들에게 처형당했다는 소식은 이들에게 남의 일이 아니었다. 조선의 친일 매국노들은 모든 면에서 프랑스의 친독 매국노와 비교 불가할 정도로 더욱 악랄했기 때문이다. 최소한 프랑스의 친독 매국노들은 프랑스인을 독일인으로 동화시키려는 민족말살정책까지는 실시하지도 생각하지도 않았다. 일제강점기 동안 친일 매국노들은 조선 총독이 준 완장을 차고 일본인들보다 동족을 더욱 극도로 탄압하며, 이에 대한 대가로 주지육림酒池肉林에 준하는 부귀영화를 누렸다. 따라서 이들에 대한 조선 민중의 분노는 살인 충동 수준으로 극에 달한 상태였다. 급기야 일왕 항복선언 이후, 조선 민중들은 조선 내 일부 일본인들과 친일 매국노들에 대해 사적 보복을 시작하였다. 더구나 일본을 쓰러뜨린 승전국 미국과 소련이 한반도의 새로운 지배자로 진주하고 있었다. 이들 승전국은 2차 세계 대전 동안 일본의 잔혹한 공세와 전쟁범죄로 인해 수많은 자국민 및 자국 병사들이 목숨을 잃고 다친 것에 대해 이를 갈고 강력한 보복을 다짐하고 있었다. 따라서 조선총독부를 축출하기 위해 도래한 미국과 소련이 일제에 열성적으로 부역한 조선인들에 대해 가혹한 처분 내지는 숙청을 단행할 공산이 컸다. 이러한 사면초가와 일촉즉발의 상황 속에서, 2세대 친일 매국 극우와 그 추종자들은 공포에 질린 채 두문불출하며 한동안 숨죽이며 살게 된다.

3세대 반공 독재 극우로 되살아난 친일 매국노들

하지만 미국과 소련이 38선을 기준으로 한반도를 분할 통치하게 되면서 특히 남한의 친일 매국 세력에게 새로운 여명이 찾아오기 시작하였다. 38선 이북, 즉 북한을 점령한 소련 군정은 김일성金日成을 필두로 한 항일 공산주의자들을 중심으로 하는 공산주의 정권 창립을 적극적으로 지원하였다. 이에 대해 38선 이남, 즉 남한을 점령한 미군정은 남한의 반공 정권을 빠르게 세우기 위해 친일 매국노들이 조선총독부의 부역자로서 쌓은 행정 경험과 능력이 필요하다고 보았다. 이러한 미군정의 정책은 '뉘른베르크 전범 재판(1945~1946)'을 통해 유럽 내 나치 정권 고위층들은 물론 그 부역자들에게도 사형을 선고했던 점과 매우 대조적인 것이었다. 이로써 반민족 친일 매국 극우세력이 반공 극우로 재탄생할 기회가 열리게 되었다.

미군정에 의해 중용된 친일 매국 극우 출신 관료들은 다시 결집하며 세력을 키우기 시작하였다. 이들은 3년 뒤 미국의 지원을 받은 이승만李承晩이 초대 대통령으로 당선되며 출범한 제1공화국에서 다시 이 사회의 지배층으로 부활하였다. 이는 3세대 반공 군사독재 극우의 서막이었다. 이승만은 항일 독립운동가 출신을 자처했지만 정작 그가 박영효의 사주를 받아 고종을 내쫓고 의친왕 이강李堈을 추대하려던 역적 행위로 투옥되었는데, 그를 석방시켜 준 이는 러일전쟁 승전 이후 조선의 내정을 장악한 당시 일본 공사 하야시 곤스케林權助였다. 이후 알려진 것과는 달리 이승만은 미국에서 항일 활동을 거의 전개하지 않았다. 단 그가 적극적 반일에 나설 때는 딱 두 가지 경우였다. 하나는 미국의 정책이 반일로 선회했을 때이고, 다른 하나는 미주교포들의 성금을 거둘 때였다. 특히 미주교포들의

▲ 뉘른베르크 전범 재판

▲ 이승만 대통령 취임식

애국 성금을 중간에서 떼어먹은 사건으로 임시정부 대통령에서 탄핵된 바 있는 이승만에게 항일 독립운동가들은 불편한 존재였고, 반면 친일 매국 세력은 아주 편한 상대였다. 이에 따라 그는 독립운동가 출신 인사 중용을 지양하고, 2세대 친일 매국 극우 출신 인사들을 내각과 주요 기관의 요직에 기용하였다. 이를 통해 제1공화국 정부는 사실상 조선인들로 구성된 조선총독부 후신이라고 해도 과언이 아니었다. 일부 독립운동가 출신들이 장관직에 있기는 했지만, 이미 제1공화국의 행정부와 사법부는 친일 매국 극우가 장악했다고 해도 과언이 아니었다.

간단한 예시로 이승만은 앞서 언급한 조선임전보국단의 발기인으로 활약했던 윤치영尹致暎과 유진오兪鎭午를 각각 내무부 장관과 법제처장으로 임명하였다. 또한 일제의 괴뢰군인 만주군에서 복무한 김창룡金昌龍을 오늘날 국정원장에 해당하는 육군 특무 대장으로 임명하였다. 그중 백미는 제3부에서 상술할 조선총독부 고등계 형사로서 독립운동가들을 악랄하

게 탄압하고 고문한 노덕술盧德述을 오
늘날 서울특별시 경찰청에 해당하는
수도경찰청장으로 임명한 것이다. 또
한 마찬가지로 일본 경찰 간부를 지낸
이익흥李益興도 내무부 치안국장을 거
쳐 내무부 장관에 임명되었다. 이로써
사실상 미군정의 연장선 위에서 대한
민국의 행정과 치안 분야가 2세대 친
일 매국 극우 출신 인사들에 의해 정립
되게 된다. 또한 이는 이후 친일 매국

▲ 김창룡

법조인들이 대거 등용되면서 사법 분야에도 고스란히 이어지며, 대한민국
국가체제 전반이 일제의 유산을 그대로 이어받는 씨앗이 되었다. 이러한
이승만 정권의 친일 매국노 중용과 그 파급효과는 겉으로 반일 민족주의
를 외친 제1공화국의 속살이 친일 매국 정신으로 점철되어 있음을 잘 드러
낸다.

한발 더 나아가 이승만은 조선경비대에서 막 탈피한 초창기 국군을 일
본군과 만주군 출신 인사들로 대거 채웠다. 그는 일본군 고위 장교를 지낸
이응준李應俊을 초대 육군참모총장으로 임명한 것을 시작으로, 앞서 살펴
본 간도특설대의 선두주자였던 신현준을 초대 해병대 사령관으로 임명하
였다. 또한 앞서 간단히 언급한 백선엽과 정일권鄭一權도 중용되었다. 이
두 인물 모두 육군참모총장으로 승진하고, 특히 후자는 국방부 장관까지
역임하였다. 이들 일본군 및 만주군 출신 군인들은 일제의 대외 침략 전쟁
에 부역하며 일본군 정신과 체제를 체득하였다. 이로써 일왕의 무신으로
서 피와 땀을 바친 군인들이 국군을 장악하고 국군 내 핵심 인맥을 심는

불행한 역사가 시작되었다. 이는 후술할 군사독재 정권 탄생에 큰 밑바탕이 된다.

그렇다면 이승만이 이렇듯 무리할 정도로 친일 매국 극우 출신 인사들을 중용한 핵심 이유는 무엇일까? 이는 크게 2가지로 설명될 수 있다.

첫째, 이승만은 그의 오랜 국외 망명 생활로 인해 국내 정치적 기반이 탄탄하지 못하였다. 이는 국내 명성과 정치적 바탕이 컸던 몽양 여운형呂運亨과 백범 김구金九와 비교할 때, 그의 정치적 아킬레스건이었다. 따라서 이승만은 해방 이후 불안한 상황에 놓여 있던 친일 매국 극우 출신 인사들을 자신의 편으로 끌어들여 정치적 호위무사로 삼고 이들이 매국의 대가로 축적한 정치자금을 활용하고자 하였다. 이를 위해 이승만은 친일 매국 세력의 과거에 대한 사실상 정치적 사면을 단행한다. 이는 그가 대한민국 자체적으로 친일 매국노 처단을 위해 출범한 '반민족행위자 특별처벌위원회(반민특위)'를 강제로 해산시킨 사실을 통해 잘 드러난다. 특히 이승만은 당시 민의를 바탕으로 국회가 출범시킨 반민특위를 친일 매국 경찰 출신 인사들이 주축이 된 특경대를 이용하여 해산하고, 이에 저항하는 반민특위 위원들을 구금하고 처벌하였다. 이는 정치적 수족이 되어 복종하는 2세대 친일 매국 극우를 보호하려는 이승만 정권의 결사 의지가 반영된 것이다.

둘째, 이승만은 왕조 독재에 가까운 강력한 권력욕을 추구하였다. 미국 유학을 명분으로 미국에 건너간 후 그는 명함에 'Prince(왕자)'라고 새기고 다녔을 정도였다. 400여 년 전 그의 조상이라는 양녕대군讓寧大君은 세자 자리에서 쫓겨난 인물이고 그의 후손 중에 이승만 정도의 항렬은 수만 명은 될 것인데도, 그는 마치 자신이 조선 왕실의 의친왕 정도 되는 왕자인 것처럼 행세했다. 또한 이는 그가 집권만 할 수 있다면 왕조 국가체제 부활에 큰 관심을 갖고 있었음을 시사하는 것이다. 이승만은 겉으로는 신생 민주주의 국가 대한민국의 지도자를 자처하였으나, 속으로는 봉건적 정치 사상에서 탈피하지 못해서 영구집권을 꿈꾸었다. 이러한 이승만의 관점에서 볼 때, 조선총독부의 주구로서 일왕을 숭배하는 전체주의적 정치관을 가졌으며, 일제 고등계 경찰들처럼 체제 유지를 위해 각종 정치 사찰 및 탄압 기술에 능숙할 뿐만 아니라 나라와 민족을 배반한 대가로 취득한 막대한 재산을 가진 2세대 친일 매국 극우 출신 인사들은, 매우 매력적인 동반자들이었다.

이승만 독재 정권하 3세대 극우의 활약과 비극

이렇듯 이승만의 전폭적인 지지와 후원 아래 제1공화국의 최고 권력층으로 화려하게 부활한 3세대 극우는, 과거 조선총독부 체제를 떠받친 것처럼 이승만 반공 독재 정권 확립과 수호를 위해 헌신하게 된다. 먼저 이들은 이승만의 영구집권을 위한 길을 닦기 위해, '발췌개헌(1952)'과 '사사오입 개헌(1954)'에 적극적으로 개입하며 대한민국의 민주주의의 발전을 가로막았다. 또한 3세대 극우는 조선총독부의 주구로서 독립운동가들을 색출하고 고문하고 처형하던 기술을 그대로 활용하여, 이승만과 자유당自由黨의 독재에 항거하는 야당과 국민에 대한 무자비한 탄압을 가한다. 특히 이들은 '장충단 집회 방해 사건(1957)'에서 드러나듯이 이정재李丁載와 임화수林和秀를 비롯한 정치깡패들과 야합하며 야당의 정치집회를 폭력으로 짓밟았다. 동시에 3세대 극우 법조인들은 이승만의 잠재적 대선 경쟁자인 조봉암曺奉岩을 누명을 씌어 처형하였다. 동시에 3세대 극우는 한국전쟁(1950~1953) 동안 상상을 초월하는 부정부패와 무자비한 양민학살을 자

▲ 사사오입 개헌

행한다. 그 대표적인 사례가 '국민방위군 사건(1951)'과 '거창 양민 학살 사건(1951)'이다. 먼저 전자는 일본군 출신의 김윤근金潤根이 주도한 것으로, 국방예산과 물자를 횡령하고 착복하여 수만 명의 청년 병사들이 허망하게 아사한 사건이다. 다음으로 후자는 일본군 출신으로 태평양전쟁까지 참전한 김종원金宗元이 주도한 것으로, 빨치산 소탕을 핑계로 무고한 양민들을 대량 학살한 사건이다. 이 두 사건 모두 근본적으로 일본군 특유의 양민학살 전통에 뿌리를 둔 것이다.

　이승만의 3선 이후, 3세대 반공 독재 극우의 패악은 절정으로 치닫는다. 이들은 헌법 개정과 야당 탄압에만 만족하지 않고, 민의民意 자체를 왜곡 조작하는데 이른다. 사사오입 개헌과 장충단 집회 방해 사건을 저지른 이승만 독재의 만행에 대해 국민이 돌이킬 수 없는 반감과 환멸을 느끼게 되면서, 3세대 극우는 더 이상 정상적인 방식으로 권력을 유지할 수 없다는 것을 깨닫게 된다. 이들이 이미 이승만 독재 정권에 모든 명운을 걸었던 까닭에, 이승만과 그의 후계자인 이기붕李起鵬의 낙선은 자신들의 돌이킬 수 없는 종말을 뜻하였다. 이에 따라 3세대 극우는 공무원과 다시 한번 정치깡패들을 동원하여 '3.15 부정선거'까지 벌이는 최악의 수를 범한다. 그 과정에서 사전 조작 투표와 투표함 바꿔치기와 야당 후보자 출마 방해 등의 희대의 악행을 벌이며, 스스로 헌정질서와 민주주의의 적임을 드러 낸다.

▲ 장충단집회방해사건

하지만 민중들은 3.15 부정선거를 보며 그동안 참아온 분노를 한꺼번에 폭발시켰다. 이들은 이승만과 그의 주구들이 민주공화국 대한민국과 더 이상 공존할 수 없음을 깨달았다. 이에 따라 곧 전국적 규모의 반정부 시위로 발생한 가운데, 결국 '4·19혁명'이 발발하였다. 이승만 정권과 3세대 극우세력은 다시 한번 군경과 정치깡패를 동원하여 혁명의 불길을 끄려고 하였다. 그 과정에서 이승만의 경호실장 곽영주郭永周와 내무장관 최인규崔仁圭(1919~1961)가 시위대에 대한 발포 명령을 내리며 최악의 발악을 하였다. 하지만 이는 3세대 극우의 자살골이었다. 더욱 폭압적인 핍박을 받을수록 민중들의 분노와 저항은 더욱 거세어졌다. 그동안 현실에 눈과 귀를 닫고 권력욕에만 불타 있던 이승만도 점차 사태의 심각성을 깨닫기 시작한다. 그 사이 당시 주한 미국 대사 매카나기Walter Patrick McConaugh는 이승만 정권의 생명이 완전히 끝났고, 더 이상의 집권은 대한민국에 걷잡을 수 없는 혼란과 유혈사태를 불러일으킬 것으로 판단하였다. 그리하여 그

▲ 4.19 혁명

는 이승만에게 하야를 권고한다. 마침내 최후의 보루인 미국마저 등을 돌리게 된 것을 알게 된 이승만은 하야를 발표하고 하와이로 망명을 떠난다. 이기붕 일가도 비참한 최후를 맞게 된다. 이는 이승만 반공 독재 정권의 종말을 뜻하였다. 동시에 이는 이승만을 뒷배경으로 성장한 3세대 극우세력의 권력 상실을 뜻하였다.

이러한 3세대 극우의 퇴진은 1년 남짓한 휴지기에 불과하였다. 4·19혁명으로 탄생한 장면張勉의 제2공화국 민주당 정권은 내부 권력 투쟁과 총체적 무능으로 혁명 이후 정치 사회적 혼란을 수습하지 못하였다. 이러한 난국 속에서 박정희로 대표되는 옛 일본군과 만주군 출신의 장교들이 주축이 되어 '5.16 군사 정변'을 일으켜 정권을 장악한다. 이는 이후 30년간 이어지는 군사독재 정권의 시작이었다. 동시에 이는 2세대 친일 매국 극우 군인들이 쿠데타를 통해 한국 사회를 지배하면서 4·19혁명으로 몰락했던 3세대 극우세력이 부활하여 권토중래할 것임을 알리는 신호탄이었다.

▲ 장면 내각

박정희 군사독재로 재탄생한 3세대 극우

  제2공화국을 무너뜨린 박정희는 '국가재건최고회의'를 출범시키며 사실상 정권을 장악한다. 곧이어 그는 일본군 및 만주군 출신 동지들과 이들과 긴밀한 연줄로 연결된 인사들을 빠르게 등용하였다. 그 과정에서 김동하金東河, 박임항朴林恒 그리고 정래혁丁來赫 등을 위시한 일본군 및 만주군 출신 군인들이 국가재건최고회의에 중역으로 대거 포진하게 된다.

  이러한 박정희를 위시한 일본군 및 만주군 출신 군인들을 중심으로 한 3세대 극우의 재결집은 그의 제3공화국 정권이 출범하면서 본격화된다. 먼저 박정희의 일본군 선배이자 이승만 정권에서 중용된 정일권은 제3공화국 최장수 국무총리를 역임하며, 박정희 군사 정권 전반부의 얼굴마담 역할을 하였다. 일본군 출신의 송요찬宋堯讚도 박정희 군사 정권 초창기 시절 국방부 장관과 외무부 장관을 역임하며, 정치인으로 완전하게 탈바꿈한다. 이와 동시에 박정희는 일본군 정신과 체제를 체득한 3세대 청년

▲ 5.16 군사 정변

극우 군인을 요직에 배치하며, 범 일본군 인맥을 국가권력에 깊숙이 이식하게 된다. 이를 가장 잘 드러내는 것이 바로 박정희의 절대권력을 떠받치던 가장 큰 기둥이었던 '중앙정보부'의 수장을 지낸 김형욱金炯旭과 이후락李厚洛이다. 이들은 직접적 친일 매국 경력은 없으나, 박정희를 중심으로 한 국군 내 일본군 및 만주군 인맥에 흡수 및 동화되며, 사실상 2세대 친일 매국 극우 군인의 계승자가 된 지 오래였다.

이와 더불어 박정희는 과거 이승만 정권에서 활약한 3세대 반공 독재 극우 각료들을 흡수 및 재등용하며, 범 3세대 극우의 연속성과 계승성을 확고히 한다. 그 대표적인 예시가 바로 백두진白斗鎭과 최규하崔圭夏이다. 먼저 전자는 이승만 정권의 국무총리를 지냈으며, 박정희 집권 이후 여당인 민주공화당의 의원으로 활약한다. 다음으로 후자는 이승만 정권 말기에 외무부 차관을 지냈으며, 이후 제3공화국의 외무부 장관으로 영전한다. 특히 최규하는 후술할 제4공화국 유신 독재의 마지막 국무총리가 되며, 박정희 독재 정권의 마지막을 상징하는 인물이 된다.

그렇다면 이승만 정권의 3세대 극우와 박정희 정권의 3세대 극우 사이에는 어떤 차이점이 있을까? 이는 다음과 같다. 먼저 이승만 독재 정권 시절의 3세대 극우는 이승만-이기붕 권력 세습을 통해 여당인 자유당의 영구집권 수호, 그 자체를 유일 목표로 하였다. 반면에 박정희 독재 정권의 3세대 극우는 박정희의 권력과 군사 정권의 영속화를 넘어, 그들이 경험한 옛 일본제국 체제 내지는 만주국滿洲國 체제를 대한민국에 이식시키고자 하였다. 바꿔말하면 이는 대한민국을 일본제국의 아류로 혹은 일본제국이 만주국을 건설한 방식으로 발전시키고자 한 것이다. 이는 근본적으로 박정희를 위시한 2세대 친일 매국 극우 군인과 그 추종 세력이 여전히 일본제국의 위대함을 동경한 사실에서 비롯된 것이다. 또한 이는 박정희를 위시한 조선인 출신 일본군 장교들이 만주군 복무 시절 일제가 만주국을 건설하고 운영하는 과정을 목도하고 경외한 사실에 큰 바탕을 둔다. 이러한 관점에서 볼 때, 5.16 군사 정변은 근본적으로 1세대 극우 서인-노론이 숭명사대주의 실현을 명분으로 일으킨 인조반정과 같은 평행선 위에 있다.

그렇다면 3세대 군사독재 극우는 어떻게 대한민국의 일본제국 및 만주국 체제화를 추진하였을까? 이는 크게 2가지 방향으로 진행되었다. 먼저 이들은 박정희 정권 출범 직후부터 정보기관과 사법부 그리고 경찰을 총동원한 극도의 감시 통제 분위기와 공포에 가득 찬 공안정국을 조성한다. 이는 일본제국 말기 전체주의 체제 재현을 통한 권력 수호를 위한 것이었다. 그 중심에는 잠시 언급한 중앙정보부가 있었다. 중앙정보부는 친일 매

▲ 경제개발 5개년 계획

국 군인과 경찰들을 통해 과거 일본 헌병 및 경찰이 조선인들의 반항을 감시하고 독립운동가들을 색출하던 체계를 그대로 이식받았다. 당시 중앙정보부는 군사독재에 반대하는 정치인들과 시민들을 무자비하게 탄압하였다. 그 과정에서 '동백림사건(1967)'과 '인혁당 재건위 사건(1974)'과 같은 비극이 발생하였다.

다음으로 3세대 군사독재 극우는 일제의 만주국 경제개발 방식을 거의 그대로 옮긴 개발독재를 추진하였다. 이는 일차적으로 쿠데타에 의한 집권이라는 취약한 정치적 정통성을 급속한 경제발전을 통해 만회하기 위한 것이었다. 하지만 소위 경제개발 5개년 계획으로 상징되는 3세대 군사독재 극우가 취한 개발독재는 근본적으로 일제의 '만주국 경제개발 5개년 계획'에서 영감을 받은 것이다. 박정희 개발독재의 특징인 정경유착과 소수의 대기업을 중심으로 한 산업화는 일본 관동군이 몇몇 일본 대기업에 특혜를 주며 만주에 대거 진출하게 하는 것을 골자로 하는 '만주국 경제개발 5개년 계획'과 크게 맞닿아 있다. 결과적으로 박정희 정권 아래 3세대 군사독재 극우의 개발독재는 '한강의 기적'을 이루며 오늘날 세계 10대 경제 대국 대한민국의 원동력이 되었다. 이와 관련하

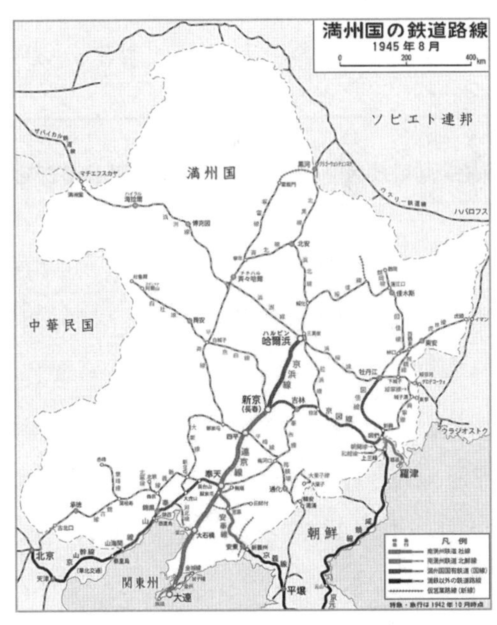

▲ 만주국 지도

여 군사독재 정권에 의한 경제발전과 산업화 완성을 부정적으로 볼 필요 없다는 점을 이해할 필요가 있다. 사실 우리보다 1세기 앞서 이루어진 프랑스와 독일의 산업화도 각각 전제 군주 독재 체제였던 나폴레옹 3세 정권과 독일 제국의 성과이자 유산이다. 그러나 오늘날 프랑스인들과 독일인들은 이를 하나의 역사적 흐름으로 받아들일 뿐, 독재 정권에 대한 역사적 정당성을 부여하지는 않는다. 따라서 개발독재의 성과를 가치중립적으로 받아들이고 논할 필요가 있다. 다만 다음과 같은 사실을 확실하게 짚고 넘어갈 필요가 있다. 즉, 박정희 정권이 세계사적으로 유례가 없는 급속한 산업화를 완수하였으나, 동시에 이는 군사 정권으로부터 파격적인 특혜를 받고 크게 성장한 유수의 재벌들이 3세대 극우와 동종교배하고 대한민국 경제 패권을 장악하는 어두운 결과를 낳았다. 또한 이는 3세대 극우가 정치권력을 넘어 경제 권력까지 쥐게 되는데 결정적 요인으로 작용하였다. 그로 인해 궁극적으로 3세대 극우가 범접할 수 없는 대한민국의 최고 콘크리트 기득권 세력이 된 것은 부정할 수 없다.

일본제국화를 꿈꾼 3세대 군사독재 극우의 유신 체제와 몰락

이렇듯 대한민국의 일본제국 발전상을 따라 하며 정치와 경제 권력을 한숨에 움켜쥔 3세대 군사독재 극우는 마지막 종착역에 도달한다. 그것은 바로 1972년 10월에 단행한 '유신 체제'였다. 유신維新이라는 이름에서 어렴풋이 유추할 수 있듯이, 박정희는 메이지 유신을 통해 일왕 전제 군주 독재 체제가 부활한 역사를 대한민국에서 재현하고자 하였다. 즉, 그는 장기 집권이 아닌 영구집권을 꿈꾼 것이다. 하지만 유신 체제는 박정희의 권력욕으로만 온전히 설명될 수는 없다. 그의 권력 기반은 탄탄했고, 개발독재의 눈부신 성과로 그를 지지하는 민심도 크게 확대되었다. 또한 당시 야당에서 박정희를 대신하여 국정운영과 경제발전을 더욱 잘 이끌 수 있는 강력한 대안 세력이 나타난 것도 아니었다.

그렇다면 박정희는 왜 굳이 자신이 세운 제3공화국의 문을 스스로 닫고 유신 체제라는 무리수를 둔 것일까? 이는 기존 제3공화국의 틀 안에서는 그가 동경한 일본제국 말기 전시 전체주의 체제를 온전히 실현할 수 없었기 때문이다. 박정희의 관점에서 볼 때, 국가와 사회를 더욱 강력하게 그리고 일사불란하게 통제할 수 있는 새로운 체제가 필요하였다. 이를 위해서는 일본제국 계승자를 자처하는 그의 영구집권 보장은 지당했다.

▲ 유신헌법 공포식

이러한 박정희의 야심 아래, 3세대 군사독재 극우는 먼저 제4공화국 헌법, 즉 '유신헌법'을 만들기 시작하였다. 특히 국가원수가 초법적 권력을 행사하여 국회와 법원을 무력화시키고 국가를 준계엄 상태로 통치할 수 있는 조항 마련에 집중하였다. 그 과정에서 유신 체제 창시자들은 드골 헌법의 비상대권을 악의적으로 표절하였다. 유신헌법이 완성되자 박정희와 추종 세력은 마침내 1972년 10월에 제3공화국 국회와 헌법을 무력화시키고 그의 영구집권을 합법화하는 유신헌법을 강제적으로 통과시키는 친위 쿠데타를 성공시킨다. 그나마 형식적으로 존재했던 민주공화국 체제가 완전히 무너지고, 사실상 일인 전제 군주제가 열리는 순간이었다. 이는 서인-노론 독재체제가 더욱 극악으로 치달아 안동김씨의 일가 독재 정권인 세도정치 시대로 이어진 것과 크게 맞닿아 있다.

이렇게 열린 박정희의 유신 독재 공화국은 그의 전신인 태평양전쟁 말엽 일본제국을 연상시키듯 더욱 강력한 공포 분위기를 조성하며 민주화와 정치적 자유화를 억압하였다. 여기에는 차지철車智澈과 같이 3세대 군사독재 극우 중 맹목적으로 박정희와 유신 독재를 추종하는 강경파들이 날뛰며 더욱 큰불을 지폈다. 이들은 개발독재를 통해 빈곤을 해결한 업적에 큰 자부심을 느끼며, 박정희의 영구집권과 유신 체제의 정당성을 굳게 믿었다. 이에 따라 유신 체제 아래 3세대 극우는 긴급조치로 상징되는 비상대권을 남발하며 국민의 정치적 자유와 사상의 자유를 극도로 억압하였다. 또한 유신 독재에 저항하는 야당에 대한 탄압도 더욱 강화하였다. 그 과정에서 중앙정보부가 1971년 대선에서 박정희를 크게 위협한 김대중金大中을 일본에서 납치하여 살해하려고 하였다. 또한 미국에 대해 박정희 정권에 대한 지지를 포기할 것을 공개적으로 요구한 신민당의 대표인 김영삼金泳三도 의원직에서 제명되었다. 하지만 장장 7년간 이어진 유신 독재 공화

▲ 부마 민중 항쟁

국의 올가미가 조여질수록, 이에 숨이 막혀 지쳐간 민중들은 점차 저항의 길을 택하기 시작하였다. 이는 마침내 1979년 10월 '부마 민주 항쟁'으로 폭발하였다. 당시 부산과 마산의 대학생들을 주축으로 이루어진 시위대는 유신철폐를 외치며 박정희 정권에 정면으로 도전하였다. 이에 박정희를 비롯한 3세대 강경파 극우는 군대를 동원하여 시위대를 진압하려고 하였다. 하지만 당시 부마 항쟁은 더 이상 폭력으로 진압될 수 있는 시위가 아니었고, 오히려 시민들의 반발과 저항은 민란 수준으로 더욱 거세어져 갔다. 이러한 부마 항쟁을 둘러싼 유신 독재 체제와 민중들의 출구 없는 충돌 속에서, 당시 중앙정보부장이자 상대적으로 유신 독재 체제 내 온건파였던 김재규金載圭가 궁정동 안가에서 박정희와 차지철을 권총으로 암살한다. 역사에 '10.26 사건'으로 기록된 이 사건은 장장 18년간 이어진 박정희 정권과 유신 독재 체제에 종지부를 찍는다.

그렇지만 박정희의 죽음과 유신 독재 소멸이 3세대 군사독재 극우의 퇴장을 뜻하는 것은 아니었다. 10.26 사건이 남긴 권력 공백은 2달도 지나지 않아 박정희의 친위대로 양성된 전두환全斗煥을 위시한 '신군부'가 메꾸었다. 박정희가 오래전부터 군부 내 친위세력으로 양성했던 이들 신군부 세력은 5.16 군사 정변을 따라 1979년 '12.12 군사 정변'을 일으켜 국권을 장악하였다. 이는 그로부터 8달 뒤 박정희 군사독재 정권의 후신인 전두환의 제5공화국 군사독재 정권 출범으로 이어졌다. 이에 따라 박정희가 심고 양성한 기존 3세대 군사독재 극우 인맥도 전두환 정권 아래에서 거의 온전히 계승되며, 군사 정권이 종식되는 날까지 대한민국 각 분야에서 무소불위의 영향력을 행사한다. 이들 또한 박정희가 남긴 공안 정치와 개발독재를 그대로 계승하며 절대권력을 영원히 손에 쥐고자 하였다. 전두환 정권은 중앙정보부의 후신인 '국가안전기획부'와 사복경찰을 대거 동원하여 민주화 요구와 군사독재에 대한 저항을 맹렬히 탄압하였다. 이들은 부림사건(1981)에서 잘 드러나듯이 온갖 조작 고문 수사와 간첩 누명 씌우기를 통

▲ 12.12 군사 정변을 주도한 신군부 세력

▲ 6월 항쟁

해 민주화를 요구하는 시민들을 처벌하였다. 그 과정에서 수많은 무고한 시민들이 목숨을 잃었다. 또한 전두환 정권 아래 3세대 극우는 사회정화라는 명분으로 삼청교육대를 창설하며, 군사독재에 불만을 가진 시민들과 정치적 반대 세력을 구금하고 학대하였다. 이러한 전두환 정권의 공포 분위기 조성은 30년대 나치 독일의 상황보다 더욱 심각한 것이었다.

하지만 1980년 '5.18 민주화 운동'에서 시작되어 1987년 '6월 항쟁'으로 이어지는 군사독재 정권에 대한 국민의 저항과 투쟁은 더욱 불타오르고 있었다. 이미 유신 독재 체제 말기부터 국민은 군사독재 자체에 대한 강한 피로감을 느끼고 있었다. 그리고 이는 전두환 정권에 이르러 임계치에 도달하였다. 이와 더불어 3세대 군사독재 극우가 권력 유지를 위해 무리하게 진행했던 개발독재의 성과로 중산층에 올라 경제적 여유를 얻게 된 국민은 세계사적 보편적 단계로서 정치적 자유화를 원하고 있었다. 더구나 88

년 서울 올림픽 개최로 국제사회의 주목을 받게 된 상황 속에서, 3세대 군사독재 극우의 일본제국식 전체주의 추구는 더 이상 내세울 수 없게 되었다. 이렇듯 사면초가에 놓인 전두환 군사 정권은 결국 1987년 '6.29 선언'으로 상징되는 대통령 직선제 부활과 시행을 골자로 하는 개헌을 받아들였다. 이로써 소위 87년 체제로 불리는 민주화 시대가 열리게 되었다. 이는 3세대 군사독재 극우의 시대가 저물고 있음을 알리는 신호탄이었다.

4

4세대 한국 극우:
역사의 역류를 꿈꾸는 뉴라이트

87년 6월 항쟁의 성과로서 열린 제13대 대통령 선거는 김대중과 김영삼으로 대표되는 기존 야당 및 민주화 진영이 집권하여 군사독재를 청산할 수 있는 천재일우의 기회였다. 하지만 이러한 국민이 차려준 잔칫상 앞에서 민주화 진영은 일치단결하지 못하고, 양 김을 포함한 여러 후보가 난립하여 경쟁하는 우를 범한다. 민주화 진영의 분열은 전두환의 후계자이자 여당 민주정의당 대선 후보로 나선 노태우盧泰愚에 어부지리로 작용한다. 결국 노태우는 불과 36퍼센트의 득표율로 절묘한 승리를 거두었다. 이로써 역설적으로 '87년 체제'는 3세대 극우 출신 인사의 집권으로 시작되었다. 그러나 노태우 정권은 3세대 극우세력의 순수한 연장은 아니었다. 노태우는 자신을 군인이 아닌 소위 보통 사람으로 그리고 그의 정권을 군사독재의 후계자가 아닌 민주화 시대의 첫 정부로 선전하였다. 실제로 그는 극우의 전유물인 레드 콤플렉스를 깨는 '북방정책'을 추진하고, '토지공개념'을 비롯한 사회주의 성향의 경제 제도까지 일부 채택하며 세계사적 변화 및 국내 정치 변화에 맞추었다.

게다가 노태우는 총선에서 국회 과반수 달성에 실패하자 소위 '3당 합

▲ 3당 합당

당(1990)'을 단행하여, 여당인 '민주정의당'과 민주화 진영의 기둥인 김영삼의 '통일민주당' 그리고 군부 독재 잔재 김종필金鍾泌의 '신민주공화당'을 통합시켰다. 이는 원내 절대다수의 의석을 확보하는 성과를 가져왔다. 그러나 3당 합당으로 인해 민주화 세력이 대거 유입되면서 노태우 정권은 3세대 극우의 전유물이자 안마당으로 남을 수 없었다. 따라서 노태우는 제5공화국 비리 청문회를 개최하며 전두환 정권과의 단절과 차별성을 강조하는 모습을 보였다. 게다가 김영삼이 노태우의 뒤를 이어 집권하고 문민정부 시대를 열었다. 이는 해방 후 미군정과 이승만 정권부터 시작된 반공 전체주의 독재 체제의 끝이자 완전한 민주화 시대의 시작이었다. 동시에 이는 3세대 군사독재 극우의 역사 속 완전한 퇴장 선고였다.

민주화 시대 속, 21세기 4세대 뉴라이트 극우의 등장

거시적인 관점에서 볼 때, 해방 이후 한국 현대사는 역사의 반동의 연속이었다. 21세기에 이르러 또 다른 형태의 새로운 극우가 역사의 전면에 등장하기 시작한 것 또한 그런 현상의 반복이었다. 김영삼 정권 이후 연달아 민주화 진영 출신 김대중 정권과 노무현 정권이 탄생함에 따라 군사독재 유산이 청산되고 민주주의 체제가 정착되어 갔다. 그러나 이러한 역사적 흐름에 반발한 3세대 극우 계승 세력은 애국 보수를 참칭하며 시대적 흐름을 부정하고 이승만의 반공 독재 정권과 박정희·전두환의 군사독재 정권을 미화하고 찬양하기 시작하였다. 이들이 바로 4세대 극우, '뉴라이트 New Right'이다.

2000년대 중반부터 뉴라이트는 학계를 중심으로 본격적인 활동을 시작하였다. 이를 상징하는 신호탄이 바로 2005년 '뉴라이트 재단의 출범'이었다. 초창기 뉴라이트 경제학자 안병직安秉直을 태두로 하는 뉴라이트 재단은 신자유주의를 새로운 보수이념으로 내세우면서 "3·1운동으로 건립된 대한민국 임시정부의 법통을 계승했다."는 87년 대한민국헌법 전문을 부정하기 시작했다. 이들은 1919년 대한민국 건국을 부정하고 이승만이 1948년에 건국을 완수했다고 주장하였다. 이는 항일 독립운동사까지 부정하고 일제 식민 지배를 미화하는 것이었다.

역사적으로 유구한 우리 민족의 존재 자체를 부정하며 '종족'으로 폄하하는 뉴라이트 경제학자 이영훈李榮薰은 일제의 식민지 착취와 수탈을 부정하는 식민지 근대화론을 내세우며, 2세대 친일매국 극우의 행태에 역사적 정당성을 부여하기 시작하였다. 뉴라이트 경제학자들의 행보와 궤를 같이하여 뉴라이트 정치학자들도 2세대 극우와 3세대 극우에 정치적 정당성을 부여하는 이론적 근거를 마련하기 시작하였다. 대표적인 예가 뉴라이트 재단의 창립에 핵심 역할을 한 정치학자 박효종朴孝鍾이 한국 민족주의를 비판하면서 2세대 극우의 친일 매국 활동에 대한 재평가를 주장하고 나선 것이다. 동시에 그는 3세대 극우의 집권과 독재를 반공 안보 확립과 자유민주주의 국가 건설을 위한 불가피한 과정이라는 궤변을 설파했다.

이들의 주장은 종합적인 관점에서 볼 때 친일 매국 및 반공 군사독재 정당화 그리고 민족주의 지양과 신자유주의 우선시로 요약될 수 있다. 단도직입적으로 말하면, 이는 2세대 친일 매국 극우와 3세대 반공 군사독재 극우가 한국의 근현대사 발전을 주도하고 대한민국의 안보와 번영을 이끌었다는 친일 매국 극우역사관 확립에 나섰음을 뜻한다. 이러한 역사관은 향후 뉴라이트의 정치적 약진과 광폭 행보를 위한 이론적 및 사상적 근거를 마련하기 위한 것이었다. 뉴라이트 학계의 반민족 및 반민주 궤변들이 논란을 불러일으킨 가운데, 미리 약속이나 한 것처럼 뉴라이트 정치권이 전면에 나서기 시작하였다.

2008년 출범한 이명박 정권은 이들 반민족 및 반민주 뉴라이트들을 두뇌로 삼으면서 한국 사회에 큰 어두움을 드리우기 시작했다. 이를 기점으로 신지호申志鎬, 나경원羅景垣, 박형준朴亨埈 등과 같은 뉴라이트 계열의

▲ 뉴라이트 전국연합 총회

정치인들이 보수진영 세대교체라는 흐름 속에서 제도권 정치권에 진출하여 맹활약하게 되었다. 한발 더 나아가 이들 중 일부는 교육부 장관을 지낸 이주호李周浩와 경제부총리는 지낸 최경환崔炅煥의 사례처럼 이명박 정권의 핵심 각료로 중용되어 당시 국정운영의 중심부를 구성하기도 하였다.

항일 독립운동을 부정하는 뉴라이트

뉴라이트 정계가 날개를 펼치게 되면서 이명박 정권을 앞세운 4세대 뉴라이트 극우는 자신들의 친일 매국 반민족 및 반민주 이념 실현에 나서게 된다. 이를 가장 잘 드러내는 것이 바로 '건국절 제정 시도'이다. 이는 헌법에 규정된 1919년 대한민국 건국을 부정하면서 이승만 정부가 출범한 1948년 8월 15일을 '건국절로 기념하자'는 역사 날치기 시도였다. 또한 1948년 건국절 제정은 뉴라이트 학계에서 건국자이자 국부로 이승만을 숭배하는 시각이 대거 반영된 것이다. 이들의 역사 날치기는 1919년 대한민국 임시정부 출범과 8.15 광복절의 역사적 의미와 가치를 퇴색시켜, 대한민국 건국의 정통성을 2세대 친일매국 극우와 3세대 반공군사독재 극우에 온전히 부여하기 위함이다. 바꿔말하면 뉴라이트는 항일 독립 투쟁사와 항일 순국선열들의 희생으로 대한민국이 건국된 것을 부정하고 역사에서 지우고자 하는 것이다.

항일 독립운동 부정은 4세대 뉴라이트 극우의 핵심적인 특징이자, 이전 3세대 반공 군사독재 극우와 구분을 짓는 독점적 특징이라고 볼 수 있다. 비록 이승만이 친일 매국노들을 중용하였지만, 대한민국의 정통성을 그가 몸담았던 임시정부에 못을 박았고 항일 순국선열을 평가절하하지 않았

▲ 한국 개신교계가 주도한 1948년 8월 15일 건국절 제정 운동

다. 임시정부 요인들 일부가 여전히 시퍼렇게 살아있는 상황 속에서 이승만은 최소한의 양심을 버릴 수 없었다. 이와 마찬가지로 박정희도 집권 직후 대한민국 건국 훈장을 제정하고 김좌진을 위시한 항일 독립운동가에게 수여하며, 표면적으로나마 항일 독립운동에 역사적 가치를 부여하였다. 박정희조차도 친일을 통한 입신양명을 추구한 자신과 상반된 길을 걸었던 항일 독립 군인들에 대한 최소한의 존경심은 가지고 있었던 것으로 보인다. 그러나 뉴라이트 극우는 이승만과 박정희도 감히 시도하지 못한 항일 독립운동 지우기를 감행한 것이다. 이는 이들의 영혼 속에 친일매국 DNA가 살아 숨 쉬고 있다는 증거이자 일제의 한반도 귀환과 지배를 오매불망 바라고 있다는 사실을 말해준다.

이명박 정권 시절 4세대 뉴라이트 극우의 또 다른 특징은 보수 기독교계와 유착관계를 형성해 정계와 학계를 넘어 종교계와 사회 전반에 저변을 확대시킨 것이다. 이는 이명박 자신이 보수 개신교계에서 자본주의를 대표하는 압구정동 소망교회 장로 출신이라는 점에서 이미 예고된 것이나 마찬가지였다. 일제강점기 때 천도교와 함께 3·1혁명을 주도했고, 1970년대 종로 5가의 기독교방송국을 주축으로 '종로 5가파'로 불리며 유신 독재 및 전두환 독재에 저항했던 한국 기독교의 상당한 세력들이 친일 매국 반공으로 방향 전환하기에 이르렀다. 한국기독교총연합회를 주축으로 한 보수 개신교계는 이승만이 개신교도였던 점과 이승만이 친일파들과 한 몸이었던 점에 착안하여, 기독교 신앙과는 전혀 맞지않는 친일 매국 반공을 기독교 신앙과 세계관으로 포장하여 설파하였다. 이는 국내 기독교인 수가 거의 천만에 이르는 점을 미루어 볼 때 엄청난 정치적 파급력을 지닌 것이었다. 이 과정에서 보수 기독교계는 뉴라이트의 든든한 우군이자 비공식적 정치 세력이 되면서 사회를 밝히던 등불과 소금에서 사회의 지탄을 받는 세력으로 전락한다. 이는 과거 국가조찬기도회를 통해 박정희와 전두환 군사독재를 찬양하고 지지했던 반공 극우 기독교 세력의 불명예스러운 부활과 정치 데뷔이기도 하였다.

박근혜 정권 아래 보수노년층을 흡수한 뉴라이트

4세대 뉴라이트 극우의 승승장구는 이명박에 이어 박정희의 딸인 박근혜朴槿惠가 집권하면서 그대로 이어지게 된다. 박근혜 정권에서도 뉴라이트 계열인 황우여黃祐呂, 윤병세尹炳世, 황교안黃敎安 등이 각각 장관과 국무총리 등의 요직을 차지하면서 4세대 극우의 정치적 약진은 계속되었다. 뉴라이트가 이명박 정권 아래에서 보수 기독교계와 결합함으로써 새로운 전기를 맞이한 것처럼, 박근혜 정권이 들어서면서 또 다른 전환점을 맞이하게 된다. 이는 근본적으로 박근혜가 군사독재의 상징인 아버지 박정희의 정치적 후광으로 대통령이 된 점에 기인한다. 뉴라이트의 관점에서 볼 때 박근혜의 대선 승리와 극적인 집권은 3세대 극우, 그중에서도 박정희와 함께한 3세대 군사독재 극우의 현대적 귀환을 뜻하는 것이고, 역사적 재평가를 상징하는 것이기도 했다. 이는 검사로서 유신헌법을 기초하는데 가담한 김기춘金淇春이 대통령 비서실장으로 입각한 점을 통해 더욱 명확해진다. 이러한 정치적 흐름은 4세대 뉴라이트 극우들이 군사독재 시대를 산업화를 완수하기 위한 민족사적 사명으로 재평가할 수 있는 호기로 여겼다. 동시에 이는 민주화된 대한민국에 다시 한번 권위주의적 정권 실현, 즉 유신 정권의 새로운 버전을 추진할 기회로 인식되었다.

박근혜 정권 아래 뉴라이트의 득세는 3세대 군사독재에 대한 향수를 가진 노년 보수층의 강한 지지를 불러일으켰다. 한국 사회가 민주화되면서 정치적 소외감과 배척감을 느끼고 있는 노년 강경 보수층에게, 박근혜의 집권과 뉴라이트의 행보는 자신들의 정치·역사적 자부심을 되살리고 3세대 극우 남긴 반공·냉전 보수이념을 부활시키겠다는 새로운 사명감을 불러일으키는 사건이었다. 그래서 이들은 소위 '태극기부대'로 일컬어지는 뉴라이트 정치집회에 대거 가담하게 되었다. 이는 4세대 뉴라이트 극우와 3세대 군사독재 극우의 정신적 계승을 넘어서는 궁극적 융합을 뜻하는 것이었다. 여기에 '국가조찬기도회'의 반공 극우 기독교계의 길을 그대로 답습하는 전광훈全光焄이 이끄는 극단적 보수 기독교계가 가세함으로써, 이들은 한국 사회를 과거 군사독재 시절로 회귀시키려는 꿈까지 꾸게 되었다.

박근혜 정권의 붕괴와 계엄을 꿈꾼 뉴라이트의 퇴진

이후 뉴라이트는 박근혜 정권의 전폭적인 지원을 바탕으로 태극기부대와 보수 기독교계를 행동대장으로 활용하며 전방위적 활약을 보인다. 즉, 뉴라이트의 전략과 지시에 따라 태극기부대와 보수 기독교계가 연일 광화문 광장에서 태극기와 성조기를 들며 박근혜 정권을 옹호하는 시위와 집회를 열었다. 이 과정에서 뉴라이트 역사관 주입을 위한 박근혜 정부의 국정교과서 도입을 강력하게 지지하였다. 그러나 이들은 한국 사회를 과거의 군사독재 시절로 퇴행시키는 것은 불가능하다는 시대 흐름을 전혀 읽지 못했다.

하지만 더욱 근본적인 문제는 박근혜 정권과 뉴라이트의 총체적 무능이었다. 당시에 '헬조선'이라는 신조어가 유행할 정도로 청년층의 취업난과 양극화 심화가 심각한 문제로 떠오르고 있다. 본래 박근혜의 대선 승리도 아버지 박정희가 국가적 빈곤을 해결한 것처럼, 경제는 보수라는 이미지에 걸맞게 박근혜 정권이 경제 성장과 빈부격차 해소를 이끌어 줄 것이라는 기대에 바탕을 둔 것이었다. 그러나 박근혜 정권과 뉴라이트는 이러한 국민적 기대에 부응하지 못했다. 이들이 내세운 허울뿐인 창조경제는 내수 침체와 10퍼센트에 이르는 청년 실업률 악화로 돌아왔다. 또한 가계부채가 급증하고 잠재성장률도 급감하며, 고성장을 구가하던 박정희 정권과는 상반된 저성장 시대가 도래하기 시작하였다. 이는 박근혜 정권에 대한 실망을 넘어 분노에 불을 지피기 시작하였다.

그사이 발생한 '박근혜-최순실 게이트'에 대한 사회 전반의 분노는 이러한 박근혜 정권과 뉴라이트의 무능과 퇴행적 정치에 대한 역사의 대답이기도 했다. 또한 박근혜 대통령 탄핵 사태는 그동안 베일에 감춰진 뉴라이트의 위험성을 드러내는 계기가 되었다. 박근혜 정권 붕괴를 자신들의 퇴진으로 여긴 뉴라이트 세력은 4세대 극우와 추종 세력을 총결집해 박근혜 탄핵 무산과 박근혜 정권 유지에 사활을 걸었다. 그중 백미는 연일 이어진 태극기부대의 탄핵 반대 시위였다. 이는 사실상 이승만 시절에 자주 볼 수 있었던 관제 데모의 재연이었는데 그나마 이승만 시절의 극우들은 외국의 깃발을 흔들지는 않았지만, 박근혜 시절의 극우들은 애국을 입에 담으면서도 성조기와 이스라엘기를 흔들며 박근혜 정권 수호를 외치는 모순을 드러내는 것을 피하지 않았다. 이렇듯 자기 정체성에 자신이 없다 보니 이들이 내세우는 것은 한국 극우의 전가의 보도, 종북몰이, 즉 '빨갱이 타령'뿐이었다. 한발 더 나아가 박근혜 탄핵사태를 종북세력과 중국의 음모라고 주장하는 등의 비이성적 주장을 내세웠다.

하지만 태극기부대의 시위는 빙산의 일각일 뿐이었다. 군부 내 뉴라이트 추종 세력은 헌법재판소가 박근혜 대통령 탄핵을 인용하는 사태에 대

▲ 태극기 부대 시위

비해서 국군기무사령부가 주도하는 비상계엄령 선포까지 준비하고 있었다. 이는 전두환 신군부의 12.12 군사 정변 재현 시도로서 유사시 탄핵을 강제로 무효화하고 탄핵 반대 시민과 정파를 일순간에 일망타진하려고 한 것이었다. 대한민국을 다시 군사독재의 그늘로 회귀하려 한 것이었다. 소위 '2017년 계엄령 선포 계획'으로 세상에 드러난 시대착오적인 발상은 거대한 사회의 흐름에 밀려 실현되지 못하였다. 하지만 이는 뉴라이트가 민주화의 역사 흐름을 거슬러 군사독재라는 권위주의 체제의 복고를 꿈꾸는 반시대적 수구반동 세력임을 잘 드러낸 사태였다.

2017년 3월 헌법재판소가 박근혜 탄핵을 승인함으로써 박근혜 정권은 불명예스러운 종말을 맞았다. 이후 진보 진영의 문재인 정권이 들어서면서 뉴라이트는 적폐 세력으로 비난받으며 퇴조했다. 하지만 이는 4·19혁명 이후 3세대 극우의 퇴장과 같이 일시적이었다. 뉴라이트는 정치권력 일부만 상실하였을 뿐 정계, 재계, 학계 등에 폭넓게 뿌리내린 네트워크는 여

▲ 2017년 계엄령 선포 계획

전히 건재하였다. 문재인 정권의 적폐 청산 작업은 역사적 시각이 결핍된 채 정권의 이해 관계에 좌우되면서 집권 중반기를 지나며 용두사미로 끝나게 되었다. 뉴라이트는 권토중래를 꿈꾸게 되는데, 이들은 이 무렵 발생한 '조국 사태(2019)'를 정치적 대반격을 가할 호기로 활용했다. 이들은 조국 사태를 문재인 정권과 진보 진영의 이중성 표출로 적극 공격했다. 이미 극우세력들이 장악한 한국의 언론들은 민주화 세력의 작은 흠집이나 일부 모순을 전체로 포장해 사회 담론으로 삼을 수 있는 권력을 가지고 있었다. 조국曺國의 개인적 결함과 일부 모순된 언행을 마치 민주화 세력 전체의 역사적 및 도덕적 파탄인 것처럼 몰아가는데 성공했다.

게다가 촛불 정신을 거울삼아 정의롭고 공평한 대한민국을 만들겠다는 포부를 밝혔던 문재인 정권은 마치 사적 이해관계로 권력을 나누는 듯한 모습을 거듭 노출시켰다. 이를 민주화 세력 공격의 호재로 삼은 4세대 극우는 보수 정계 및 언론과 합작하여 조국 사태를 매개로 전방위적 공세를 펼치며, 문재인 정권과 진보 진영 전체를 부정하고 나섰다. 문재인 정권이 이런 사태에 대한 역사적 관점이 결핍된 채 소위 '진영 논리'로 조국 사태 방어에 나섬으로써 뉴라이트의 공세는 더욱 강해졌다. 조국 사태는 역사상 최초로 뉴라이트 세력들이 자발적으로 광장에 나가는 계기를 만들어주었고, 이전과 다른 새로운 국면이 전개되었다.

문재인 정권의 실정 속 윤석열-뉴라이트 정권의 탄생과 몰락

문재인 정권이 역사적 대의 대신 권력의 사적 운용 형태를 반복하면서 국민의 신망을 잃어가는 가운데 윤석열尹錫悅이 등장했다. 윤석열과 부인 김건희金建希 일가에 대한 부정적 전망이 적지 않았지만, 문재인 정권은 이를 무시하고, 서울중앙지검장에 이어 검찰총장으로 임명했다. 검찰총장 윤석열이 조국의 일부 흠집을 문제 삼아 전면전을 전개하자 극우세력들이 크게 환호하는 가운데, 문재인文在寅은 조국과 윤석열 모두를 감싸는 이해할 수 없는 행태를 보였다. 문재인 정권은 당시 법무부 장관 추미애秋美愛의 윤석열에 대한 정상적인 강경 대처를 '정치적 미숙함'으로 폄하하면서 윤석열을 선택하는 결정적 우를 범했다.

이는 한국 사회를 이승만·박정희·전두환 시절로 되돌리려는 뉴라이트 극우들의 정치적 입지를 크게 넓혀주었고, 뉴라이트는 대권 재창출을 위한 선봉장이자 얼굴마담으로 윤석열을 선택했다. 시대착오적인 반사회적 행태로 퇴출되었던 뉴라이트, 즉 4세대 극우는 조국 사태를 통해 문재인 정권에 맞선 윤석열을 영입해서 문재인 정권을 심판하는 세력으로 화려하게 부활했다. 이는 2022년 윤석열 정권 출범이라는 극적인 결실로 돌아왔다.

윤석열의 당선은 곧 박근혜 정권 붕괴로 물러난 뉴라이트의 재집권을 뜻하였다. 본래 윤석열 정권은 뉴라이트와 한 몸이었다. 또한 숭미崇美를 넘어서 노골적인 숭일崇日 행태도 서슴지 않았다. 일본 우익에서 일본의 이익 실현에 앞장선 인사에게 주는 나카소네 야스히로 상을 받은 김태효金泰孝는 국가안보실 1차장으로 국가안보 및 정보기관을 독점했고, 또 다른 나카소네상 수상자인 박철희朴喆熙 서울

▲ 윤석열 정권의 외교 실세 국가안보실 1차장 김태효

대 교수는 국립외교원장과 주일대사가 되었다. 또한 뉴라이트 김영호金暎浩는 통일부 장관이 되었다. 이들은 친일·반북의 공통점을 가진 뉴라이트 인사들로 이들이 윤석열 정권의 외교 안보 정책과 대북정책을 주도하였다. 특히 김태효는 "중요한 것은 일본의 마음이죠."라는 망언으로 '중일마'라는 신조어까지 낳았는데, 그가 윤석열 정권의 자발적이고 굴욕적인 숭일 외교의 설계자이자 총책이었다. 여기에 이명박 정권의 뉴라이트 실세였던 이동관李東官이 방송통신위원회 위원장으로 부활하면서 윤석열 정권은 친일 매국 뉴라이트들과 한배를 탄다.

윤석열을 내세워 국권을 재장악한 뉴라이트는 박근혜 정권 시절에 이루려다 실패한 뉴라이트 이념과 역사관 확산 작업에 다시 한번 박차를 가한다. 가장 대표적인 예로 윤석열 정권은 뉴라이트 인사인 허동현許東賢을 국사편찬위원장, 김낙년金洛年을 한국학중앙연구원장, 박지향朴枝香을 동북아역사재단 이사장으로 임명했다. 여기에 친일 뉴라이트 김형석金亨錫을 독립기념관장에 임명해 마치 대한민국 대통령이 아니라 조선 총독의 부활인 것처럼 여기게 했다. 윤석열과 코드를 맞춘 이들은 일본 식민 지배와 이승만·박정희 독재를 숭상하는 뉴라이트 역사관을 공통분모로 행동하는데 거리낌이 없었다. 과거 일제와 싸우다 순국한 순국선열들과 애국지사들의 호국정신을 기려야 하는 독립기념관장 김형석은 억울하게 친일파로 몰린 인사들의 명예를 회복하겠다고 나서고, 광복절 경축 행사에서 "광복은 연합군의 선물"이라 말하며 독립운동 자체를 부정했다. 이는 일제 강점 이후 수많은 한국인이 생명과 생애를 바쳐 이룩한 대한민국 건국과 민주화 자체를 부정하는 것으로서, 겉으로는 독립운동가를 서훈했던 박정희 시대를 넘어 미군정과 이승만 시대로 역행하는 것이었다.

그러나 한국 사회는 정권을 장악했다고 해서 1919년 건국과 해방 이후

▲ 윤석열 탄핵반대 집회

민주화라는 역사를 부정할 수 있는 사회가 아니었다. 뉴라이트 친일 매국 세력의 전폭 지원에도 역사적 반동을 실현하는 데 실패한 윤석열은 급기야 12·3 계엄이란 내란을 일으켰다. 한국 사회를 군사독재 시절, 심지어 일제 식민 지배 시절로까지 되돌리려 했던 친일매국 윤석열 일당이 자행한 소위 '12·3 계엄 내란 사태'는 국민과 국회의 발 빠른 대응으로 인해 좌절되었다. 이승만, 박정희, 전두환의 내란은 수많은 희생 끝에 바로잡혔지만, 윤석열 일당의 내란은 바로 당일 진압되었다는 점은, 한국 사회가 더이상 시대 퇴행적인 극우의 부활을 허용하지 않는다는 사실을 입증한 것이었다.

프랑스 극우와
한국 극우 간 비교

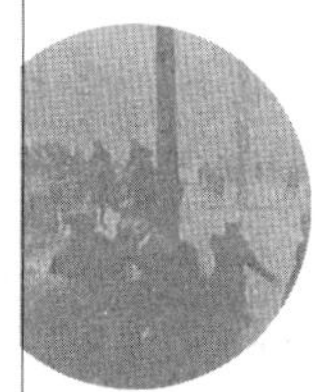

1

애국의 후예 vs 매국의 후예

제1부에서 살펴본 바와 같이 프랑스 극우는 프랑스 대혁명 이래 200년이 넘는 세월을 이겨내며, 근현대 프랑스 정치사의 주연 배우 중 하나로 자리를 잡았다. 그렇다면 프랑스 극우가 주류 정치 세력으로부터 온갖 멸시와 탄압을 받으면서도 오늘날까지 정치적 생명을 유지할 수 있었던 비결은 무엇일까? 무엇보다 이들은 자신들의 고유한 보수 정체성 또는 이념 및 가치를 유지하면서도 유연한 사고를 바탕으로 시대변화를 잘 이해하고 대처하였기 때문이다. 동시에 이는 프랑스 극우가 각 시대변화 속에서 프랑스인들이 요구하는 시대정신의 일부를 받아들이고 실현하기 위해 노력하였기 때문이다. 궁극적으로 이러한 프랑스 극우의 유연성과 합리성은 조국과 민족의 번영을 위한 것이다. 프랑스 극우의 정치생명과 역정은 일이관지一以貫之라는 말처럼 애국 민족주의라는 하나의 관점으로 이해될 수 있다.

그렇다면 1945년 8·15해방 이후 한국의 정통 애국 보수를 자처하며 가장 강력한 기득권을 누려온 한국 극우는 어떠한가? 한국 극우는 프랑스 극우처럼 일관되게 애국 민족주의의 가치를 추구하였는가? 한국 극우는 프랑스 극우처럼 국가와 민족이 위기에 빠졌을 때 목숨을 걸고 애국 민족주의를 몸소 실천하였는가? 한국 극우는 자신들의 기득권을 희생하면서 국가와 민족의 번영을 위해 온몸을 바친 세력인가? 마지막으로 한국 극우는 오늘날 한국 청년 세대의 존경과 지지를 받을 수 있는 정치관을 가지고 정치역정을 걸어온 애국 보수 어른들인가? 이 질문들에 대한 명쾌한 답을 구하기 위해 필자는 프랑스 극우와 한국 극우를 역사적 계보, 세계관 그리고역사관이라는 총 3가지 측면에서 비교해 보고자 한다. 이를 통해 한국 극우가 프랑스와 서구의 극우처럼 세계사적 보편성을 공유하는 가운데 한국사적 특수성을 주장할 자격이 있는지 가늠할 수 있을 것이다.

애국의 계보, 프랑스 극우

서구 주류 언론의 보도를 거의 무비판적으로 추종하는 한국 주류 언론들은 프랑스 극우가 히틀러의 유럽 정복을 추종하고, 2차 세계 대전 때나치 독일에 대거 협력한 이들의 후예인 것처럼 묘사한다. 과연 프랑스 극우는 외세의 조국 병탄을 반긴 매국노들의 후예일까? 이는 기본적인 역사적 사실과 상식을 무시한 주홍 글씨 씌우기에 불과하다. 제1부에서 살펴본 바와 같이 프랑스 극우는 조국과 민족의 위대함을 경외하는 강성애국 민족주의자들이다. 프랑스 극우는 드골파와 함께 반나치 레지스탕스 활동을 주도하였다. 프랑스 극우가 애국의 후예임을 더 설명하기 위해서는 프랑스 혁명전쟁부터 양차 세계 대전에 이르기까지 1세대 왕당파 극우와 2세대 반독주의 극우가 어떻게 호국 행보를 보였는지 살펴볼 필요가 있다.

1세대 극우, 오를레앙 가문의 애국 전통

현재까지 명맥을 잇고 있는 왕당파 극우는 루이 필리프 1세의 7월 왕정을 통해 집권을 한 바 있는데, 오늘날에도 재야에서 프랑스 군주제 부활 운동을 추진하고 있다. 그 중심에 오를레앙 가문이 있다. 7월 왕정이 무너지고 뒤이은 나폴레옹 3세의 제정 아래 숨죽이며 살아가던 오를레앙 가문은 제3공화국이 들어서자 옛 프랑스 왕족 가문 추방령으로 더 이상 조국 땅에 머물 수 없는 상황과 마주하게 되었다. 이에 따라 오를레앙 가문은 영국 등지를 전전하며 외국 망명 생활에 놓이게 되었다. 그러나 공화파는 프랑스 왕족 추방만으로 민족하지 않았으며, 이들의 병역 의무 수행 자격 자체를 박탈하였다. 옛 프랑스 왕족 가문 후예들을 프랑스 공화국 시민으로조차 인정하지 않겠다는 의지의 표현이었다. 이는 프랑스 왕족과 귀족들이 무장하고 외세에 맞서는 것을 그들의 특권이자 자부심으로 인식했던 역사적 전통을 미루어 볼 때 매우 가혹한 처사였다.

하지만 제1차 세계 대전이 발발하여 프랑스가 독일과 국운을 건 총력전을 펼치자 당시 오를레앙 가문의 종주인 장 도를레앙 Jean d'Orélans(1874~1940)은 국외 추방령으로 인해 체포될 위험을 무릅쓰고 비밀리에 귀국하여 프랑스군 입대를 신청하였다. 최전선에서 독일군에 맞서 조국을 지키기 위한 것이었다. 그러나 그의 입대 신청은 프랑스 정부의 기존 방침으로 인해 거부되었다. 하지만 장 도를레앙은 이에 굴하지 않았다. 그는 앙리 뒤낭이 설립한 '국제 적십자Croix rouge'에 합류하는 데 성공하였고 이를 통해 프랑스군을 위해 봉사하는 활동에 투신할 수 있었다.

제2차 세계 대전이 발발해 프랑스가 나치 독일에 무릎을 꿇자, 장 도를레앙의 아들인 앙리 도를레앙 Henri d'Orléans(1908~1999)이 나섰다. 그는 부친과 마찬가지로 조국이 나치 독일에 의해 침탈당한 사실에 분개하여 망명지를 떠나 곧장 귀국하였다. 부친과 마찬가지로 프랑스 정규군 입대에는 실패하였으나, 앙리 도를레앙은 이에 좌절하지 않고 나폴레옹 3세가 창립한 '프랑스 외인부대Légion étrangère'에 입대하여 나치 독일군에 맞서 치열하게 싸웠다. 프랑스 왕족 출신 인사가 외인부대에 입대하여 일선에서 전투를 치른 것은 전무후무한 일이었다. 프랑스가 나치독일로부터 해방되고 제4공화국이 들어서자 옛 프랑스 왕족에 대한 국외 추방법이 폐지되었다. 이에 따라 오를레앙 가문은 오랜 외국 망명 생활을 마무리하고 조국 땅에 돌아올 수 있었다. 하지만 조국에 돌아온 환희가 가시기가 무섭게 프랑스는 알제리 전쟁을 겪게 되었다. 이 프랑스의 최후 식민지 전쟁에 오를레앙 가문은 양차 대전 때와 마찬가지로 참전의 길을 택하였다. 이번에는 장 도를레앙의 손자이자 아버지와 같은 이름을 가진 청년 앙리 도를레앙 Henri d'Orléans(1933~2019)이 나섰다. 그는 프랑스 정규군의 장교로 참전하였다. 여기서 그는 300년 전 가문의 시조인 초대 오를레앙 공작 필리프 1세가 카셀 전투(1677)에서 네덜란드군을 상대로 기적에 가까운 역전의 무공을 보여준 것을 연상시키듯, 수많은 전공을 세우며 프랑스 정부로부터 무공훈장을 받았다.

3대에 걸친 오를레앙 가문의 호국 행보는 다음과 같은 측면에서 더욱 빛난다. 이들은 조국에서 추방된데다 병역 의무마저 박탈된 상황에서 아무런 대가를 바라지 않고 목숨을 건 민족 수호 전선에 투신하였다. 참전한 오를레앙 가문 3대 인사가 모두 가문의 장자이자 종주였다는 점에서 이들이 단순히 생색내기나 향후 집권을 위한 권력욕으로 자진 입대한 것이 아님은 더욱 분명해진다.

▲ 3대에 걸쳐 프랑스에 헌신한 오를레앙 가문. 왼쪽부터 아버지 앙리 도를레앙, 아들 앙리 도를레앙, 장 도를레앙

2세대 극우의 항독 민족 해방 투쟁

2세대 반독주의 극우는 2차 세계 대전 간 드골과 함께한 반나치 레지스탕스 활동의 중추였다. 이와 관련하여 3가지 사례를 살펴보고자 한다.

첫째, 제1부에서 살펴본 30년대 불의 십자가당의 핵심 지도자 라로크 대령의 항독 투쟁이다. 1940년에 프랑스가 나치 독일에 무릎을 꿇자 라로크 대령은 반독주의 신념에 맞게 드골 진영에 합류하여 민족 해방 투쟁에 투신한다. 그는 '클랑 네트워크Réseau Klan'이라는 이름의 비밀 결사 정보 조직을 창설하였다. 베테랑 장교 출신인 라로크 대령의 지휘 아래 클랑 네크워크는 나치 독일군의 동향과 정보를 시시각각 파악하여 드골이 이끄는 자유 프랑스 진영에 큰 도움을 제공하였다. 그로 인해 라로크 대령은 나치 독일의 눈에 가시거리로서 집중적인 추적을 받게 되었다. 생사를 넘나드는 항독 투쟁 가운데, 그는 결국 나치 독일의 비밀경찰 게슈타포Gestapo에 체포되었고 곧 독일의 한 집단 수용소에 감금되었다. 라로크 대령은 그곳에서 2년 동안 나치 독일군에 의해 혹독한 고문을 당하며 심신이 급속히 피폐해졌다. 하지만 그는 죽음을 각오하고 드골을 위시한 동료 반나치 레지스탕스 활동 동지들에 대한 정보를 끝까지 발설하지 않았다. 다행스럽게도 목숨을 부지한 라로크 대령은 나치독일이 항복한 1945년 5월에야 수용소에서 풀려나 해방된 조국으로 돌아올 수 있었다. 그러나 그는 귀국한 지 불과 1년여 만에 고문 후유증으로 인한 건강 악화를 극복하지 못하고 숨을 거두었다.

둘째, 레미 대령Colonel Rémy으로 불린 질베르 르노Gilbert Renault(1904~1984)의 레지스탕스 활동이다. 라로크 대령과 마찬가지로 그는 1934년 2월 6일 시위를 주동하는 등, 2세대 반독주의 극우의 핵심 정치인으로 활약하였다. 그러나 페탱 원수가 나치 독일과 굴욕에 가득 찬 강화를 맺자 레미 대령은 아내에게 다음과 같은 말을 남기며 영불해협을 건너 드골 진영에 합류하였다.

"만약에 히틀러가 전쟁에 승리하면, 우리 모두 곧 노예가 된다. 그리고 우리 아이들은 나치즘 속에서 길러지고 그들의 영혼은 사라질 것이다."

Si Hitler a gagné cette guerre, toi et moi, nous allons devenir des esclaves.

Et nos enfants seront élevés dans la doctrine national-socialiste. Et leur âme sera perdue.

레미 대령은 드골의 오른팔로서 '노트르담 평신도회Confrérie Notre Dame'이라는 비밀 결사 첩보 조직을 창설하여 드골의 또 다른 대독 정보통으로 활약하였다. 그 과정에서 그는 연합군의 노르망디 상륙에 대비한 나치 독일의 대서양 연안 방비 계획을 입수하여 전달하는 중요한 역할을 하였다. 더 나아가 그는 드골의 지시 아래 프랑스 국내 반나치 레지스탕스 조직을 지원하였다. 특히 레미 대령은 또 다른 극우 계열 반나치 레지스탕스 활동가이자 1차 세계 대전에 참전하여 무공훈장을 받은 이력을 자랑하는 알프레드 투니Alfred Touny(1886~1944)와 적극적으로 협력하였다.

▲ 질베르 르노

투니는 프랑스 남부를 중심으로 활동하는 비밀 결사 조직인 '100인대 네트워크 Réseau Centurie'를 창설한 인물이었다. 투니는 레미 대령의 지원을 바탕으로 프랑스 남부 내 나치 독일군의 동향을 파악함과 동시에, 다수의 나치 장교와 나치 부역자들을 암살하였다. 투니는 게슈타포에 체포되

▲ 알프레드 투니

어 혹독한 고문을 받은 뒤, 해방된 프랑스의 하늘을 보지 못하고 나치 독일군에 의해 총살되었다.

셋째, 조르쥬 루스토노-라코Georges Loustaunau-Lacau(1894~1955)와 마리-마들렌 푸르카드Marie-Madelaine Fourcade(1909~1989)의 반나치 레지스탕스 활동이다. 루스토노-라코는 1차 세계 대전에 참전한 고위 장교 출신 2세대 극우 정치인이다. 그는 양차 대전 사이에 드골과 함께 독일의 부활과 히틀러의 위험성을 지속적으로 강조하였다. 그리고 푸르카드는 그의 비서이자 반독주의 극우 사상에 공감하는 정치적 동지였다. 이들은 패탱 원수가 나치 독일과 맺은 치욕스러운 강화를 거부하고 레미 대령과 마찬가지로 드골의 반나치 레지스탕스 진영에 합류하였다. 곧이어 루스토노-라코와 푸르카드는 프랑스 반나치 레지스탕스 내의 최대 비밀 결사 정보 조직인 '알리앙스 네트워크Réseau Alliance'를 창설하였다. 루스토노-라코가 프랑스 국내에 잠입하여 활동하는 가운데, 푸르카드가 '에리쏭Hérisson'이란 암호명으로 불리며 사실상 조직을 이끌었다. 알리앙스 네트워크는 약

▲ 마리-마들렌 푸르카드

3,000명의 비밀 요원을 보유하며, 나치 독일군의 이동 상황과 대서양 연안의 나치 독일군의 동태에 대한 정보를 드골과 연합군 측에 제공하였다. 이에 분개한 히틀러가 알리앙스 네트워크 조직 소탕령을 지시하기도 하였다. 그로 인해 438명의 비밀 요원이 나치독일에 체포되어 처형당하는 비극이 발생하기도 하였다. 국내에서 활동하던 루스토노-라코도 게슈타포에 체포되었고 당시 최악의 사망률로 악명이 높았던 '마타우센 집단 수용소Konzentrationslager Mathausen'에 감금되어 심한 고초를 겪었다. 다행히도 이 둘은 프랑스 해방 때까지 살아남았으며 이후 드골파 계열 보수 정치인의 길을 걸었다.

위의 3가지 사례가 말해주는 것은 프랑스 극우는 나라가 위기에 처했을 때 목숨을 바쳐 싸운 세력이라는 사실이다. 이들 중 제2차 세계대전 이후에도 생존한 극우 레지스탕스 활동가들은 드골파의 반공 우파 정치 세력으로 활동하거나 알제리 독립 문제를 위시한 프랑스 식민 제국 해체에 대한 이견으로 드골파와 결별하며 3세대 극우로 갈라져 나왔다. 그 대표적인 예시로 레미 대령의 사례를 들 수 있다. 그는 드골의 '프랑스 인민 연합'에 합류하여 핵심 우파 정치인으로 활약하였지만 알제리 독립을 반대하며 드골파와 대립하다가 결국 결별하였다. 이와 대조적으로 푸르카드는 끝까지 드골파 정치인으로 남았으며, 드골의 재집권과 정책을 전방위적으로 지원하였다.

이렇듯 애국 및 호국 정신을 실천한 프랑스 극우는 전후 드골파와 극우의 중추를 형성했다. 장-마리 르펜이 3세대 극우의 중핵으로 등장할 수 있었던 것도 프랑스-인도차이나 전쟁과 알제리 전쟁 참전 경력을 바탕으로 한 것이었다. 프랑스 극우는 애국의 후예임이 명백하다. 프랑스 극우가 매국의 후예였다면 드골의 반민족행위자에 대한 피의 숙청에서 살아남지 못했을 것이고, 3세대 극우뿐만 아니라 프랑스 극우 전반이 도륙을 당해 사라졌을 것이다.

프랑스 극우의 애국 전통이 잘 알려지지 않은 이유

그렇다면 이러한 프랑스 극우의 민족해방운동이 지금까지 잘 알려지지 않은 이유는 무엇일까? 이는 크게 3가지 요인에 뿌리를 두고 있다.

먼저 2차 세계 대전 이후 프랑스 극우의 분열과 드골파와의 절연 때문이다. 이는 매우 복잡한 내막을 가지고 있다. 전후 살아남은 반나치 레지스탕스 출신 극우 정치인들은 푸르카드의 사례처럼 민족 해방의 표본 영웅이 된 드골의 카리스마에 압도되어 드골파에 흡수되었다. 그로 인해 이들의 민족해방투쟁이 극우의 독자노선보다는 드골의 자유 프랑스 진영 틀 속에서 수행했던 것처럼 인식되었다. 또한 일부 남아있던 반나치 레지스탕스 출신 극우 정치인들은 알제리 독립 문제를 계기로 드골파와 절연하면서 주류 우파와 멀어진 까닭에, 주류 우파에서 굳이 극우의 민족해방투쟁을 강조해줄 이유가 사라지게 되었다.

다음으로 프랑스 좌파가 반나치 레지스탕스 활동을 대부분 수행한 것처럼 이미지를 독점하고 확대 재생산했기 때문이다. 사실 공산주의자를 위시한 프랑스 좌파의 반나치 레지스탕스 활동은 드골파와 2세대 극우에 비해 늦게 시작되었다. 하지만 공산주의자들이 나치 독일에 의해 우선적 절멸 대상으로 가장 탄압받았던 사실과 이들이 주로 프랑스 국내에서 나치 독일에 맹렬히 저항했던 기억이 매우 생생히 남았다. 그로 인해 프랑스인들 사이에서 반나치 레지스탕스 좌파에 큰 빚을 지고 있다는 인식이 은연중에 많이 퍼졌다. 프랑스 극우의 반나치 레지스탕스 활동이 더 이상 강조되지 않게 된 시대적 흐름을 타며 더욱 확대 재생산되었다. 여기에는 프랑스 좌파가 전후에 자신들의 민족해방투쟁 활동을 끊임없이 선전해온 것이 큰 역할을 하였다.

반면 수많은 명사名士의 목숨을 바친 프랑스 극우의 민족해방투쟁은 프랑스인들의 집단 기억 속에서 흐릿해져 갔다. 이는 근본적으로 드골파와 마찬가지로 프랑스 극우도 외세의 강점으로부터 민족을 구하는 것을 당연한 의무로 여긴 나머지 일부러 선전하지 않는 태도에도 기인한 측면이 강하다.

마지막으로 오늘날 프랑스 극우의 악마화 흐름이다. 앞서 살펴본 것처럼 4세대 주권주의 극우는 서구 주류 언론과 정치권이 추구하는 세계화, 이민주의 그리고 유럽 통합의 대척점에 서 있다. 이에 따라 주류 기득권 세력은 프랑스 극우가 긍정적인 이미지를 갖는 것을 막아야 했고, 프랑스 극우의 반나치 레지스탕스 활동에 대해 암묵적으로 입을 닫았다.

매국의 계보, 한국 극우

이러한 프랑스 극우와 비교하여 한국 극우는 어떠한가? 오늘날 한국 극우와 그들의 선조들은 프랑스 극우가 보여준 것만큼 피로 물든 애국과 호국 헌신을 보여주었는가? 빈 수레가 요란하다는 말처럼 한국 극우는 프랑스 극우보다 애국 보수임을 더욱 열심히 선전한다. 그러나 한국 극우는 객관적인 관점에 볼 때 매국을 자행한 이들의 계승자에 가깝다. 이를 좀 더 잘 이해하기 위해, 19세기 이래 한국 극우가 숨기려 애쓰는 매국의 족보를 살펴보자.

매국매족 정신의 근본 : 서인-노론의 사대주의 속물근성

한국 극우의 직접적 계보의 첫 장은 19세기 구한말 친일파가 장식한다고 볼 수 있다. 하지만 친일이라는 어휘로 한국 극우의 매국 전통을 완전하게 포장하는 것은 무리가 있다. 가장 유명한 구한말 친일매국의 대명사인 이완용은 본래 친미親美파였고 러시아가 득세하자 친親러파로 돌아선 이후 일본이 명성황후를 시해하며 득세하는 을미사변(1895)과 러일전쟁 이후 일왕의 충복이 되었다. 이완용으로 대표되는 한국 극우는 사대주의란 큰 바탕 아래 자신과 가문의 이익을 최우선 가치로 놓는 이익 세력에 불과하다. 그 이익의 끝에 매국·매족이 있었던 것이다. 이를 좀 더 명확하게 이해하기 위해서는 제2부에서 암시한 바와 같이 한국 극우의 사상적 조상인 서인-노론을 꿰뚫어 봐야 한다.

서인-노론의 가슴 속에 애국과 호국의 정신과 가치는 거의 존재하지 않았다. 이들은 조국에 대한 충성과 헌신이 아니라 중화주의 사상에 의해 천하의 중심이자 최정상으로 설정된 명나라 황제에 대한 충성과 헌신을 영혼에 새겼다. 극단적 사대주의 세력들이 쿠데타나 독살 등의 비정상적 방법을 통해 정권을 장악하고 유지하는 상황 속에서, 애국이나 호국, 국익 수호 등의 가치는 비정상이자 어리석은 짓으로 여겨지고 외세 영합과 매국이 정상으로 여겨지게 되었다.

무엇보다 서인-노론의 가슴 속에는 나라를 수호하는 국방개념 자체가 존재하지 않았다. 일반 양민들만 병역 의무인 군역軍役을 지고 양반 사대부들은 군역에서 면제되는 유일한 국가가 되었다. 이는 건강한 귀족 남성이 30세까지 군역을 수행하지 않으면 특권을 박탈했던 프랑스의 사례와 비교할 때 더욱 부끄럽다. 정묘호란과 병자호란이라는 외세의 침략으로 인한 국가적 위기 속에서 이들은 일신과 가문의 안위만을 생각하는 무책임한 행태를 버젓이 보였다.

그 대표적인 사례가 김자점金自點과 김경징金慶徵이다. 계해정변(인조반정) 1등 공신인 김자점은 병자호란 당시 조선 전군을 통솔하는 도원수로서 책임을 내던지고, 일신의 안위를 위해 청군의 남한산성 포위를 사실상 방관하였다. 인조 정권 실세인 영의정 김류金瑬의 아들이었던 김경징은 강화도 수비와 왕실 종친 보호라는 중책을 맡았음에도 청군이 몰려오자 그대로 도주하였다. 이는 인조가 남한산성에서 항복을 선택하게 된 결정적인 요인으로 작용하였다.

설상가상으로 서인(이후 노론) 집권 세력은 삼전도의 굴욕 이후 청나라 여진족의 노예로 끌려가는 조선 백성들의 행렬을 보고도 목숨을 바쳐 구출하기는커녕 먼 나라일 보듯이 관망하였다. 더욱 악랄한 것은 청나라에 노예로 끌려갔다가 겨우 귀환한 여인들은 '화냥녀'라고 부르며 사회 구성원의 자격을 박탈한 점이다. 청나라에서 돌아온 여인들을 부르는 '환향녀還鄕女'에서 지조를 버린 여인을 뜻하는 화냥녀라는 비하적 용어가 생겨난 것이다. 정권을 장악한 자신들의 실정 때문에 인생을 망친 여성들에게 사죄하기는커녕, 정조를 지키지 못했다고 돌을 집어 던지는 것이 집권 서인의 대對백성 인식이었다.

명나라가 망한 이후에도 서인의 사대주의는 더욱 극단화되었다. 이들은 소중화小中華라는 이름으로 멸망한 외국의 계승자로 선언하면서 멸망한 외국의 황세를 위해 해마다 제사를 지냈다. 이를 통해 서인-노론은 조선 백성의 머릿속에 사대주의를 심어 조선을 중화의 외거노비로 만들려고 하였다. 서인-노론은 구한말 기울어가는 국운을 스스로 더 급격하게 기울게 하고 나라를 팔아먹으며, 그 대가로 일왕으로부터 귀족 작위와 거액의 은

사금을 받았다.

결론적으로 서인-노론은 조선 왕조 후기 300년간 누린 온갖 특혜와 부귀공명을 뒤로하고, 온갖 착취와 멸시 속에서도 그들을 지탱해준 조선 백성을 일본의 노예로 통째로 팔아먹는 역사의 패악을 저질렀다.

과문한 탓인지는 몰라도 동서고금을 통틀어 고위 지배층이 여러 외세에 부화뇌동하다가 일신과 가문 그리고 당파(노론)의 이익을 위해 나라와 백성을 외세에게 팔아먹고도 고개를 뻣뻣이 들고 다니는 사례는 들어보지 못했다. 이는 1차 세계 대전 때 프랑스 귀족 후예들이 자발적으로 집단참전하여 일선에서 대거 전사한 사실과 너무나 대조된다.

이러한 서인-노론의 매국매족 행위는 이들이 추종하는 우암 송시열이 모범으로 삼았던 남송南宋의 성리학 사대부들의 사례를 보면 일말의 변명

▲ 만동묘. 임진왜란 때 조선을 도와준 명나라 신종(만력제)과 명나라의 마지막 황제인 의종(숭정제)을 기리기 위하여 세운 사당이다.

의 여지조차 없을 것이다. 육수부陸秀夫와 문천상文天祥을 위시한 남송의 성리학자 사대부들은 남송 최후 멸망 전쟁인 애산 전투(1279)에서 어린 황제와 남은 군민과 함께 몽골군에 끝까지 싸우다 전멸하였다.

사대주의를 친일매국으로 승화시킨 2세대 극우

한일병합 이후에 친일 매국 세력은 민족 배반 행위에 대한 일말의 양심의 가책도 느끼지 않고, 중원 천자에 대한 충성을 일왕에 대한 충성으로 바꾸어가면서 부귀영달을 누렸다. 일제는 1910년 10월 7일 대한제국을 팔아먹는데 공을 세운 한국의 지배층 76명에게 귀족의 작위를 주고 막대한 은사금을 주었는데, 그 두 주축이 외척을 포함한 왕실과 노론이었다. 나라 팔아먹은 매국노들이 이민족 치하에서 부귀영화를 누리는 것을 본 일반 백성들 일부도 일제의 앞잡이가 되어, 독립운동가들을 탄압하는 것이 잘 먹고 잘사는 길이라고 생각하게 되었다.

조선 민중과 애국지사들이 3.1혁명 이후에 이 땅에 주둔한 일본인들이 계속 지배할 수 있을 것인가 두려워할 때, 항일 독립운동가를 체포해 조선총독부에 갖다 바치는 매국노들이 생겨난 것이다.

1919년 9월 조선 총독으로 부임하는 사이토 마고토斎藤 実의 행렬에 강우규姜宇奎 의사가 남대문(지금의 서울역) 역 앞에서 폭탄을 던졌다. 혼비백산한 일제는 범인을 체포할 엄두도 내지 못했다. 이때 범인을 체포해 바친 인물이 친일매국경찰 김태석金泰錫이었

▲ 김태석

▲ 노덕술

다. 그는 고문귀로 불린 악질 친일매국경찰이었다. 또한 의친왕 망명 기도 사건과 의열단義烈團 사건 관련자들을 혹독하게 고문해 대한민국 임시정부로부터 죽여야 하는 7가살七可殺로 지목되었다.

이런 김태석은 해방 후 미군정과 친일 매국노들에 의해서 중용되었고, 1948년 반민특위에 체포될 당시 경찰서장이었다. 반민특위로부터 사형을 선고받고 무기징역으로 감형되어 복역하던 중 '6·25전쟁'이 발발하자 이승만 정권에 의해 석방되었다.

앞에서 잠시 언급한 노덕술盧德述도 마찬가지다. 일제강점기 초기에 자진에서 일본 경찰이 된 그는 항일 독립운동을 탄압하는 앞잡이로 맹활약한다. 의열단 소속 김상옥 의거(1923)의 배후 인물을 검거하고 광주학생독립운동(1929) 주동자들을 체포하고 고문하였다. 또한 윤봉길 의사 의거(1932) 배후 세력과 백범 김구의 측근을 체포하고 고문하였다. 이러한 친일 매국 공로로 종로경찰서 경부 등으로 영전한 노덕술은 일제가 패망하는 그 순간까지 일본인 경찰보다 더욱 악랄하게 독립운동가들을 체포하고 고문했다.

1948년 반민특위가 노덕술을 체포하자 대통령 이승만은 평생 동지라도 체포당한 것처럼 분개하면서 석방을 요구했고, 끝내 친일 매국 경찰들을 동원해 반민특위 특경대를 습격해서 해체시켰다. 당당하게 석방된 노덕술은 의열단 단장 김원봉金元鳳을 체포해 뺨을 때리고, 이에 큰 모욕을 느낀 김원봉은 남북협상 때 북한으로 올라가 내려오지 않다가 나중에 북한 수상 김일성에 의해서 숙청된다.

'만주벌의 호랑이'라고 불렸던 정의부 군사위원장 오동진 장군을 체포한 인물도 김덕기라는 악질 친일 매국노였다. 제2부의 설명에 보충을 보충하면, 김덕기는 오동진 장군뿐만 아니라 임시정부 참의부參議府의 장창헌張昌憲, 의성단義成團 단장 편강렬片康烈 등 저명한 독립운동가들을 다수 체포해 고문했으며, 장창헌 등은 체포 후 직접 사살해 버렸다. 1945년 8·15해방 때 북한에서 일제 고위직을 지내다가, 소련 군정과 '임시인민위원회'의 체포를 피해 남한으로 도주했다. 그 역시 반민특위에 체포되어 사형을 선고받았으나 이승만 정권에 의해 석방되었다. 일본군에도 조선인 매국노들이 일부 존재했다. 대표적인 인물이 비非왕족 출신으로 일본군 중장까지 오른 홍사익洪思翊이다. 일본군에 자진 입대한 그는 일제의 숱한 대외 침략 전쟁에 참전하며 승승장구하였다. 특히 태평양 전쟁기에 그는 일제의 조선인 징병을 찬양하며 조선 청년의 일본군 입대를 장려하였다. 홍사익과 유사하게 구한말 을사오적에 비할 만한 친일파인 이하영李夏榮의 손자이자 이승만 정권에서 육군참모총장을 역임한 이종찬李鐘贊도 영관급 일본군 장교로서 활약하였다. 그는 태평양전쟁에서 맹활약하며 일본군 무공훈장인 '금치 훈장'까지 받았다. 또한 국군 창군의 주역 중 하나인 김석원金錫源은 일제의 만주사변 당시 중대장으로 참전했고 항일독립군을 토벌하였다. 해방 후 그는 미군정과 이승만 정권에 의해 제1사단장, 수도사단장이 되고, 민의원을 역임했으며, 1956년에는 '안중근 의사 기념 사업회' 회장까지 역임했다. 이는 해방 후 역사학계를 조선총독부 조선사편수회 출신의 이병도와 신석호가 완벽히 장악하면서, 친일파들끼리 서로 애국자로 포장해주는 풍토 때문에 가능했던 일이다. 제2부에서 간략히 언급한 3세대 군사독재 극우의 주요 인물인 백선엽과 박정희는 위관급 일본군 장교로서 일왕에 충성을 바쳤다. 백선엽은 간도특설대 소속 장교로서 항일독립군 공격 활동에 참여하였다.

일왕에 대한 절대적 충성을 증명하지 않고서는 일본군 장교가 될 수 없다는 점을 미루어 볼 때, 이들 친일 매국 군인들이 일제의 동아시아 정복 정당화를 위한 선전인 '대동아공영권大東亞共榮圈' 건설에 일익을 담당한다는 점에 대해 큰 자부심을 느꼈을 것이다. 이들은 비록 몸은 조선인이었지만 정신은 일왕에 영혼을 바친 일본제국주의자로 볼 수 있다. 박정희가 일본군 군관학교에 들어가기 위해 일왕에 대한 충성을 맹세하는 혈서를 쓴 것은 보통 사람으로서는 상상도 하기 힘든 일이었다. 앞서 살펴본 프랑스 장성 출신의 극우 반나치 레지스탕스 활동가 루스토노-라코는 자신을 항상 '프랑스의 경비견Le chien de garde de la France'이라고 자처하며 목숨을 걸었고 실제로 항독 민족해방투쟁에 나섰다가 목숨을 잃을 뻔했고, 이를 자랑스러워했던 사실과 너무나 대조된다.

친일 매국 군인의 또 다른 축은 500년 종묘사직을 강탈한 일제의 장성이 된 조선 왕실 후예들이다. 고종의 손자이자 의친왕 이강李堈의 아들인 이건李鍵과 이우李鍝가 대표적인 사례이다. 나름대로 물밑에서 항일 독립운동을 지원하며 조국 수복을 기도한 아버지 의친왕과 달리 이들은 일제가 패망하는 그 순간까지 일본군 장성이자 '일왕의 충직한 무신武臣'으로 살았다. 이들의 일본군 투신 및 출세와 관련해 일제의 내선일체 선전용으로 반강제적으로 이루어졌다는 동정론도 존재한다. 하지만 이는 프랑스 부르봉 왕실의 후예인 오를레앙 가문의 3대에 걸친 항독 투쟁과 알제리 전쟁 참전과 비교할 때 변명의 여지가 없다.

프랑스 왕실 후예들은 천년 넘게 터전을 잡고 살아온 조국 땅에서 추방당하고 공화주의자들에 의해 박해받으며 병역의 권리마저 박탈당했지만,

프랑스가 위기에 닥쳤을 때 목숨을 걸고 독일과 싸웠다. 반면 조선 왕실 인사들은 나라를 빼앗은 일제에 대거 부역했다. 만약 프랑스 왕실 인사들이 아직 프랑스를 지배하고 있을 때 독일이 침략했다면 대거 전쟁에 나서 싸웠을 것은 자명하다.

해방 후 역사학계를 장악한 친일 매국 세력

붓과 펜으로 일본에 민족의 역사를 팔아넘긴 친일 매국 세력들도 살펴보자. 제2부에서 간략히 언급한 것처럼 후반기 2세대 친일 매국 극우의 한 축이자 조선사편수회 소속으로서 한국사 축소 왜곡에 선봉장으로 활약한 이병도와 신석호를 중심으로 한 친일 매국 역사학자들이다. 단재 신채호 선생이 여순감옥에서 신음할 때 이병도와 신석호는 조선총독부 직속의 조선사편수회에서 일본인 스승들의 노복奴僕이 되어 한국사를 난도질했다.

더욱 주목해야 할 사실은 친일 매국 극우의 특징은 반성을 모른다는 점이다. 이병도와 신석호는 1945년 8·15 광복으로 일본인 스승들이 쫓겨난 자리를 그대로 차지했다. 그러면 과거의 매국 매사賣史 행각을 반성하고, 이제부터라도 일본인 주인들이 왜곡한 한국사의 정통을 회복하는 과업에 나섰어야 할 것이다. 그러나 이들은 해방 후에도 이마니시 류今西龍, 쓰다 소키치津田左右吉, 스에마스 야스카츠末松保和 등의 영원한 종을 자처해 한민족의 열등함을 과장하는 일본인 식민사학자들의 식민사관을 계승 발전시켰다. 이 친일 매국 역사학자들은 해방 이후에도 서울대와 고려대를 비롯한 강단사학계를 장악했을 뿐만 아니라, 국사편찬위원회, 한국학중앙연구원(옛 한국정신문화연구원), 동북아역사재단 등의 국가 역사기관을 장악해 현재까지도 일제 황국사관을 학교 교육 현장과 식민사학 교과서를 통해 어린 학생들에게 강요하고 있다.

이병도와 신석호의 후예 학자들은 보수는 물론 소위 진보학계까지 대부분 장악해서, 광복 80년이 넘은 지금까지도 일본인 식민사학자들이 날조한 '한사군 한반도설', '임나일본부설', '고려 국경 함경남도설', '독도 일본영역설' 등을 그대로 국민에게 주입시키고 있다. 일본과 역사분쟁이 생기거나 중국과 역사분쟁이 생기면 '동아시아 평화를 위해서 갈등을 지양해야 한다.'는 궤변으로 우리 역사 강역을 일본과 중국에 넘겨주고 있다. 이는 민족혼과 민족정신을 일장기를 필두로 오성홍기五星紅旗로까지 완전히 지우려고 했다는 점에서, 그리고 후술할 뉴라이트 역사관의 뿌리가 되었다는 점에서 친일 매국 군인들의 죄악보다 더욱 심각하다고 할 수 있다.

친일 매국 계보의 패악과 유산

불과 4~5년에 걸친 나치 독일 지배에 협조했던 프랑스의 반민족행위자들은 좌우 레지스탕스로부터 가혹하리만큼 혹독한 대가를 치렀다. 현재 프랑스에는 좌파와 우파를 막론하고 반민족행위자들이 조금이라도 존속할 수 있는 정치적 공간은 없다.

반면 한국의 친일 매국 세력은 미군정과 이승만 정권에 의해 '친미 반공투사'로 돌변해 살아남은 것은 물론이거니와, 일제강점기처럼 지배층으로 부활하는 괴력을 보였다. 결과론적으로 한국의 친일 반민족 매국 세력들의 폐해는 보다 근본적인 문제를 야기했다. 친일 매국 세력들은 해방 이후에도 대한민국의 지배층으로 군림하면서 온갖 부정부패를 자행해 이 사회에서 정의를 찾아보기 힘들게 만들었다. 또한 이들은 '나치 친위대 Schutzstaffel'보다 더욱 잔인한 일본군으로부터 배운 전체주의 군사문화와 조선총독부가 조선 백성을 통제하기 위해 시행한 노예 길들이기식 집단주의 문화를 한국 사회 전반에 이식하였다.

한국 국민은 이들 친일 매국 세력들과 치열하게 싸운 결과 1987년 제정한 현행 제6공화국 헌법으로 민주주의 제도를 수립했지만, 이는 표면적인 성과에 지나지 않는다. 그 결과 현재의 대한민국은 제도적 민주주의와 사회문화적 전체주의가 공존하는 유사 민주주의 전체주의 국가가 되었다. 오늘날 청년 세대가 고통받는 위계질서 강조, 기수 문화, 패거리 문화 등과 같은 우리 사회의 전체주의적 병폐는 뿌리내리고 악화가 되었다. 김누리 교수가 주장한 한국 사회의 내재적 전체주의는 이런 역사적 상황에 뿌리를 두고 있는 것으로 보아야 할 것이다. 그로 인해 한국 사회는 개인과 집단을 뛰어넘는 사회정의는 사라지고 위계질서, 기수, 패거리 문화가 정의를 지배하고 있다. 그나마 이런 문화의 표본이던 검찰이 해체 수순에 접어든 것은 우리 사회의 큰 발전이지만 그보다 더 근본적인 문제를 갖고 있는 집단이 대학과 학회들이다. 북한 문제를 전공하는 어느 선배 정치학자가 박사학위 논문을 제출했을 때 지도교수가 "북한은 앞으로도 일체 바뀌지 않을 것이라는 논문을 제출하면 학위를 주고, 그렇지 않으면 논문을 통과시켜 주지 않겠다."고 말했다는 사실을 듣고 큰 충격을 받았다. 이런 비非 학자적 사고를 지배된 인물들이 한국대학의 상당 부분을 장악하고 있는 것이 현실이다.

곁에서 지켜본 역사학계는 더욱 심각하다. 자신의 시각으로 조금만 공부해 보면 한국 역사학계에서 십계명으로 삼는 학설들, 즉 조선총독부에서 만든 '낙랑군=평양설', '임나=가야설', '고려국경 함경남도설' 등은 비단 역사학자가 아니더라도 조금만 공부해보면 금방 진위가 드러난다. 그런데도 한국 역사학자들은 이런 진실에 눈감을 뿐만 아니라, 이를 비판하는 학자들을 '사이비', '유사역사' 운운하는 전체주의적 용어로 비난하고 있다. 필자가 더욱 놀란 것은 자칭 좌파 역사학자들까지 이런 전체주의적 낙인 찍기에 동조하고 있다는 사실이다. 이는 그들이 비록 일제 식민지배와 군부독재를 부정적 유산으로 보는 사회 분위기로 인해 좌파 흉내를 하고 있을 뿐, 그들의 정확한 정체는 친일 매국 극우세력임을 알게 해 준다. 이러한 사실을 미루어 볼 때, 한국 극우가 남긴 매국의 계보는 단순한 매국매족 기득권 세력의 네트워크를 넘어 대한민국 사회를 정신적으로 병들게 하고 좀먹는 암적인 유산이 되었다.

2

자주독립주의 vs 숭일·숭미사대주의

서구 주류 언론을 무비판적으로 수용하는 한국 주류 언론은 오늘날 프랑스 극우의 세계관이 국수주의와 고립주의에 사로잡혀 있다고 강조한다. 특히 이들은 마린 르펜이 줄곧 주장했던 유로화 탈퇴, 유럽연합 탈퇴 그리고 나토 탈퇴에 대한 표면적인 분석과 편향적 해석을 극대화하며, 마치 오늘날 프랑스 극우가 조선 말기 흥선대원군의 쇄국주의와 위정척사파와 같은 부류와 같다는 인식을 조장한다. 그러나 프랑스 1세대 극우 오를레앙파조차도 열린 유연한 사고를 통해 프랑스의 근대화를 이끈 사실을 고려하면, 침소봉대와 아전인수我田引水에 바탕을 둔 무식한 비판과 분석임이 잘 드러난다.

프랑스 극우의 자주독립적 세계관

그렇다면 프랑스 극우의 세계관은 무엇인가? 그것은 바로 '자주독립自主獨立주의'이다. 자주독립주의는 군주제 시대부터 이어져 내려온 프랑스 고유의 세계관이다. 프랑스인들은 이를 '독립Indépendance' 혹은 '독립의 정신

Esprit d'indépendance'이라고 부른다. 자주독립주의는 프랑스 전통적 외교정책 기조로서 외교관을 꿈꾸는 프랑스 학생들이 필수적으로 배운다. 사실 자주독립주의는 프랑스의 모든 정파가 기본적으로 공유하는 세계관으로서 프랑스 극우와 우파가 독점하는 사상이 아니다. 다만 프랑스 극우가 자주독립주의를 더욱 노골적으로 강조하고 실천하려고 할 뿐이다.

프랑스 극우가 부르짖는 자주독립주의는 정확히 무엇인가? 이는 프랑스가 외세의 압력에서 자유롭고 외세에 의존하지 않으며, 고유의 정체성과 주권을 보존하면서 국익을 추구할 수 있는 상태를 뜻한다. 자세히 말하면 프랑스가 유아독존唯我獨尊의 유일 패권국이 아닌 다극적 질서Ordre multipolaire의 한 축을 담당하는 '자주적 강대국Puissance souveraine'이자 영미英美권과 구분된 '프랑스 문화권Sphère culturelle française'의 맹주로서 프랑스의 고유 국익과 가치를 실현하는 것이다.

이와 관련한 가장 최근이자 대표적인 예시로 2003년 프랑스가 '유엔 안

▲ 2003년 유엔 안보리에서 이라크전에 반대하는 프랑스

전보장이사회'에서 미국의 이라크전에 반대표를 던지며, 미국의 일방주의에 노골적으로 반기를 든 사실을 들 수 있다. 또한 2008년 러시아가 조지아를 침공하자 프랑스가 직접 중재에 나서 러시아의 철군을 이끌어 낸 사실도 들 수 있다. 이를 통해 특정 강대국의 폭거를 견제하고 국제적 균형을 수호하는 프랑스의 특별한 위치가 다시 한번 빛을 발하였다. 이 두 사례는 모두 우파 정부에 의해 주도된 것이다. 하지만 극우가 집권했더라도 똑같은 선택을 했을 가능성이 매우 농후하다.

프랑스 극우의 언어·문화적 자주독립 정신

오늘날 프랑스 극우는 어떻게 자주독립주의를 실현하려고 하는가? 일반적으로 이들의 자주성 강조를 반미주의의 발로로 인식하고 소개하는 경향이 있다. 하지만 이는 정책적 발현으로만 판단한 것으로, 나무의 뿌리를 보지 않고 가지의 방향만 보는 것과 매한가지다. 사실 프랑스 극우의 자주독립주의는 좀 더 깊은 단계에 뿌리를 두고 있다. 이는 이들이 세계화 속 프랑스 고유 언어와 문화의 위상을 지키는 것을 민족의 자주독립을 실현하기 위한 1순위 과제로 부르짖는 사실을 통해 잘 드러난다. 오늘날 마린 르펜을 필두로 한 프랑스 극우는 미국이 주도하는 세계화 속에서 범람하는 영어의 영향력으로부터 '국어國語'로서의 프랑스어의 위치를 지키고 강화하고자 한다. 그리고 이를 바탕으로 17세기 이래 '보편적 국제어Langue universelle'로 자리매김했던 프랑스어의 위상을 복원하고자 한다.

프랑스 극우의 프랑스어 수호 의지는 2022년 대선 당시 마린 르펜의 공약을 통해 잘 드러난다. 당시 그녀는 외부 영향력으로부터 프랑스어를 구하기 위해 '모든 광고와 커뮤니케이션에서 프랑스어만 사용Usage exclusif du français dans la communication et la publicité'하는 계획을 발표하였다. 이에 대한 근거로서 마린 르펜은 '영미 패권주의 언어 및 문화적 잠식Submersion culturelle et linguistique de l'hégémonie anglosaxonne'에 대항하기 위함이라고 밝혔다. 이를 통해 그녀는 프랑스 문명의 중핵을 구성하는 프랑스어를 지켜야 할 긴급성과 당위성을 강력하게 강조하였다. 그녀는 또한 프랑스 대학 내 모든 수업을 오로지 프랑스어로 진행할 것을 주장하기도 하였다. 한발 더 나아가 마린 르펜은 '프랑코포니Francophonie'를 중심으로 한 프랑스어권 국가 간 협력과 연대를 강화하여 프랑스어의 국제적 사용을 확대하려고 하였다. 1970년에 설립된 프랑코포니는 프랑스어를 모국어나 행정어Langue administrative로 사용하는 국가 간 국제기구로서, 현재까지 총 54개 회원국과 7개 준회원국과 27개 옵저버 국가로 구성되어있다.

　프랑스 극우의 프랑스어 수호에 대한 집착은 단순히 모국어에 대한 자

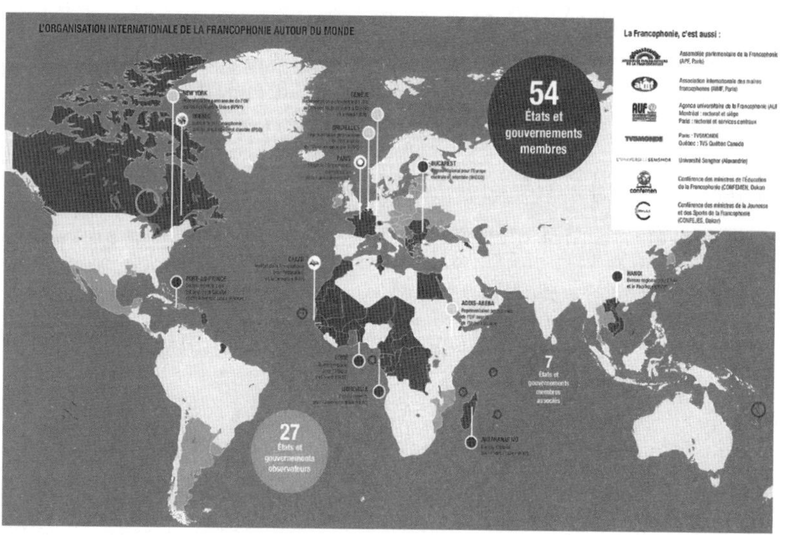

▲ 프랑코포니 지도

부심으로만 설명될 수 없다. 언어가 문화 정체성을 규정하는 중핵이라는 점을 감안할 때, 프랑스어 위상 수호 및 강화를 통해 특히 영미英美로부터 프랑스의 문화적 자주독립을 이루고자 하는 뜻으로 이해하는 편이 더욱 적절할 것이다.

프랑스 극우의 언어 및 문화적 자주독립주의는 역대 프랑스 대통령 중 유일하게 영어를 사용하는 것에 자부심으로 느끼는 엠마뉘엘 마크롱 등을 위시한 세계화에 물든 주류 기득권 세력에 의해 국수주의적 발상으로 비판받는다. 그러나 이는 프랑스 민족혼이 결여된 마크롱의 관점일 뿐이다. 마린 르펜이 프랑스어의 독점적 사용에 관한 계획을 발표한 시점과 장소를 잘 살펴볼 필요가 있다. 해당 계획이 발표되기 얼마 전에 '프랑스 학술원Académie Française'은 영어는 물론, 소위 '프랑글레Franglais'라 불리는 영어식 표현이 범람하는 것에 대한 우려와 그로 인한 프랑스어의 훼손 문제를 심각하게 제기하였다. 프랑스 학술원은 17세기 루이 13세 치세 때 설립되었으며 프랑스어의 순수성과 아름다움을 보존하고 발전시키는 것을 목표로 삼는다. 프랑스 학술원의 우려는 단순한 영어 사용 증가에 대한 우려를 넘어서 프랑스어 고유의 어휘 소멸과 문법 훼손과 맞닿아 있다. 그렇다면 프랑스 학술원과 소속 회원들도 쇄국주의자들인가?

이어 마린 르펜이 프랑스어 독점적 사용 계획을 발표한 장소를 살펴보자. 그녀는 해당 계획을 빌리에-코트레Villers-Cotterêts라는 도시에서 발표하였다. 이는 사실 매우 의도적인 것임과 동시에 역사적 의미와 정통성을 고려한 행동이었다. 빌리에-코트레는 16세기 프랑스 국왕 프랑수아 1세가 프랑스어를 행정·법률 등 모든 분야에서 유일한 공식어로 사용할 것을 골자로 하는 칙령을 선포한 곳이다. 이는 일반적으로 알려진 것처럼, 당시 유럽 내 공식어로 오랫동안 통용되어온 라틴어 사용을 금지하는 것을 넘어서 프랑스의 언어 문화적 독립성과 우월성을 선포한 것이다. 그렇다면 이를 바탕으로 프랑스의 르네상스 황금기를 이룬 프랑수아 1세도 국수주의적인 인물인가?

마지막으로 프랑스어 수호 운동은 우파 시라크 대통령이 더 공격적이고 노골적인 방식으로 진행했다는 점을 살펴볼 필요가 있다. 이와 관련하여 필자는 소위 '언어 전투Bataille des langues'라 불렸던 그의 일화를 소개하고자 한다. 2006년에 '유럽 이사회Conseil européen'에서 열린 한 경제인 회의에서 사회를 맡은 한 프랑스인 고위 경제 인사가 영어로 의사진행을 하였다. 크게 분노한 시라크는 프랑스 대표단과 함께 곧바로 자리를 박차고 나갔다. 다음날 그는 다음과 같은 말로 자신이 그렇게 행동한 이유를 밝혔다.

> "우리는 우리의 언어를 위해 싸운다. 하지만 이는 단순한 국익
> 이 아닌 문화 이익이며, 문화 간 소통 이익이다."
>
> Nous nous battons pour notre langue, mais ce n'est pas seulement l'intérêt
> national, c'est l'intérêt de la culture, c'est l'intérêt du dialogue des cultures.

또한 시라크는 그의 재임 중 열린 한 프랑코포니 행사에서 다음과 같은 말로 자신이 프랑스어 수호에 집착하는 이유를 명확하게 밝혔다.

> "프랑스어 위상 확대를 지키는 것은 다르게 생각하고, 다르게
> 교류하고, 다르게 감동받고, 다르게 기도하는 권리를 지키는 것
> 이다. 이는 타인에 대한 개방성이자 곧 관용이다."
>
> Défendre le rayonnement de la langue française, c'est défendre le droit

à penser, à échanger, à s'émouvoir et à prier autrement. C'est défendre

l'ouverture à autrui et donc la tolérance.

이러한 시라크의 언행을 미루어 볼 때, 그의 프랑스어 수호는 프랑스의 언어 문화적 자주독립성 수호에 기반을 두고 있다는 점에서 기본적으로 프랑스 극우와 같은 밑바탕을 공유한다. 그렇다면 드골주의 우파의 거물 시라크도 국수주의적인 인물인가?

프랑스 극우의 대외정책적 자주독립주의

이러한 언어·문화적 자주독립성 수호를 바탕으로, 프랑스 극우는 조국의 대외정책적 자주독립성 수호를 추구한다. 이는 서문과 제1부에서 잠시 살펴본 4세대 주권주의 극우의 유럽연합 탈퇴, 유로존 탈퇴 그리고 나토 탈퇴라는 3가지 측면을 좀 더 상세히 이해함으로써 더욱 명쾌히 드러난다.

첫째, 유럽연합 탈퇴이다. 오늘날 프랑스 극우는 유럽 연방화의 길을 걷고 있는 유럽연합이 프랑스의 국익과 자주독립성을 침해한다고 주장한다. 이들에 따르면, 하나의 유럽이라는 거창한 이름과 대의 아래 프랑스의 국익에 반하는 유럽연합의 정책들이 추진되고 있다는 것이다. 이와 관련하여 몇 가지 대표적 사례를 설명하고자 한다.

먼저 최근에 체결된 유럽연합과 '남아메리카 공동시장Mercosur'간 자유무역협정 체결을 들 수 있다. 전통적으로 식량안보를 자주독립성의 핵심 요소 중 하나로 여긴 프랑스는 전통적으로 자국 농업 산업을 보호하고 육성해왔다. 이는 유럽통합이 시작된 이후에도 정책 기조로 유지되었다. 특히 드골 이래 프랑스는 유럽통합을 자국 농업의 유럽 수출을 확대하는 수단으로 활용하고자 하였다. 그러나 남아메리카 공동시장과의 자유무역협정은 인건비가 매우 낮은 남아메리카의 값싼 곡물이 유럽 시장에 밀려 들어와, 프랑스 농업 경쟁력뿐만 아니라 프랑스 농업 전반을 위축시킬 위험성을 내포하고 있었다. 이는 단순한 프랑스 농업 산업의 위기를 넘어 프랑스의 자주독립성을 위협할 수 있는 중대한 요소이다. 그래서 프랑스 극우는 남아메리카 공동시장과의 자유무역협정을 결사 반대하고 유럽연합 탈퇴를 주장하는 것이다.

다음으로 '유럽연합의 동진東進'이다. 유럽연합의 동진이란 유럽연합이 과거 우크라이나나 세르비아와 같은 동유럽 국가들을 신규 회원국으로 받아들이는 것을 뜻하는데 21세기 이후 급속히 진행되었다. 그러나 이러한 유럽연합의 동진은 본질적으로 프랑스의 국익과 큰 관련이 없다는 것이다. 프랑스 극우는 유럽연합의 확장을 권력 확대를 노리는 유럽연합 수뇌부들의 개인적 야심과 유럽연합을 실질적으로 장악하고 있는 독일이 동유럽이라는 새로운 노동 공급처와 러시아와의 안보 완충지대를 확대하기 위해 강요하는 것으로 본다. 오히려 유럽연합의 동진은 신규 회원국에 줄 보조금과 이들 국가의 인프라 개선을 위한다는 명분으로 프랑스의 분담금 지출 부담을 증가시킨다는 것이다. 프랑스의 수많은 철도, 교량, 도로 등이 노후화되어 막대한 재정투자가 필요한 상황에서, 프랑스와 직접적인 경제적 및 안보적 이해관계가 없는 수천 리 떨어진 동유럽 국가들을 위해 프랑스의 돈을 쏟아붓는 것을 유럽통합의 대의로 포장하는 것은 어불성설이라는 것이다.

마지막으로 유럽 공동 대외안보 정책 추진에 대한 반감을 들 수 있다. 경제통합을 거의 완성한 유럽 연방화의 사실상 최종 단계로서 유럽연합은 주권의 핵심 부분인 각국의 외교권과 군사권을 하나로 통합하고자 한다.

이는 이상적이고 지당한 것처럼 들리지만 각국의 외교 안보 이익과 지정학적 상황이 다른 상황에서 공동 대외안보 정책을 강요하는 것은 현실성 없는 이야기라는 것이다. 특히 자국 영토 방위를 위해 아프리카와 인도 태평양에 군대를 주둔시키는 프랑스에 공동 안보 정책이라는 이름으로 우크라이나 파병과 주둔을 강요하는 것은 유토피아적 상상에 불과하다고 비판한다. 또한 프랑스군의 지휘권을 '공동 유럽 군대Armée européenne commune'라는 이름 아래 전혀 다른 안보적 이해관계를 가진 독일, 폴란드 등과 공유한다는 건 매국을 강요하는 행위나 다름이 없다는 것이다.

과거 50년대에도 유럽 공동 군대 창설을 목표한 '유럽 방위 공동체Communauté européenne de défense' 프로젝트가 드골파에 의해 무산된 바 있다. 그 밖에도 아슬리노가 주장한 바와 같이 프랑스 극우는 유럽연합 집행위가 '경제정책 거대방향Grandes Orientations des Politiques Economiques'을 매년 프랑스 정부에 하달하여, 프랑스의 경제정책 전반을 통제하려고 한다고 비판한다. 이와 관련된 구체적인 예시로서 그는 유럽연합 집행위는 끊임없이 재정 건전화라는 명분 아래, 프랑스 정부에 복지 축소와 긴축재정을 골자로 하는 신자유주의적인 경제정책을 강요하고 있고 비판하고 있다.

둘째, 유로존 탈퇴이다. 오늘날 프랑스 극우는 유로존 탈퇴를 통한 통화주권 회복을 주장한다. 즉, 유로화 사용을 중단하고 다시 프랑화로 회귀하자는 것이다. 이와 관련하여 먼저 짚고 넘어가야 할 점은 동서고금을 막론하고 화폐는 곧 주권의 상징이라는 사실이다. 특히 4세대 극우는 이 점을 대단히 강조한다. 이들은 프랑스의 유로존 소속이 프랑스의 경제 성장의 발목을 잡고 있다고 비판한다. 제1부에서 일부 설명한 바와 같이 유로화 도입은 경제적인 근거보다는 정치적 대의에 의해서 전격적으로 이루어졌다.

당시 미테랑 대통령은 독일 통일 승인의 대가로 유로화 도입을 추진하였으며, 이를 통해 프랑스가 통일 독일의 강력한 경제 패권에 휩쓸리는 것을 막으려고 하였다. 당시 프랑스는 독일 통일 이후 유럽에 대한 외국인 투자가 높은 가치와 안정성을 가진 마르크화로 집중될 것을 크게 우려하였다. 하지만 이는 정반대로 작용하여, 프랑스에 큰 자충수가 되어 돌아왔다. 독일 마르크화를 기반으로 한 비싼 유로화의 도입은 프랑스의 수출 경쟁력을 하락시켰다. 이는 유로화 도입 이래 프랑스의 지속적인 무역적자 증대로 이어져 청년 실업률을 비롯한 프랑스의 경제 침체를 고착시켰다.

하지만 이보다 더욱 중요한 점은 통화 주권이 「마스트리히트 조약」에 따라 유로화를 관리하는 유럽중앙은행에 넘어갔다는 사실이다. 즉, 더 이상 프랑스가 예전처럼 거시경제 상황 변화에 따라 유동적으로 환율을 조정하여 무역적자와 재정적자를 해소할 수 있는 길을 선택할 수 없는 것이다. 이러한 상황이 방치되는 가운데 프랑스의 경제 침체는 더욱 심각해져서 오늘날의 프랑스가 겪고 있는 재정위기라는 값비싼 대가로 나타났다. 사실 영미권의 왜곡된 시각을 바탕으로 하는 국내 일부 전문가들의 주장과는 달리, 현재 프랑스 경제위기의 근본적 원인은 과도한 복지와 적은 노동시간이 아니라 80년대 고高 프랑화 정책 실패의 여파가 유로화 도입으로 더욱 악화가 되어 재정적자가 30년 넘게 쌓인 사실에 근거한다.

셋째, 나토 재탈퇴이다. 오늘날 프랑스 극우는 유럽연합 탈퇴에 이어 마지막 단계로서 미국이 주도하는 나토에서 다시 탈퇴하여 프랑스의 완전한 자주국방 실현과 더불어 진정한 자주독립적 대외전략과 군사·지정학적 자율성 확보할 것을 주장한다. 독자도 '재탈퇴'라는 단어를 통해 눈치챘겠지만, 프랑스는 이미 드골 시절에 미국으로부터 자유로운 자주적 대외안보 전략 실현을 위해 나토를 탈퇴한 바 있다. 당시 드골이 밝힌 나토 탈퇴의 가장 큰 이유는 오늘날 주권주의자들의 주장과 궤를 같이한다. 즉, 나토로 인해 프랑스가 미국이 주도하는 대외전쟁에 불필요하게 휘말릴 위험성이 있다는 것이다. 나토가입은 프랑스의 외교적 자율성과 자주적 대외전략 추진에 잠재적 장애물로 작용할 공산이 컸다. 이후 프랑스는 40여 년간 미국과 나토의 동등한 전략적 파트너로서 활동하면서 외교 및 전략적 자주성을 유지하였다. 그러나 역설적으로 드골주의 우파 출신이지만 상대적으로 친미 성향이 강했던 사르코지 대통령이 지난 2009년에 프랑스를 나토에 재가입시켰다. 그러나 사르코지는 한국 극우처럼 일방적인 굴종이나 양보의 대가로 프랑스의 나토에 재가입시킨 것은 아니다. 그는 나토 재가입의 조건으로 프랑스가 '나토 대응군Nato Response Force'의 사령관 보직과 '나토 연합변혁 사령부Nato Allied Command Transformation'의 사령관 보직을 넘겨받는 등 나토 내에서 프랑스의 정치 전략적 지분을 크게 늘리고자 노

▲ 나토 탈퇴를 알리는 드골

력하였다. 그렇지만 나토 재가입은 당시 프랑스 극우 진영과 드골주의 우파 진영에도 엄청난 비난 물결을 일으켰다. 이들에게 프랑스의 나토 재가입은 단순한 드골주의 계승 위반을 넘어 프랑스의 전략적 자주독립성을 중대하게 훼손시킨 것으로 일종의 민족사적 배신에 가까운 처사였다. 사르코지의 나토 재가입 결정은 정통 우파 일부의 정권 지지 이탈로 이어지면서 결과적으로 그의 재선 실패를 가져온 핵심 요인 중 하나로 작용했다.

나토 재가입 이후 프랑스는 영미英美가 주도하는 리비아 내전(2011)에 참여하고 아프가니스탄 주둔군을 증가시키는 등, 미국의 대외전략을 추종하는 모습을 보였다. 이는 사르코지 보다 더욱 친미적인 마크롱 정권에서도 당연히 이어져 전통적으로 이해 충돌 관계가 없는 러시아에 대항하여 우크라이나 파병론이 거론되는 상황에 이르렀다. 따라서 오늘날 프랑스 극우는 이러한 현실을 바로잡고 대외전략적 자주독립성을 완전하게 복원시킴으로써 '프랑스의, 프랑스에 의한, 프랑스를 위한' 대외정책을 추진하고자 하는 것이다.

대외정책적 자주독립주의의 역사적 뿌리

오늘날 프랑스 극우의 대외정책적 자주독립주의는 유럽통합에 대한 단순한 악감정과 반미감정에 뿌리를 둔 것일까? 근본적인 관점에서 볼 때, 프랑스 극우의 대외전략적 자주독립주의는 단순히 유럽통합에 대한 반감이나 유럽연합과 나토의 등장으로 인해 발생한 새로운 현상이 아니라 17세기 이래 계속되어 온 프랑스의 역사적 유산 계승이다.

사실 17세기 프랑스에는 오늘날 유럽통합의 대의와 유사한 '하나의 유럽 기독교 세계 단결'이라는 기치가 존재했다. 이를 명분으로 교황과 신성로마제국 황제는 프랑스의 주권을 통제하려고 하였다. 이 양 초국가 세력은 각각 오늘날의 유럽연합 집행위원장과 독일 총리에 비견할 수 있는데, 이들이 프랑스의 대외정책을 자신들의 입맛에 맞게 길들이려고 하고 있다는 것이다. 과거 교황과 황제는 프랑스가 가톨릭 국가들과 동맹을 맺어 신교도 국가들을 공격할 것과 신성로마제국을 도와 이슬람 세력인 오스만 제국을 공격할 것을 강요하였다. 하지만 리슐리외 추기경, 마자랭 추기경 그리고 루이 14세를 중심으로 한 당시 프랑스의 집권자들은 이를 국익에 반한다는 이유로 거부하면서, 역으로 신교도 국가들은 물론 오스만 제국과도 동맹을 맺으며 신성로마제국에 맞서는 등, 국익에 맞는 자주독립적 대외정책을 추진하였다. 이러한 역사적 경험으로 미루어 볼 때, 앞서 살펴본 대로 오늘날 프랑스 극우의 대외정책적 자주독립주의가 결코 포퓰리즘이나 국수주의의 발로가 아닌 것은 분명하다. 이는 본질적으로 전략적 자주독립성을 황금률로 여기는 프랑스의 정치·역사적 전통에서 비롯된 것임을 뚜렷하게 보여준다.

한국 극우의 숭일·숭미 사대주의

애국 보수를 자처하는 한국 극우는 프랑스 극우만큼의 자주독립주의를 가지고 있는가? 프랑스 극우 수준만큼은 아니더라도 그 반의 반의 반이라도 자주독립주의를 가지고 있는가?

안타깝게도 한국 극우에게 자주나 독립의 가치를 찾는 것은 거의 불가능에 가깝다. 이를 잘 드러내는 일차적 증거로서 이들의 정치연설이나 담화에서 자주와 독립이라는 어휘를 찾는 것은 거의 불가능하다는 사실을 들 수 있다. 한국 극우의 세계관은 자주나 독립이 아니라 숭일崇日·숭미崇

美 사대주의로 간단 명료히 요약정리 될 수 있다. 애초에 민족이나 자주 국가 주체성이 존재하지 않는 한국 극우의 가슴 속에 자주성 수호를 기대하는 것 자체가 매우 부질없는 일이다. 한국 극우에게 자주自主란 과거 박정희 유신 독재 시절 영구집권 총통제를 비판하면서, 형식적 민주화를 요구하는 미국의 요구를 거부하고 영구집권하겠다는 고집 혹은 의지를 자주自主라고 표현했을 뿐이다.

일반적으로 한국 극우를 친일親日·친미親美로 특징을 지우는 경향이 있다. 하지만 친일·친미는 모두 근본적으로 일본과 미국과 친선관계를 유지하자는 의도에 기반한 가치중립적인 어휘로서 가변성과 상대성을 갖는다. 그러나 한국 극우의 친일·친미는 자신의 존재를 망각하고 상대를 숭배하는 절대성을 보인다는 점에서 숭일·숭미로 표현하는 것이 시의적절하다.

한국 극우의 숭일·숭미 사대주의는 어디서 비롯되었는가? 사실 숭일·숭미 사대주의는 서인-노론의 중화 사대주의를 계승한 가운데, 자신들의 가문과 당파의 이익을 위해 절대적 사대 대상을 중국에서 일본으로, 다시 미국으로 바꾼 것에 불과하다. 이러한 한국 극우의 숭일·숭미 사대주의는 오늘날 다양한 측면으로 나타난다. 필자는 이를 숭일 사대주의와 숭미 사대주의로 각각 구분하여 설명하고자 한다.

숭일 사대주의의 뿌리와 계승

한국 극우의 숭일 사대주의는 일본에 국권을 판 구한말 친일파이자 2세대 극우의 선구자인 을사오적과 정미칠적에게서 그 뿌리와 흔적을 찾을 수 있다. 이들은 일본의 위대함과 우월함을 찬양했는데, 가장 대표적인 예로서, 이완용은 "일본제국은 조선을 구원할 유일한 문명국이며 조선은 일본의 보호를 받아야 존재할 수 있다."라고 극언하였다. 이는 제2부에서 살펴본 바와 같이 2세대 극우의 내선일체 신봉과 황국 신민화 운동에 대한 절대적 지지로 이어진다. 이러한 2세대 극우 정신을 계승한 3세대 극우도 2세대 못지않게 일본을 숭배했다. 특히 일본제국 체제를 직접 체감하며 일본의 우월성에 세뇌당한 박정희를 위시한 친일 매국 군인들은 제2부에서 살펴본 바와 같이 대한민국을 일본제국 체제의 아류로 발전시키고자 하였다. 박정희의 "일본의 근대화 경험을 배워야 한다."는 발언에서 알 수 있듯이 일본을 절대적 스승이자 영원한 지도국으로 바라보았다.

한국 극우의 머릿속에 깊게 박히고 대를 이어 계승된 숭일 사대주의는 오늘날 2가지 측면에서 뚜렷하게 발현된다.

첫째, 일본의 과거사 문제에 대한 자발적 면죄부 주기이다. 한국 극우는 일본의 식민 지배 역사 청산 및 사과에 대해 대단히 소극적이고 자발적으로 양보하는 모습을 보인다. 이들은 겉으로는 동아시아 평화나 일본과의 미래지향적 관계 건설이 더 중요하다는 구실을 내세우며 일본 극우의 야스쿠니 신사 참배와 각종 망언에 대해 침묵한다. 일본군 위안부 문제와 관련하여 한국 극우는 군사독재 시절 내내 철저히 은폐하였다. 오늘날에는 서울대 교수 이영훈, 연세대 교수 류석춘柳錫春 등의 숭일 어용 극우 지식인들이 적극적으로 나서서 위안부 피해자들을 자발적 성매매 여성으로 몰아 일본의 전쟁범죄를 희석하려고 한다. 이는 과거사 문제에서 한국이 아닌 일본의 입장을 옹호하고 일본의 이익을 지지하는 것으로 볼 수 있다. 한국 극우가 일본의 과거사 문제를 강하게 질타하지 못하는 근본적인 이유는 숭일 사대주의의 핵심, 즉 일본이 완전무결한 대국이라는 역사적 신화 내지는 세계관을 지키기 위함이다. 한국 극우가 자신들을 노비로 설정하고 일본을 주인으로 설정하는 세계관을 갖고 있는 까닭에, 주인이 자신의 부인을 겁탈했다고 할지라도 노골적으로 비판하지 못하는 것에 비견할 수 있다. 이는 한국 극우가 패망한 지 80년이 된 일본제국에 대한 충성심을 버리지 못하고 있다는 점을 잘 드러낸다. 또한 이는 명나라가 망한 지 200년이 지난 이후에도 반청복명反淸復明을 외친 서인-노론의 행태와 맞닿아 있다.

둘째, 굴종적인 대일본 외교이다. 이는 박정희 정권의 「한일협정(1965)」에 그 뿌리를 두고 있다. 당시 박정희와 김종필은 경제개발을 위해 일본의 자금을 받는 조건으로 일본 식민 지배 사죄와 배상 문제를 사실상 덮어버렸다. 이는 오늘날까지 일본이 과거사 사과를 거부하는 명분으로 작용하고 있다. 이러한 일본에 대한 저자세 외교 노선은 4세대 뉴라이트 극우에 그대로 계승되었을뿐만 아니라 더 기승을 부리고 있다. 먼저 이명박 정권은 국민적 동의 없이 소위 '지소미아GSOMIA'로 불리는 '한일 군사 정보협정'을 추진하였다. 이는 한국의 고급 군사정보가 일본에 넘어갈 수 있다는 점에서 국가 안보에 민감한 사안이었으나 국민에게 동의를 구하지 않고 체결하였다. 이는 대한제국 시절 일본에 나라를 넘기다시피 했던 일련의 한일 협약과 궤를 같이한다.

다음으로 박근혜 정권은 일본과 위안부 문제 합의를 졸속으로 체결하였다. 이는 단순히 피해자 동의를 얻지 못한 점을 떠나 일본의 법적 책임과 사죄를 명시하지 않았다는 점과, 일본이 원하는 '불가역적'이라는 수식어를 덧붙였다는 점에서, 한국이 아니라 일본의 입장과 이익을 대변한 것과 다름이 없었다.

마지막으로 윤석열 정권은 일본의 강제 동원 피해자 문제와 관련하여, 일본 대신에 한국기업이 배상하는 것을 골자로 하는 '제3자 변제 안'을 제시하였다. 이는 일본 전범 기업의 책임과 배상을 명시한 대법원의 판결을 무시한 처사로서, 어떻게든 일본에 면죄부를 주고 일본의 심사를 거스르지 않으려는 뉴라이트의 숭일 사대주의를 여실히 드러낸다. 즉, 이명박, 박근혜, 윤석열은 모두 일본의 종이 되기를 자처했다고 해도 과언이 아니다.

이러한 숭일 사대주의를 통해 한국 극우가 얻고자 하는 것은 무엇인가? 그것은 바로 일본의 한반도 영향력 확대와 한국의 대일 종속 심화를 위한 것이다. 그래서 필자는 그들의 조국이 한국인지 일본인지 물어야 한다고 생각한다. 즉, 한국의 정계와 학계에서 일본의 관점과 입장을 설파하고 관철을 시킴으로서, 한국의 대외안보 정책이 일본의 국익에 따르는 현실을 공고히 하는 것이 목표라고 해도 과언이 아니다. 일례로 오늘날 뉴라이트의 반중 노선과 한미일 삼각 공조 체계는 미국의 이익에 부합하는 목표를 가지고 있으나, 동시에 한국을 일본의 전략적 첨병이자 완충지대로 만들려는 목표도 가지고 있다. 이는 과거 구한말 일본의 한반도 전략과 밀접하게 맞닿아 있다.

한국 극우의 숭일 사대주의는 결코 풀려나올 수 없는 올가미와 같은 일본과의 사적인 관계에 기인하기도 한다. 일본 극우 계열 재단인 '사사카와 재단'은 오래전부터 각계각층의 한국 극우 엘리트에게 막대한 자금을 후원금 혹은 장학금 명목으로 끊임없이 제공하였다. 현대판 일본의 은사금에 중독된 한국 극우는 자연스럽게 혹은 불가피하게 일본의 입장과 이익에 따르는 행보를 보일 수밖에 없게 된 것이다. 이는 구한말 일본 자금을 받고 일진회를 필두로 한 친일 단체를 조직하여 한일병합에 박차를 가한 을사오적이나 정미칠적의 행보와 밀접하게 맞닿아 있다.

숭미 사대주의의 발현과 의도

　그러면 한국 극우의 숭미 사대주의는 어떻게 드러나는가? 오늘날 숭미 사대주의는 다음과 같은 2가지 측면으로 확인된다.

　첫째, 영어에 대한 광적인 숭배와 집착 그리고 이에 대한 국민적 강요이다. 본래 동서고금을 막론하고 보수는 자국의 언어를 우선시하고 자국어의 올바른 교육을 매우 중시하는 것이 불문율이다. 이는 앞서 살펴본 마린 르펜과 시라크의 자국어 수호 논리에서 드러나듯이, 언어는 단순한 소통 수단을 넘어 한 민족의 역사 및 문화 정체성을 규정짓는 핵심 요소이기 때문이다. 사실 이러한 생각은 전 세계 모든 보수 우파가 공통적으로 가지고 있다. 그러나 이러한 세계적 보편성은 한국 극우에게만은 적용되지 않는다. 한국 극우는 자국어 강조를 국수주의나 '언어 파시즘'으로 비하하기에 바쁘다. 그 대신에 한국 극우는 우리와 역사 및 언어학적 연결고리가 전혀 없는 영어 사용과 영어 교육을 우선시한다. 이는 한국 극우가 자신들을 뉴라이트라는 영어 표현으로 포장하는 행태에서 드러난다. 서구의 어느 극우도 자신들의 명칭을 영어로 수식하지 않는다. 물론 필자도 국제 언어로서 영어의 중요성을 무시하는 것은 아니다. 영어는 대외 소통을 위한 외국어, 즉 소통 수단일 뿐이다. 하지만 한국 극우를 위시한 숭미 사대주의자들은 영어를 모국어보다 더 중요한 언어로 내세운다. 이를 가장 대표적으로 보여주는 것이 '영어유치원'이다. 자신의 아이들에게 올바른 모국어의 어휘와 어법을 습득시키기에 앞서 미국식 영어 발음을 뇌 속에 이식시키려 하는 것으로 세계 역사상 유례가 없는 야만적인 외국어 교육 형태이다. 필자가 유럽연합에서 근무하는 외교관들의 외국어 사용 현실을 보면서 느낀 것으로 이들 모두 고유의 억양으로 외국어를 사용하는 것에 대해 문제의식을 전혀 느끼지 않는다. 한국 극우의 영어숭배는 미국을 주인으로 섬기는 정신상태에서 자기 자식들을 조금이라도 더 '미국화된 엘리트'로 만들어 사익을 극대화하려는 중간지배자의 행태로 이해할 필요가 있다. 심지어 한국 극우는 영국인들보다 더 영어의 위상을 수호하려는 행태를 보인다.

이와 관련하여 필자의 다소 충격적인 경험을 소개하고자 한다. 필자는 독일 외무부 초청으로 방문자 프로그램에 초대되어 국내에서 유럽 전문가라는 학자들과 베를린으로 동행한 적 있었다. 이들은 국내의 유명 국책 연구기관 소속으로서 모두 애국 보수 계열이라고 분류되고 또 자처하는 인사들이었다. 필자는 사전에 독일 대사관 측에 독일어로 현지 관료들과 소통해도 된다는 응답을 받은 상태였다. 따라서 필자는 독일 외무부와 국방부의 관료들에게 자연스럽게 독일어로 질문하고 토론하였다. 그런데 이들은 필자가 영어가 아닌 독일어를 사용했다는 것에 엄청난 분노와 불쾌감을 드러냈다. 그 후 한 명은 필자가 국내에서 주한 유럽 대사에게 프랑스어로 질문을 던졌을 때도 마찬가지로 엄청난 분노와 불쾌감을 드러냈다. 이는 프랑스 유학 시절 필자와 교류했던 영국 유학생 및 학자들의 태도와 비교할 때 이해 불가할 정도로 이례적인 행태이다.

필자의 한 영국 출신의 동기생은 유학을 시작하는 순간부터 프랑스어를 열심히 학습하여 프랑스어로 학업을 마쳤다. 또한 필자는 프랑스 연구기관에서 일하는 영국 학자들도 기본적으로 프랑스어로 소통하고 글을 쓰는 것을 수없이 지켜봤다. 그런데 앵글로 색슨족의 피 한 방울도 섞이지 않은 한국 극우가 정통 영국인 보다 영어의 독점적 사용에 집착하는 것은 가소로운 현상이었다. 이러한 이들의 영어숭배를 쉽게 이해하기 어렵다. 필자는 이와 관련하여 많은 어려움을 겪었고 오랜 연구과 분석 끝에 한 가지 해답을 찾았다. 즉, 한국 극우에게 영어는 조선시대 양반 사대부들의 한문漢文과 같은 것이다. 양반 사대부들이 한문의 독점적 지위를 통해 조선의 정치·문화·학문 권력을 독점했던 것처럼 한국 극우도 영어의 독점적 지위를 통해 대한민국의 정치·문화·학문 권력을 영구히 장악하고자 한 것이다. 이를 미루어 볼 때, 필자의 독일어와 프랑스어 사용을 두고 극도의 분노와 적개심을 표출한 이들의 심정을 상당 부분 이해가 가능하다. 이들은 독일어와 프랑스어 사용이 기득권 유지의 원천의 영어의 독점적 지위를 흔드는 것을 두려워한 것이다. 자칭 애국 보수라는 인사들이 모국어가 아닌 외국어를 바탕으로 기득권을 유지하려는 현실에 필자가 오히려 부끄러울 따름이다.

이는 프랑스 극우가 자국어 위상 강화를 통해 자신들의 정치적 존재감을 강화하는 것과 매우 대조적이다. 또한 한국 극우는 프랑스 극우와 달리 조국의 언어 문화적 독립성을 수호하는 것에는 전혀 관심을 두지 않는다고 볼 수 있다. 오히려 대한민국이 영미英美의 언어문화 패권에 종속되는 것이 그들에게 가장 큰 위안이자 그들이 가진 크고 작은 권력을 계속 유지하고 자식들에게까지 물려줄 수 있는 좋은 방법일 것이다.

둘째, 미국 중심의 세계관에 대한 중독과 미국식 체제 강요에서 드러난다. 중화주의에 사로잡힌 서인-노론의 머릿속 세상에 중국밖에 존재하지 않았던 것처럼 한국 극우의 세계관 속에는 오로지 미국, 크게 잡아도 북아메리카와 영국밖에 없다. 물론 미국이 세계 최강대국인 건 사실이다. 하지만 만물이 변하듯 영원한 강대국은 없으며 세계 패권은 강물 흐르듯 이동한다. 이것이 바로 세계사적 관점을 갖고 특정 강대국과 가변적 그리고 다극적 관점에서 관계를 맺어야 할 이유이다.

민족의 자주성과 독립성 그리고 번영을 사명으로 여기는 것이 우파와 극우의 보편적 사고이다. 나라를 막론하고 애국 보수 세력을 자처한다면 더욱 그리해야 마땅하다. 하지만 한국 극우는 서인-노론 세력의 사대 노예 근성을 그대로 물려받아 극도의 미국 중심의 세계관에 자아도취 되어 있다. 이들은 서인-노론이 중화주의 세계관에 의문 제기를 하거나 중국 이외에 다른 눈으로 세상을 바라보는 것에 대해 탄압을 가한 것처럼 미국 이외에 다른 관점으로 세상을 바라보려는 시도에 대한 엄청난 분노와 적개심을 드러낸다. 필자는 이러한 한국 극우의 행태를 서인-노론의 소중화주의에 이은 '소小' 미국주의 내지는 '소小' 아메리카주의라고 부르고자 한다. 이는 특히 미국을 중심으로 한 영미권의 관점과 해석만을 그대로 전달하는 한국 극우 언론과 지식인의 행태를 통해 잘 드러난다. 이들에게 국제정세는 외신이란 이름으로 포장된 미국과 영미英美권 언론의 시각을 그대로 전달하는 앵무새의 노래일 뿐이다. 그로 인해 한국인들은 다양한 관점과 고유의 시각으로 세상을 바라보는 능력을 잃어버리고, 미국의 관점으로만 세계를 편향적으로 바라보게 되었다. 바꿔말하면 이는 세계관의 미국 식민화이며, 명나라 황제의 눈으로 세상을 바라보려 한 서인-노론의 행태와 크게 맞닿아 있다.

가장 최근의 예시로 미국의 입장을 그래도 제시하는 러시아-우크라이나 전쟁 관련 보도 및 해설을 들 수 있다. 한국 극우 언론과 지식인들은 미국의 지정학적 이익에 따른 영미 언론의 관점을 그대로 반영하여 러시아를 절대적 악인으로 설정해 응징하고 우크라이나 군사 지원 확대를 주장하고 정당화한다. 한국 극우 언론과 지식인들은 우크라이나의 러시아계 주민 지역인 돈바스Donbass에서 7년 넘게 활동한 프랑스 종군기자인 안-로르 본넬Anne-Laure Bonnel이 2014년 이후 우크라이나군이 돈바스 러시아계 주민 1,300명을 학살한 것을 봤다는 증언과 그로 인한 유럽 내 논란에 대해서는 말하지 않는다. 또한 한국 극우 언론과 지식인들은 러시아가 배후로 알려졌던 '노르드스트림 2.0 폭파'의 진짜 배후가 독일 사법 당국의 조사 결과 우크라이나로 밝혀진 사실에 대해 침묵한다.

게다가 한국 극우 언론과 지식인들은 영미권 외 러시아-우크라이나 전쟁에 대한 다른 서구권에 관점을 말하지 않는다. 특히 현재 영미권 언론과 지식인들은 2008년 우크라이나 나토가입이 유보된 전후 맥락과 그 이유에 대한 사르코지와 메르켈의 역할에 대해 거의 언급하지 않는다. 사르코지와 메르켈은 우크라이나의 나토가입에 대해 십 년 이상의 검증과 심사 절차를 거친 결과 다른 나토 회원국과의 형평성 문제와 더불어 유럽과 러시아 간 지정학적 가교이자 중립지대로서 우크라이나의 지정학적 위치를 고려하여 거부하였다. 이는 근본적으로 우크라이나와 러시아를 미국과 다른 역사적·지정학적 시각으로 바라보는 유럽 보수 우파의 관점을 잘 드러낸다.

▲ 메르켈이 우크라이나 나토 가입 반대 이유를 밝힌 회고록

김종영 교수가 《지배받는 지배자》에서 말한 것처럼 미국에서는 상당수가 영어조차 서투른 열등생이자 주류사회에 끼지 못하는 이방인이지만 한국에만 돌아오면 엘리트 지식인으로 격상되는 것이 영미권 유학파들이 장악한 한국 학계의 현실이다. 한국 극우 언론과 지식인들의 미국 중심 세계관 경도는 지배받는 지배자로서 유일한 지식 정보 창구의 수단으로 영어만 사용할 수밖에 없는 사정에 기인한다고 볼 수 있다. 하지만 이는 궁극적으로 한국 극우가 영미가 만드는 세계관과 가상현실 세계에 자국민을 가두어 놓고 이것이 유일한 세상이라고 선동함으로써 미국의 대외정책으로 믿고 지지하게 만들려는 의지의 발로이다.

이러한 한국 극우의 미국 중심적 세계관은 사회 전 분야에 미국식 체제 강요라는 현상으로 이어졌다. 소小 미국주의 혹은 소小 아메리카주의에 영혼을 맡긴 한국 극우는 정치, 경제, 교육, 외교 등 모든 분야에 걸쳐 미국식 체제를 이식하는 데 열과 성을 다한다. 세계 초강대국인 미국으로부터 보고 배울 점도 적지 않겠지만 우리의 주체성은 모두 버린 채 모든 분야에서 미국의 체제를 맹목적으로 추종하고 뿌리내리게 하는 것은 적절치 않다. 더구나 독일처럼 유럽에서도 친미 색채가 강한 국가들도 전 분야 미국식 체제 이식과 전면적 미국화는 일말의 고려 대상도 아니다. 서구의 친미 세력과 비교해도 한국 극우의 전면적 미국화 추종은 매우 이례적이다.

이와 관련하여 필자가 개인적으로 피부로 와닿게 경험했던 한국 학계 사례를 설명하고자 한다. 마치 한국 극우와 일란성 쌍둥이처럼 소小 미국주의에 사로잡혀 경도된 이들이 한국 학계를 주도하면서 스스로 미국의 학문 식민지로 자리를 매김 하기 위해 미국식 체제를 강제적으로 이식하였다. 가장 대표적인 예로서 이들은 미국에서 유행한다고 알려진 소위 양적 연구로 포장된 통계 위주의 연구와 소위 'SCI Sciences Citation Index'로 불리는 미국이 선별하고 인정한 학술지에 등재된 영어 논문만 연구실적을 인정하는 행태를 제도화시켰다. 이는 곧 한국의 공공분야에서도 국제적, 객관적 평가 체제로 포장되어 한국의 거의 모든 공공 연구 기관에도 적용되고 있다. SCI란 1945년 이래 미국 필라델피아에 위치한 '과학 정보 연구소Institute for Scientific Information'에서 매년 수천 개 이상 각 분야의 학술지를 색인Index형태로 발표하는 것으로 주로 미국과 영미권 중심의 학술지에 유리한 기준이 적용되고 영어로 된 학술지를 우선시한다. 결국 SCI는 미국 및 영미권 중심으로 전 세계 학술지 및 학계를 서열화하여 도식화하려는 의도를 지니고 있다고 볼 수 있다. SCI는 미국의 학문 식민제국주의를 수행하는 수단의 하나로 해석될 수 있다.

한국 극우와 우익이 이러한 미국식 체제를 맹목적으로 추종하고 강제하려고 하는 근본적 이유는 무엇일까? 이는 크게 두 가지 측면에서 설명될 수 있다.

첫째, 한국 극우 계열 지식인들의 기득권 독점과 재생산이다. 이는 어찌 보면 가장 간단한 이유임과 동시에 가장 솔직한 이유일 것이다. 그리고 이들은 이러한 기득권 독점과 재생산 공고화를 바탕으로, 김종영 교수가 말한 '지배받는 지배자' 담론처럼 미국 학계의 하수인이자 한국 지사장으로서 미국화되고 미국식으로 사고하는 지식인을 대거 양성하고 배치하고자 한다. 이는 한국을 미국의 국익에 보탬이 되는 미국의 지적 식민지로 만들기 위한 목적과 밀접하게 맞닿아 있다. 이러한 숭미 사대주의 세력의 행태는 서인-노론이 주자 성리학을 절대화하여 중화 사대주의자의 기득권을 확대 재생산한 것과 유사하다. 또한 이는 친일 매국 세력이 일제와 조선총독부의 가신家臣과 같은 하수인이자 완장을 찬 중간 관리자로서 조선을 일본화하고, 이를 통해 자신들의 부와 권세를 유지 및 강화한 것과도 크게 유사하다. 한국의 산업발전과 경제 성장이 이들에게는 대미 종속에서 조금이라도 벗어나는 수단이 아니라, 한국의 막대한 돈을 가지고 즐겨 미국의 노예가 되기를 자청하는 행태까지 벌어지고 있다. 한국 국고로 운영하는 동북아역사재단은 2009년 미국 하버드대에 100만 달러를 기부해서 한국 고대사를 연구해달라고 요청했다. 하버드대는 이 돈을 가지고 마크 바잉턴을 임시 교수로 채용해서 연구책임자로 삼았다. 이를 바탕으로 그는 국내의 한국학자들을 공동 연구 교수 비슷한 것으로 채용해 한국 고대사를 연구했다. 이 프로젝트는 한국 고대사 관련 6권의 책을 내기로 했는데, 그 첫 권이 《The Han Commandaries In Early Korean History》였다. 직역하면 '한국 고대사 속의 중국 한漢의 식민지'인데, 동북아역사재단은 '한국 고대사 속의 한사군'이라는 제목으로 번역했다. 한국 고대사가 중국의 식민지로 시작했다는 것은 조선총독부의 반도 사관에 따른 주장이었다. 그런데 대한민국 국고를 하버드대에 상납해 조선총독부 역사관을 세계에 전파하려고 한 것이다. 더욱 믿기 힘든 것은 동북아역사재단은 이 책이 하버드대 출판부에서 나왔다고 말했지만, 하버드대에서 출판 허가를 해주지 않았다는 사실이다. 한국이 주는 돈은 받지만 하버드 이름의 권위는 한국에 빌려줄 수 없다는 촌극이 벌어진 것이다. 결국 해당 서적은 하와이대에서 출간한 것으로 했는데 정작 인쇄지는 한국이었다는 것이다. 자국민의 세금을 가지고 미국의 노예가 되기를 스스로 자처했던 이런 사례는 인류 역사가 시작된 이래 처음 보는 현상일 것이다. 게다가 이 책을 대한민국 외교부의 재외공관을 통해서 전 세계에 배포하려고 하였다. 이 사실이 알려지자 항일 독립운동가 이회영李會榮 선생의 손자인 이종찬李鍾贊 전 국정원장과 이덕일 한가람역사문화연구소장이 나서서 여론을 환기시켜 해외 배포는 중단시켰다. 그러자 '중앙일보 논설위원'이라는 고정애

기자가 바잉턴과 인터뷰를 하고 나서 이종찬과 이덕일 두 사람을 격렬하게 비난하는 칼럼을 썼다. 그러나 정작 이 두 사람에게는 전화 한 통화 없었다.

게다가 지난 2025년 12월 이재명 대통령의 교육부 업무보고 때 동북아역사재단 박지향 이사장에게 "동북아역사재단은 고대사 연구를 안 하냐?"라고 물으며 《환단고기》를 예로 들자 이번에는 '중앙 Sunday 편집국장'이 된 고정애가 또다시 이종찬, 이덕일 두 사람을 격렬하게 비난하는 칼럼을 또 게재했다. 이번에도 마크 바잉턴의 사례를 들었다. 한국 극우 언론에게 미국의 하버드 교수는 그 자리가 비록 한국 정부가 돈을 내어 임시로 채용한 자리이고, 한국 정부의 지원이 중지되어 해고되었다고 할지라도 신성불가침의 권위를 갖는다는 사실을 잘 드러낸다.

둘째, 한미동맹에 대한 교조적 집착과 이를 바탕으로 한 기득권 유지 및 확대 재생산이다. 각종 정치집회와 행사에서 성조기를 흔드는 한국 극우의 행태에서 짐작할 수 있듯이 한국 극우에게 한미동맹은 곧 불변의 이념이자 가치이다. 물론 필자가 한미동맹의 전략적 가치와 중요성을 부정하는 것은 아니다. 특히 거대한 중국과 러시아를 이웃 국가로 하는 한국에게 나토의 유럽 내 역할처럼 미국의 한반도 내 역할이 전쟁억제제로서 매력적이다.

그러나 한국 극우가 신앙처럼 떠받드는 한미동맹은 일반적인 의미의 동맹과 큰 거리가 있다. 본래 동맹은 2개 이상의 국가가 '상호주의Réciprocité'에 기반하여 공동의 목표를 위해 협력하는 것을 뜻한다. 바꿔말하면 동맹은 일방적으로 받고 주는 관계가 아니라 공동의 이익이 발생해야 그 진가를 인정받을 수 있고 유지될 수 있는 것이다. 사실 이는 미국의 유럽 나토 동맹국들도 기본적으로 가지고 있는 생각이다. 일례로 프랑스의 나토 재가입을 강행한 사르코지 대통령도 미국과의 동맹과 안보협력은 '프랑스와 유럽의 대미 종속Vassalisation de la France et de l Europe'으로 이루어질 수 없다고 단언하였다.

따라서 한미동맹은 한국 극우가 극도로 강조하는 것처럼 혈맹血盟과 미국의 은혜와 자비와 같은 감정적인 요소에 바탕을 둔 것이 아니라 한국에게 미국이 필요한 것처럼, 미국도 한국이 여러 이유로 필요한 까닭에 유지되는 것이다. 미군 주둔을 통해 한국의 안보 보장이 강화되는 대신에 미국은 중국과 러시아를 견제할 수 있는 지정학 요충지로서 한반도에 군사를 갖다 놓은 것이다. 이는 임진왜란 당시 명나라 원군 파병이 근본적으로 왜군의 요동 진격을 사전에 봉쇄하기 위한 목적으로 이루어진 사실과 연결을 지어 생각하면 될 것이다.

하지만 한국 극우가 생각하고 부르짖는 한미동맹은 이러한 상호주의 혹은 현실주의와 거리가 멀다. 이들이 생각하는 한미동맹은 미군이 한반도에 영구히 주둔하고, 이를 통해 한국을 미국의 준准 보호령 수준으로 삼아 미국의 영원한 영향권 안에 두는 것을 뜻하는 것처럼 보인다. 이와 관련한 대표적인 예시로 한국 극우의 전시 전작권 반환 결사반대를 들 수 있다.

엄연한 독립 국가이자 국군통수권자가 존재하는 주권 국가인 한국이 평시 전작권에 이어 전시 전작권을 되찾는 것은 극히 자연스러운 일이다. 한국은 과거 미국과 전면전을 벌인 독일과 일본과 같은 전범 국가가 아니기에 전시 작전권 회복은 미국에 위협이 되지 않을 뿐만 아니라 반미노선을 뜻하는 것도 아니다. 오히려 전시 전작권을 되찾은 한국이 자주적 국방 역량을 발전시켜 한미 공동 군사작전 수행 능력에 큰 보탬이 되는 것이 한국은 물론 미국에도 바람직한 일 것이다. 이는 1966년에 프랑스가 나토를 탈퇴한 이후에 프랑스가 자체적 핵 개발을 위시한 자주국방 역량을 발전시켰으며, 오히려 나토 재가입 이후 미국의 나토 역할을 보강할 수 있는 서방 핵심 군사 강국으로 자리를 매김 한 것과 일맥상통한다.

하지만 자칭 애국 보수로서 자주국방을 추구해야 할 한국 극우는 전시작전권 반환이 한미동맹을 와해시키고 국가안보를 위기에 빠뜨리려는 위험한 시도인 것처럼 여론몰이한다. 이는 스스로 외교·국방 주권을 미국에 양도하고 맡기겠다는 것과 매 한 가지이다. 따라서 한국 극우가 추구하는 한미동맹은 동맹이란 이름을 빙자한 한국의 영구 미국 종속 체제 추진이라고 볼 수 있다.

이러한 한국 극우의 극도의 사대주의에 바탕을 둔 대미 외교 안보 행태는 드골과 마린 르펜이 프랑스의 전략적 자주독립성 확보를 위해 나토 탈퇴를 주장했던 것과 너무 대조된다. 또한 이러한 한국 극우의 한미동맹 숭배는 역사적인 관점으로 볼 때 임진왜란 당시 명나라 장수 이여송李如松에게 조선군 지휘권을 넘기고 명군의 활약에 국운을 맡긴 당시 국왕 선조의 행태와 크게 맞닿아 있다.

한국 극우가 불평등한 형태의 한미동맹을 교조화하고 영속화하려고 하는 근본적 이유는 무엇일까? 이는 크게 3가지 측면에서 설명될 수 있다. 먼저 한국 극우가 미국을 통해 친일 매국의 과거를 사면받았을 뿐만 아니라 미군정에 중용되어 오늘날 한국의 기득권 세력으로 탈바꿈하였기 때문이다. 바꿔 말하면 이들의 머릿속에는 미국이 자신의 목숨을 살려주었다는 '재생지은再生之恩'이 깊숙이 박혀 있는데 이를 선조처럼 국가 차원의 재조지은再造之恩으로 확대하려고 하는 것이다. 한국 극우는 자신들의 생명줄이 미국에 달려있다고 여기는 것이다. 이는 곧 한국 극우의 기득권 유지가 미국의 태도에 걸려 있다고 여기게 된 원인이다. 즉, 이들은 자신들의 원原 지배자인 미국의 한반도 장악 영속화를 통해 자신들의 부와 권력을 확대 재생산될 수 있다고 믿는 것이다. 더욱 노골적으로 말하면 한국 극우는 미국의 완장을 차고 한국 사회를 지배하고자 하는 것이다.

이는 보다 근본적으로 오늘날 한국 극우의 무능과 관련이 있다. 지난 윤석열 정권에서 여실히 드러난 것처럼 화려한 학벌과 인맥이라는 포장지를 걷어낸 한국 극우의 모습은 정치적 무능, 그 자체였다. 전 세계 그 어느 나라에서도 찾을 수 없는 무능의 극치였다. 애초부터 오로지 정권 장악과 논공행상만을 위해 존재하는 정치이익집단인 까닭에 민생을 돌보고 국가 발전을 도모하는 데에는 문외한일 수 밖에 없다. 따라서 한국 극우가 특정 콘크리트 지지층을 제외하고는 자체적인 능력과 성과를 통해 정치적 인기를 구가하고 기득권을 유지하기는 힘들다. 그로 인해 이들은 최후의 보호막이자 보증인으로서 미국이라는 외세가 절대적으로 필요한 것이다. 그리고 한국 극우의 미국 종속성은 기득권 유지를 넘어 유사시 자신들의 안위를 보장하기 위한 것이기도 하다. 이들은 이미 자신들의 재산을 미국으로 이전 및 증식하고 자녀들에게 미국 시민권 및 영주권을 갖도록 하였다. 이는 북진통일을 주창하던 이승만이 6·25전쟁 때 전세가 불리해지자 일본 야마구치현山口縣으로 도주해 망명정부를 세우려고 했던 행태의 반복이다. 한반도에 다시 전쟁이 발발하여 전세가 불리해지면 도미渡美하여 살아남기 위한 최후의 대비책으로 볼 수 있다.

필자가 아는 프랑스와 독일의 친미파 중 한국 극우 같은 행태를 보이는 인사는 없다. 굳이 유사한 사례를 찾자면, '폴란드 친미 우파'를 들 수 있다. 폴란드뿐만 아니라 체코, 헝가리 등의 옛 동구 공산권 국가들의 극우는 옛 종주국 소련과 러시아에 대한 역사적 반감 및 공포 때문에 친미 및 친유럽 성향을 나타낸다. 만약에 한국 극우가 폴란드 친미 우파를 통해 자신들의 극우 정체성을 정당화하고 싶다면 이는 곧 이들 스스로 한국의 정치 수준을 우리보다 민주화 역사가 더 짧은 옛 동구 공산권 국가와 동일시 하는 것과 다름이 없을 것이다.

3

주인의 역사관 vs 노예의 역사관

마지막으로 오늘날 프랑스 극우는 어떤 역사관을 가지고 있을까? 사실 그동안 프랑스 극우의 정치적 및 이념적 성향에 대해서는 언급된 적이 적지 않다. 그러나 이와 대조적으로 이들이 어떠한 역사관을 가지고 추구하는지에 대한 진지한 질문과 문제 제기는 거의 전무 하였다. 어떤 측면에서 볼 때 이는 기본적으로 프랑스 극우가 자신들의 역사관을 밝히고 선전할 기회를 충분히 얻지 못했던 점에 기인한다. 필자가 오랫동안 관찰한 바에 따르면 서구 주류 언론도 프랑스 극우에 비판적 질문 공세를 던지는 데 집중할 뿐, 이들의 역사관을 분석하는 데에는 도통 관심을 두지 않았다. 더구나 중등 및 고등 교육을 포함한 프랑스의 제도권 교육에서 프랑스 극우의 역사관에 대해 배울 수 있는 기회가 거의 없다고 해도 무방할 정도라는 사실도 관련이 있다. 이는 후술할 프랑스 극우 계열 지식인들이 수많은 역사 비평서를 발간한 사실을 미루어 볼 때 대단히 기괴한 현실로 보인다.

필자는 프랑스 유학 시절부터 개인적으로 프랑스 극우 세력에게 학문적 호기심을 갖고 극우 계열 지식인들의 저서와 강연을 살펴보고 분석하며, 이들이 추구하는 역사관을 큰 틀에서 파악하는 데 다다를 수 있었다.

주인의 역사관으로 무장한 프랑스 극우

필자는 프랑스 극우의 역사관은 '주인의 역사관'이라는 한마디로 정리할 수 있다는 결론에 도달하였다. 주인의 역사관은 무엇을 뜻하는 것일까? 이는 기본적으로 프랑스사를 프랑스 민족이 주체가 되고 흥망성쇠를 거치며 화려한 역사 발전을 이룩한 거대한 서사로 보고자 하는 것이다. 그리고 이를 바탕으로 프랑스를 중심으로 유럽사와 세계사를 바라보고자 한다. 이는 궁극적으로 프랑스가 프랑스 대혁명 등을 통해 유럽사와 세계사 발전을 이끈 주체였다는 의식과 자부심의 발로라고 볼 수 있다.

프랑스 극우의 역사관은 단재 신채호의 역사관과도 일맥상통하는 면이 많다. 신채호는 역사를 '아我와 비아非我와의 투쟁'을 통해 역사의 주체가 되는 '아我' 민족이 역사의 타자가 되는 '비아非我'인 외세를 극복하며 성장하고 발전한 서사로 보았다.

이와 마찬가지로 프랑스 극우도 자국사를 '아我'인 프랑스 민족이 역사적 주적인 영국과 독일을 비롯한 '비아非我'인 외세와 투쟁하고, 결국 이들을 극복하고 유럽을 호령한 자주적 패권국으로 발전하고 세계사의 중심에 오른 이야기로 본다. 프랑스 민족이 주체가 되어 세계사 전반을 바라보는 열정과 신념 그 자체인 것이다. 이를 바탕으로 프랑스 극우는 자국사를 프랑스 민족이 자주독립성을 건설하고 수호해온 거대한 서사로 바라보고 선포하는 것이다.

오늘날 프랑스 극우가 부르짖는 주인의 역사관은 구체적으로 누가 그리고 어떻게 전파하고 있을까? 제1부에서 살펴본 에릭 젬무르와 전직 문화부 장관 출신이자 현재 대중 역사가로 활발하게 활동 중인 필리프 드 빌리에Philippe de Villiers(1949~) 가 프랑스 극우의 역사관을 잘 드러낸다. 이들은 지속적인 출판 및 언론 활동을 통해 1500년 전으로 거슬러 올라가는 프랑스의 역사적 뿌리를 강조함과 더불어 세계사의 거대한 획을 그은 프랑스 민족사의 위대함과 우월성을 이야기한다. 필자는 독자의 이해를 위해 젬무르와 드 빌리에의 역사관을 총 2가지 형태로 종합 및 분류하여 소개하고자 한다.

▲ 필리프 드 빌리에

프랑스 역사를 폄훼하는 영미英美 중심 사관 타파

첫째, 프랑스 극우는 '영미英美 중심 사관Historiographie anglosaxonne'에서 벗어나 '프랑스 고유의 관점Vision franco-française'으로 유럽사와 세계사를 바라보고 해석하려고 시도한다. 2차 세계 대전 이후 영미 패권이 더욱 공고해지면서 유럽에도 영미 중심의 역사관이 많이 확산이 되었다. 영미 중심 사관은 중세 이래 유럽 대륙 역사의 중심이자 백년전쟁 이래 영국과 역사적 대척점과 패권 경쟁 관계 위에 서 있었던 프랑스의 역사를 공격하는 경향이 짙다. 서구의 대표적 해양 세력으로 자부하면서 해양 세력을 역사적 승자로 인지하는 영국의 관점으로 볼 때, 서구의 대표적 대륙 세력으로 영국 패권에 맞서고 영국과 다른 정치·역사적 길을 걸어온 프랑스 역사는 영미 역사의 보편성 세뇌에 걸림돌 같은 존재이다. 따라서 영미 사가들은 프랑스 역사를 폄하 내지는 저평가해서 영국 역사, 그리고 그 바통을 이어받은 미국 역사의 보편적 우월성을 입증하려고 노력한다. 또한 영미 중심 사관의 프랑스 역사 공격은 본질적으로 프랑스에 대한 영국의 역사적 열등감에 기인한 측면이 크다.

프랑스에 대한 영국의 역사적 열등감은 어디에서 비롯되는 것일까? 이는 중세 영국사를 통해 쉽게 짐작할 수 있다. '노르만 정복(1066)'을 통해 알 수 있듯이, 중세 이래 영국의 국체와 영국 왕실을 포함한 오늘날 영국 지배층의 근간을 형성한 이들은 프랑스인들이다. 일례로 영국이 자랑하는 정복왕 윌리엄과 사자심왕 리처드는 프랑스에서 건너온 노르만계 프랑스 봉건 영주들이다.

이는 마치 가야인들과 백제인들이 고대 일본으로 건너가 현지에서 고대 국가를 건설한 사실과 아주 유사하다. 19세기 대영제국을 건설한 영국인들은 사자심왕 리처드의 동상을 런던의 웨스트민스터 궁전 앞에 세우는 것으로 중세 영국사의 기원 속 프랑스의 흔적을 지우고 영국사의 독자성과 보편적 우월성을 강조하려고 하였다. 이는 전형적인 역사 왜곡의 시도로서 오늘날 일본인들이 현 일왕가의 전신이 가야와 백제 왕실에 뿌리를 두고 있다는 사실을 부정하려고 하는 것과 매한가지다. 결국 영미 사가들과 추종자들의 최종 목표는 유럽사와 세계사 속에서 프랑스를 조연으로 격하시키는 것이라고 볼 수 있다. 또한 이는 궁극적으로 프랑스가 주도했던 유럽의 역사관을 거꾸로 지배하고 통제하기 위한 영미英美의 식민사학으로 볼 수도 있을 것이다.

이러한 영미 중심 사관의 프랑스 역사 비하에 맞서 가장 활발하게 프랑스 역사의 주체성과 우월성을 설파하는 인사가 젬무르이다. 그는 언론 활동과 저술 활동을 통해 유럽의 주요 역사적 사건과 관련하여 프랑스 중심의 역사 해석을 꾸준히 전파하고 있다. 가장 대표적인 예가 바로 그의 '나폴레옹 전쟁(1803~1815)'에 대한 수정주의적 재평가이다. 나폴레옹 전쟁은 프랑스 혁명전쟁의 연장선이자 최종종착역으로서 유럽사와 세계사에 지대한 영향을 끼친 대사건이다. 나폴레옹 전쟁은 시대를 거치며 많은 논란의 대상이 되었다. 이는 특히 나폴레옹 1세의 주적이었던 영국에게 더욱 그러하였다. 나폴레옹 전쟁이 본질적으로 유럽 대륙 세력이 대영제국 패권에 도전한 성격을 지닌 까닭에 이 전쟁은 영국의 관점에서 볼 때 반드시 악마화해야 할 대상이었다. 이에 더하여 2차 세계 대전 이후 급부상한 반전주의反戰主義의 확산은 나폴레옹을 히틀러와 같은 전범으로 그리고 나폴레옹 전쟁을 수백만의 목숨을 앗아간 제국주의 침략 전쟁으로 몰아가는 촉매제 역할을 하였다. 또한 식민제국주의 반성 담론을 주도한 프랑스 좌파도 나폴레옹에 대한 부정적인 평가를 설파하기 시작하였다. 이는 나폴레옹 전쟁 비하를 통해 영미 중심 사관을 확대하려던 영미의 의도에 종속되는 결과를 낳았다. 시대적 맥락을 고려하지 않고 프랑스가 아닌 타자의 관점에서 나온 나폴레옹 전쟁에 대한 부정적 역사관이 크게 확산이 된 것이다. 이러한 흐름은 프랑스 내에서도 은연중에 정착하였는데 그로 인해 오늘날 나폴레옹과 나폴레옹 전쟁에 대해 부정적인 인식을 가진 프랑스인들이 늘게 되었다.

필자는 프랑스 유학 시절에 현지인들과 프랑스 역사와 관련한 토론을 많이 했다. 하지만 역사에 조예가 깊은 이들을 제외하고 필자와 교류한 절대다수의 프랑스 청년들이 자신들이 영미 중심 사관이 준 역사적 선입견에 사로잡혀 있는지도 모른 채 나폴레옹에 대해 조건반사적인 거부감을 드러내었다.

젬무르는 오랫동안 이러한 현실에 개탄하였다. 영미 중심 사관을 통한 프랑스 역사 왜곡을 타파하기 위해, 그는 당시 시대적 상황에 대한 객관적 분석을 바탕으로 프랑스의 관점에서 바라본 나폴레옹 전쟁의 진실을 강조하였다.

젬무르에 따르면 나폴레옹 전쟁은 영미 중심 사관이 규정하는 것처럼 선과 악의 대결이 아니라, 본질적으로 영국 해양 패권과 프랑스 대륙 패권이 강력하게 그리고 마지막으로 충돌한 사건이다. 그는 워털루 전투를 그 마지막을 장식하는 상징적인 사건으로 묘사하였다. 그는 나폴레옹의 등장과 유럽 제패를 촉발을 시킨 것은 영국이 프랑스 혁명 발발 이후 유럽 강대국에 막대한 자금을 지원하여 대프랑스 동맹을 결성해 프랑스를 포위하는 계략 때문이었다고 강조하였다. 당시 영국은 대프랑스 동맹을 통해 프랑스를 고사시킴으로써 유럽 내 프랑스 패권을 근본적으로 제거하고 영국의 유럽 통제를 강화하고자 하였다. 이에 대한 프랑스의 정당방위이자 민족적 저항으로서 백년전쟁 때 잔다르크가 나타난 것처럼 나폴레옹이 기적적으로 등장하여 대프랑스 동맹을 연파한 것이다. 이어 나폴레옹이 역으로 영국 본토 상륙작전과 대륙봉쇄령으로 영국의 숨통을 조임으로써 영국의 프랑스 및 유럽 통제 시도를 근본적으로 제거하려고 했다는 것이다.

이러한 젬무르의 역사 해석은 당시 시대적 맥락을 객관적으로 고려할 때 매우 신빙성이 있다. 애초에 나폴레옹이 대륙봉쇄령을 선포하기 전에 영국이 먼저 해양봉쇄를 통해 프랑스의 숨통을 조였다. 이는 영국이 자신들을 피해자로 둔갑시켰지만, 실질적으로 가해자라는 사실을 드러내는 것이다. 그리고 이러한 역사적 사실이 세간에 잘 알려지지 않고 쉽게 배울 수 없었던 것은 프랑스를 전범 국가로 악마화하고 이에 대항하는 영국의 선한 역할을 확대해석하기 위한 영미 중심 사관의 확산에 기인한 것이다. 따라서 젬무르의 역사관과 같은 관점을 가진다면 오늘날 크게 비판받는 나폴레옹의 대륙봉쇄령은 프랑스와 유럽의 정당방위로 볼 개연성이 확보된다.

대륙봉쇄령에 이어 젬무르는 나폴레옹 전쟁의 종지부인 워털루 전투를 대영제국 패권에 대항한 프랑스와 대륙 유럽의 최후의 불꽃으로 해석한다. 이어 그는 나폴레옹 전쟁이 영국의 자유주의와 프랑스의 중앙집권주의 체제 간 충돌이자, 영국의 해양 자유무역주의와 프랑스의 대륙 자유무역주의의 충돌로 본다. 그가 이러한 해석을 본격적으로 내놓게 된 것은 지난 2015년 워털루 전투 200주년 기념식에 강한 반감과 분노를 느꼈기 때문이다. 수십만의 프랑스군과 영국·프로이센 연합군이 대격돌한 현장인 워털루 벌판에서 당시 승전국 인사들과 참전 군인들의 후손들이 프랑스의 패배를 축하하였다.

앞서 살펴본 본 바와 같이 젬무르는 나폴레옹 전쟁을 프랑스 대외 패권 투쟁과 민족 해방 투쟁으로 본다. 따라서 그에게 프랑스를 악으로 규정하는 워털루 전투 축하 기념식은 영미 중심 사관을 추종해서 프랑스 역사를 모욕한 것으로 다가왔다. 그는 프랑스 주류 엘리트들이 20년이 넘게 대프랑스 동맹을 조직하여 나폴레옹 전쟁을 초래한 원原 전범국인 영국에 대해 비판을 거의 하지 않고, 나폴레옹에 대해서만 비판을 하는 점을 강하게 질타하였다. 또한 젬무르는 나폴레옹과 그의 유럽 제패를 프랑스가 주인이자 주체가 된 유럽 통일이자 유럽을 대표하여 프랑스가 대영제국 패권에 타격을 가한 사건으로 해석할 것을 촉구하였다. 최종적으로 그는 워털루 전투 패배가 루이 14세부터 시작된 프랑스의 유럽 패권의 종언을 알린 사건으로 한탄해야 한다고 주장하였다. 젬무르가 이러한 주장을 한 것은 프랑스 고유의 관점에서 볼 때 아我인 프랑스가 비아非我인 영국에 밀려 결과적으로 이후 세계 패권이 영미英美 세력에 넘어가는 결정적인 계기가 되었기 때문이다.

둘째, 프랑스 극우는 21세기부터 유럽을 강하게 휩쓸고 있는 '보편주의 사관Historiographie universaliste'으로 인한 프랑스의 민족주의 사관 훼손에 대해 저항하고자 한다. 20세기 후반 이후 유럽을 휩쓴 탈脫식민주의와 더불어 탈脫민족주의는 프랑스를 포함한 유럽 역사학계에서 민족주의적 역사 서술 및 해석을 터부시하는 경향을 만들었다. 이는 일차적으로 민족주의가 양차 세계 대전의 원인으로 작용했다는 다소 편향된 진단에서 비롯되었다. 이에 더하여 유럽통합을 완수하기 위해 각 민족국가의 정체성을 약화시킬 필요성이 대두됨에 따라, 유럽의 주류 정치권과 좌파 성향 역사학자들이 민족적 뿌리와 계보를 토대로 하는 자국 역사 서술을 지양하게 되었다. 예를 들어 현재 프랑스에서 클로비스의 프랑크 왕국을 프랑스 민족 역사의 기원이자 민족적 뿌리로 강조하는 것은 특정 민족 집단의 우월성과 특수성을 암시한다는 이유로 암묵적으로 기피된다.

이러한 흐름을 조장하는 것이 금세기 들어 프랑스뿐만 아니라 유럽에 급속히 확산된 보편주의 사관이다. 보편주의 사관은 무엇일까? 보편주의 사관은 간단히 말하면 공산주의의 기반인 마르크스 사관에 기반하여 역사를 민족이 아닌 보편적 인류사의 관점으로 서술하고 해석하는 것을 뜻한다. 프랑스 역사를 예로 들면 골족Les Gaulois과 프랑크족Les Francs을 주축으로 프랑스라는 민족국가를 건설한 서사가 아니라 선사 이래 여러 인류 집단이 현재 프랑스 땅에 이주하여 거주한 이야기로 서술하는 것이다. 바꿔말하면 이는 각국의 역사를 각 민족 고유의 정체성과 타자와 구분되는 문화를 건설해온 서사로 바라보지 않는 것을 뜻한다. 동시에 이는 역사에서 민족적 색채 및 민족이라는 주체를 지우고 각국의 역사를 오로지

'보편적 인류Homme universel'의 이주 및 정착사로 통합 및 획일화시키려는 관점이자 의지이다.

이러한 보편주의 사관이 20세기 후반 이후 급속히 퍼질 수 있었던 것은 전후 유럽이 겪은 3가지 정치적 상황 때문이다. 먼저 앞서 언급한 유럽 연 방화를 지향하는 유럽통합 가속화가 있다. 50년대부터 본격화된 유럽통 합은 유럽의 항구적인 평화를 이룬다는 대의 아래 거의 종교에 가까운 수 준의 정치적 대의가 되었다. 그러나 각기 다른 고유의 언어와 역사를 가진 수십 개의 유럽 국가들을 하나의 국가라는 운명공동체로 통합하는 것은 결코 쉬운 일이 아니다. 나폴레옹 1세의 유럽통합 시도 실패 사례에서도 볼 수 있듯이, 우선 확고한 민족적 정체성을 가지고 있는 각국의 반발을 감수해야 한다. 결국 유럽통합의 성공을 위해서는 프랑스, 독일, 이탈리아 와 같은 유럽 각국의 민족정체성 희석이 반드시 선행되어야 한다. 이에 따 라 민족의 특수성과 위대함을 강조하는 민족주의적 사관을 보편주의 사 관으로 대체할 필요가 있었다.

다음으로 탈식민주의와 다인종·다문화 사회의 도래이다. 2차 세계 대전 이후 미국에 의해 조장된 탈식민주의는 비단 유럽 열강의 식민지 해체뿐 만 아니라 과거 제국주의 식민주의를 비판하는 사관으로 이어졌다. 특히 프랑스를 위시한 유럽 열강의 식민 제국 역사는 민족의 위대함을 강조하 기 때문에 보편주의 사관의 확산을 위해서라도 반드시 비하되어야 했다.

이와 더불어 1970~80년대 이후 급속히 진행된 대량이민 수용으로 인 한 유럽 각국의 다문화·다인종 사회화化도 보편주의 사관의 확산에 큰 명 분을 제공하였다. 대량이민의 급속한 진행과 그로 인한 사회통합 실패는 프랑스를 포함해 유럽 각국에서 여러 출신 국가별로 이민자 공동체가 따 로 존재하는 상황으로 이르렀다. 이들은 대부분 아랍·이슬람권 출신들인

데 이들은 유럽 각국 문화에 동화되기를 거부하고 고유의 정체성을 유지하려는 경향이 강했다. 프랑크족을 위시한 백인계 유럽 민족과 기독교 문명을 뿌리로 강조하는 프랑스의 민족주의적 역사관은 비유럽권 및 비 기독교권 이민자들을 포용하는 데 걸림돌이 되었다. 이러한 현실 속에서 친親이민주의적인 프랑스 좌파를 중심으로 민족주의적 역사관을 지양하고 보편적 공간으로서 프랑스의 역사 그리고 공화국 체제로서의 프랑스 역사를 강조하는 움직임이 본격화되었다. 보편주의 사관에 사로잡힌 프랑스 좌파 성향 교사들은 역사 교육 현장에서 루이 14세와 나폴레옹에 대한 언급은 최소화하고, 선사 시대와 20세기 이후 근현대사만 강조하려고 하기도 한다.

이러한 보편주의 사관 확산에 가장 강력하게 저항한 극우 인사가 바로 드 빌리에다. 그는 보편주의 사관을 통한 프랑스 역사 해석을 프랑스 민족사 파괴 행위로 비판하였다. 그에 따르면 보편주의 사관은 민족사의 뿌리와 계보에 대한 망각을 유도한다. 또한 보편주의 사관은 프랑스 민족의 특수성과 우월성 강조를 원천 봉쇄하기 위해, 프랑스 혁명 이전의 프랑스 민족사를 오늘날 보편주의적 가치로 재단하여 부끄러운 정복의 역사이자 왕조 독재의 역사로 인식하게 한다. 이는 궁극적으로 프랑스 역사를 죄인의 역사로 평가절하하게 만든다. 이러한 현실을 바로잡기 위해 드 빌리에는 역사 비평서를 통해 프랑스사가 5세기 후반 프랑크족의 왕 클로비스의 가톨릭 개종을 뿌리로 하여, 후대 왕조와 민족 영웅들이 계승하고 발전시킨 위대한 민족의 서사임을 부르짖는다.

드 빌리에가 생각하고 말하고자 하는 프랑스 역사는 정확히 무엇인가? 결론적으로 드 빌리에의 역사관은 단재 신채호의 역사관과 밀접하게 맞닿아 있다. 단재 신채호가 단군을 시원으로 하는 상고사 뿌리를 시작으로 한민족의 고유문화와 전통 계승 발전을 통한 자주독립적 민족사 형성을 강조하는 것처럼, 드 빌리에도 5세기 이래 그리스-로마 문명과 가톨릭 문화를 바탕으로 1500년간 유럽 문명의 중심에 오른 프랑스 민족의 역정을 부단히 강조한다.

조금 더 자세히 말하면 그의 민족주의적 역사관은 다음과 같다. 서로마 제국의 몰락 이후 현 프랑스 땅을 정복한 프랑크족의 수장 클로비스는 가톨릭으로 개종하여 프랑스 최초의 국가인 프랑크 왕국을 건설한다. 이후 프랑크 왕국은 라틴 문명과 가톨릭 문화를 바탕으로 당시 프랑스 땅에 살고있던 갈로-로마인Les Gallo-Romains과 새로 유입된 프랑크족을 위시한 게르만계 종족을 통합 및 융합하는 것으로 오늘날 프랑스 민족정체성의 근간을 마련했다는 것이다. 이어 프랑크 왕국은 서로마제국의 황제에 오른 샤를마뉴 대제 치세 때 서유럽 대부분을 석권하며 서방 기독교 세계의 패권국이자 수호국으로 자리매김하였다. 샤를마뉴 대제 사후 프랑크 왕국에서 갈라져 나온 서프랑크 왕국은 카페왕조 Les Capétiens(987~1328) 이래 중세 프랑스 왕국으로 변모하였다. 특히 성聖 루이Saint Louis라 불리는 루이 9세 Louis IX(1214~1270)가 유럽 십자군 운동의 중추 역할을 하면서 프랑스는 샤를마뉴 대제의 유산을 계승하는 서유럽의 패권국으로 변모했다. 이후 발루아 왕조Les Valois(1328~1589)에 이르러 프랑스는 잔다르크와 같은 민족 영웅의 등장을 통해 백년전쟁을 극복하면서, 프랑스 민족정체성을 발전시켰고 르네상스 운동을 주도하여 유럽 문예 부흥의 중심에 섰다. 부르봉 왕조 시절에는 태양왕 루이 14세와 베르사유로 상징되는 황금기를 구가하며 근대 유럽의 정치·외교·문화·예술의 1번지 역할을 하였다. 이러한 문화적 번영을 바탕으로 프랑스에는 계몽철학이 등장하였고, 이는 프랑스 대혁명을 통해 실현됨으로써 세계사의 흐름을 바꾸었다. 이후 프랑스는 나폴레옹과 함께 혁명 정신과 자유주의 사상을 온 유럽에 전파하며, 유럽 대륙의 근대화에 촉매제 역할을 하였다. 나폴레옹 이후 프랑스는 대영제국과 근대 유럽 열강의 쌍두마차를 구성하며 세계질서를 주도하였다. 이러한 영광스러운 역사적 유산을 바탕으로 오늘날 프랑스는 유럽의 지도국이자 유엔 상임이사국으로서 국제사회의 주역으로 활동하고 있다는 것이다.

요약하자면, 드 빌리에의 역사관은 궁극적으로 젬무르의 역사관과 마찬가지로 프랑스가 1500년의 오랜 역사를 가진 유구한 민족이며 위대한 민족 영웅과 함께 화려한 고유 문명을 발전시키며 유럽사뿐만 아니라 세계사 중심에 섰던 주체라는 점을 강조하는 것이다. 그는 오늘날 프랑스인들에게 보편주의 사관에 근거하여 프랑스 대혁명 이전의 역사를 비하하거나 죄악시하지 말고, 선조들의 위대하고 영광스러운 역사를 기억해야 한다고 말한다. 이와 동시에 그는 이민자 출신 프랑스인들에게도 프랑스의 역사적 뿌리와 유산을 존중하고 찬란한 프랑스 역사의 새로운 계승자로서 동화되어야 한다고 요청하고 있다.

노예의 역사관에 취한 한국 극우

이에 비교해서 한국 극우의 역사관은 어떠한가? 이들 또한 프랑스 극우처럼 민족자존에 바탕을 둔 주인의 역사관을 주장하는가? 동서고금을 통틀어 애국 보수 혹은 보수 우파라고 자처하는 이들은 약간의 과장을 섞어서라도 자국과 자기 민족을 중심에 놓고 자국 역사를 해석하고자 한다. 프랑스 극우 사례를 통해 이미 살펴보았듯이 정상적이고 합리적인 보수 세력은 외세에 침략당하고 점령당한 역사를 치욕으로 보고, 이를 극복하고 국가를 되찾은 역사를 높이 평가한다. 하지만 오늘날 한국 극우는 전 세계

보수 세력이 보이는 보편적인 역사관과 거리가 매우 멀다. 오히려 그 반대에 가깝다.

앞서 설명했듯이 한국 극우의 사상적 조상은 중화 사대주의 역사관으로 외세를 높이고 자국을 깎아내린 인습을 승계한 것으로 보인다. 한발 더 나아가 한국 극우의 역사관은 사대주의를 넘어 외세의 지배를 축복으로 여기는 노예의 역사관으로 한 단계 더 승화 발전하였다.

일제 지배를 찬양하는 식민지 근대화론 추종

이러한 노예의 역사관은 이덕일 한가람역사문화연구소장을 통해 잘 알려진 대로 조선총독부가 만든 '반도사관'이란 큰 틀 속에서 '낙랑군=평양설'로 한반도 북부를 고대 중국의 식민지로 설정하고, '임나일본부설'로 한반도 남부를 고대 일본의 식민지로 설정하였다. 한발 더 나아가 지금의 요녕성遼寧省 심양瀋陽 부근까지 지배했던 고려의 북방 강역을 함경남도로 축소시켰다. 고대사와 중세사 외에도 한국 극우는 일제의 식민 지배가 옳았고 정당했으며 한국의 역사 발전에 결정적 역할을 했다는 '식민지 근대화론植民地近代化論'을 힘주어 제창한다.

이들이 주장은 다음과 같이 요약할 수 있다. 19세기 조선은 자체적으로 근대화를 이룰 역량이 없었으며, 조선은 당시 시대적 그리고 국제적 흐름에 편승하지 못하고 정치·경제적으로 낙후되고 후진적인 나라에 머무를 수밖에 없었다. 이러한 상황 속에서 아시아에 가장 먼저 근대화를 이루어 근대 열강으로 자리를 매김 한 일본이 조선을 식민 지배하는 것은 결코 피할 수 없었을 뿐만 아니라 절대적으로 필요한 역사적 흐름이었다. 그리고 일본의 식민 지배 속에서 조선에 일본의 근대문명과 문물이 전파되며 후진적인 제도가 타파되고 근대적인 제도와 인프라가 도입되었다. 이는 조선의 근대화에 큰 보탬이 되고 훗날 한국의 산업화에 밑거름이 되었다는 것이다.

결국 이러한 식민지 근대화론을 통해 한국 극우가 말하고자 하는 것은 크게 3가지로 요약될 수 있다. 첫째, 우리 민족은 자체적 역사 발전 능력이 없다는 것이다. 둘째, 일본의 식민 지배가 자체적 역사 발전 능력이 없는 우리 민족에게 큰 축복이었다는 것이다. 셋째, 오늘날 한국의 발전상은 선의와 자비로 가득 찬 일본의 식민 통치에 큰 빚을 지고 있다는 것이다. 한발 더 나아가 이들은 일본의 식민 지배 덕택에 러시아의 한반도 진출이 저지되어 오늘날 한반도 전체의 공산화를 피할 수 있었다고 주장한다. 일차적으로 곰 대신 늑대에 물려갔으니 다행으로 생각하라는 황당한 논리이다. 이는 마치 프랑스의 식민 지배 덕분에 베트남이 영국의 지배를 받지 않을 수 있어서 다행이었다고 주장하는 것과 같다.

이는 근본적으로 한민족이 독자적인 외교 안보 역량을 가지고 있지 않았다는 전제의 주장이다. 이를 통해 한국 극우는 일본 없이는 한국은 영원한 국제적 미아가 될 수밖에 없다는 인식을 심어주고자 하는 것이다. 바꿔말하면 한국은 홀로 자립할 수 없는 열등한 노예 민족이라는 것이다.

이를 정당화하는 차원에서 한국 극우는 친일 매국 세력을 시대 흐름을 잘 따른 선각자로 새롭게 자리매김하려고 한다. 이는 마린 르펜의 오른팔이자 프랑스 극우의 중견 정치인인 세바스티앙 슈뉘Sébastien Chenu(1973~)가 나치독일에 협력한 페탱과 비시 정권을 '절대적인 수치Honte absolue'라고 단언하며, 매국 세력과 명백한 선을 긋는 것과 매우 대조적이다.

근본적인 관점에서 볼 때, 이러한 자민족 비하적인 노예의 역사관은 근본적으로 명나라와 중화 문명 없이는 조선은 결코 홀로 설 수도 발전할 수 없다는 서인-노론의 중화 사대주의 사관에 뿌리를 두고 있다. 이를 바탕으로 한국 극우는 일제 식민사학의 기본 골격인 한국사 타율성론他律性論과 정체성론停滯性論을 수용하며 식민지 근대화론을 위시한 노예의 역사관을 발전시켰다. 이는 앞서 살펴보았듯이 자민족의 역사발전 주도성과 세계사 선도성을 강조하는 드 빌리에의 역사관과 정면으로 충돌한다.

사실 어떻게 보면, 친일 매국 세력의 후예인 한국 극우가 자신들의 전직 지배자인 일본의 입장에 부합하는 식민지근대화론을 신봉하고 전파하는 것은 매우 당연할 일일지도 모른다. 이는 일본 덕분에 오늘날의 한국이 존재할 수 있었다는 믿음의 확산이 한국 극우의 매국 행위와 기득권을 정당화할 수 있는 사상적 기반이 되기 때문이다.

이 지점에서 한국 역사학계의 이중적 처신 또한 세계 역사학계 사상 유례를 찾기 힘든 사례임을 지적하고자 한다. 주로 경제사학자들이 포진한 식민지 근대화론자들이 비교적 솔직하게 일제의 한국 지배를 긍정하는 반면, 한국 역사학자들은 일제의 식민 지배를 비판하는 것처럼 말하고 있다. 그러나 한국 역사학계의 거의 전부는 일제 식민사학이 만든 반도사관의 대부분을 추종하고 있는 것이 현실이다. 이들은 '단군 부인론', '한사군=한반도북부설', '임나=가야설', '고려 국경 함경남도설', '조선 국경 압록강~두만강설' 등, 일본 제국주의가 만든 식민사관을 거의 종교적 도그마로 신봉한다. 소위 주류라고 불리는 한국 역사학자들은 '일제 식민사관을 극복했다.'고 자화자찬한다. 하지만 이들이 만든 현재 한국의 역사 교과서는 조선총독부가 제작했다고 해도 과언이 아니라는 비판을 받는다. '식민사관을 극복했다.'는 이들의 자화자찬은 자신들이 일제의 역사강탈에 해방 80여 년 동안 부역해 온 행위를 속이려는 대국민 사기술에 지나지 않는다. 이는 한국 주류 역사학계가 이런 현실을 비판하면서 개선하자고 주장하는 학자들에 대해서 저주에 가까운 비난을 퍼붓는다는 점에서도 증명된다. 또한 한국 사회를 장악하고 있는 극우 언론들도 한편이 되어 일제 식민사관을 옹호하는 것이 현재 한국 사회의 현실이다. 한국 역사학계의 이러한 이중행태를 프랑스 극우 학자들이 본다면 어떤 평가를 내놓을까? 아마도 나치 독일에 부역한 페탱과 같은 반민족 역사학자 집단으로 비판할 것이다. 그렇다면 한국 역사학계의 이해할 수 없는 이런 행태의 뿌리는 무엇일까? 대부분 이병도와 신석호라는 두 민족 반역자가 한국 역사학계를 장악한 것에서 그 뿌리를 찾는다. 그러나 이병도와 신석호에게 직접 사사한 학자들은 대부분 자연사했고, 현재 한국에서 활약하는 역사학자들은 이병도와 신석호의 제자의 제자이거나, 제자의 제자의 제자들이라는 점에서 그 두 명에게서 모든 문제를 찾는 것은 무리로 보인다.

필자가 보기에 여기에는 한국 사회의 학문구조도 큰 책임이 있다. 한국의 대학으로 대표되는 학문사회는 일제 때 경성제국대를 정점으로 한 조선총독부의 식민지 학문사회 조직과 밀접하게 관련되어 있다. 일제는 경성제국대를 중심으로 친일적 지식인을 양성하는 학문사회를 조직했는데, 이것이 해방 후 미군정에 의한 '국립 서울대학교 설치안(세칭 국대안)'으로 이어졌다. 주체가 일제에서 미국으로 바뀌었지만, 그 핵심 내용은 조선총독부에서 만든 것과 큰 차이가 없었다. 결국 일본의 노예 학문사회에서 미국의 노예 학문사회로 포장만 바뀐 것에 불과한 것이다. 이런 학문사회에서 살아남으려면 일본의 노예 학자가 되든지 미국의 노예 학자가 되는 길밖에 없는 것이다. 다른 분야는 앞서 언급한 것처럼, 자발적으로 미국의 노예 학자가 되는 길을 택했지만 한국사는 아직 미국에서 발달하지 못했기에 계속 일본 제국주의의 노예 학자로 남아야 대학에서 자리를 잡고 생존할 수 있게 되었다.

민주화 운동이 거셌던 70~90년대를 살면서 한국 역사학자들은 이중적 처신술을 터득한 것으로 보인다. 일제 식민 지배는 비판하면서 일제가 만든 식민사학 전반은 내심 '정설定說'이라는 이름으로 계속 추종하는 모순된 행태를 일상화한 것이다. 다양한 관점과 해석이 가능한 인문 사회학에서 정설을 강조 및 강요하는 것은 참으로 기괴한 현실이다.

따라서 한국 역사학계가 지닌 이런 행태는 세계 극우 사상 그 유례를 찾기 어려운 것으로 주요한 연구 대상이 아닐 수 없다. 한국은 이미 여러 분야에서 일본을 추월했는데 유독 자국과 자민족의 정체성을 강조해야 할 역사학자들이 한 꺼풀만 벗겨보면 일제 식민사학을 추종하는 극단의 극우면서도 겉으로는 좌파를 흉내 내는 이런 행태야말로 정치학, 사회학 또는 정신병리학적 연구 대상이 아닐 수 없다. 겉과 속이 다른 극우 학자들에 비하면 식민지 근대화론을 주장하는 겉과 속이 같은 극우 학자들은 오히려 순진하고 솔직한 매국 극우들로 보인다.

모순으로 얼룩지고 시대착오적인 식민지근대화론 추종

보편적 관점에서 볼 때, 일제의 피지배 민족이었음을 자랑스레 여기는 한국 극우가 식민지 근대화론을 주창하는 모습이 어딘지 모르게 매우 어색하다. 특히 이들이 일본인들보다 더욱 적극적으로 식민지 근대화론을 전파하는 것은 어색함을 넘어 우스꽝스러운 광경임은 부인할 수 없다. 이는 크게 두 가지 측면을 고려할 때 더욱 그러하다.

첫째, 피지배 민족이 근현대 식민 통치를 겪은 과거를 당연하고 영광스러운 역사로 주장하는 것이 세계적 기준으로도 상당히 이례적인 현상이다. 식민지화에 좋은 감정을 갖는 사례도 존재한다. 하지만 이는 본래 미국과 호주와 같은 본국 주민 이주형 식민지 이거나 프랑스령 폴리네시아 Polynésie française와 같이 식민 지배 이전에 독자적이고 확고한 민족 역사가 부재한 국가인 경우가 대부분이다. 한국은 이 두 가지 경우 어디에도 해당이 되지 않는다. 게다가 일본의 한국 식민 지배는 영미英美식 본토 주민 대량 이주형 식민지화가 아니라 프랑스의 인도차이나 식민 지배체제와 유사하게 소수의 일본인이 건너와 한국의 협력자들을 집사執事로 부리면서 전국민을 착취하는 형태에 가까웠다. 더구나 일제 패망 이후 한반도 내 일본인들은 대거 본국으로 귀환하였다.

다음으로 한민족은 반만년의 유구한 역사를 가지고 주변국과 명확히 구분되는 민족 문화를 발전시켜왔다는 점이다. 특히 한국은 17세기 이전까지 일본보다 더욱 선진적인 문명과 국가체제를 자랑하였다. 더구나 고대에는 백제와 가야를 중심으로 한반도에서 건너간 이들이 역사적 실체로서의 일본, 곧 '야마토 왜大和倭'를 건설하였다.

이러한 사실에도 불구하고 한국 극우가 식민지 근대화론을 주장하는 것은, 이들이 광복 80주년이 지난 현재까지도 한국인들의 탈을 쓴 '소小'일본제국의 신민이란 정체성을 가지고 있다는 것으로 밖에 설명이 된다. 그렇지 않고서는 한국 극우가 이렇듯 유구한 민족의 역사성과 발전상을 평가절하한다는 것은 이해 불가능에 가깝기 때문이다.

더구나 양차 세계 대전에 대한 반성으로 반전주의와 더불어 반제국주의 및 반식민주의 사관이 전 세계적인 대세가 되어 프랑스를 포함한 옛 유럽 식민 열강들을 휩쓸고 있는 상황을 고려하면, 한국의 식민지 근대화론이나 주류 역사학계의 행태는 어떤 논리로도 설명하기 힘든 지경이다. 식민 지배 당사자인 유럽 국가의 정치인이나 역사가도 식민지 근대화론과 같은 식민 지배를 합리화하려는 발언 혹은 논리를 함부로 입 밖으로 내지 못하는 실정이다.

양차 대전의 승전국으로서 성공한 식민제국주의 열강이라고 할 수 있는 프랑스에도 이는 그대로 적용된다. 정통 우파 시라크 대통령은 옛 식민지인 알제리와 마다가스카를 방문한 자리에서 식민 지배로 인한 고난과 식민 지배의 불합리성을 언급하였다. 최근 사례로서 마크롱 대통령도 알제리에서 프랑스의 식민 지배를 '반인륜적 범죄Crime contre l'humanité'라고 공식적인 발언을 할 정도이다.

이러한 세계사적 시대적 상황 속에서 지배자의 후손인 일본 극우도 아닌 피지배자의 후손인 한국 극우가 일본 제국주의의 식민사관과 더불어 식민지 근대화론에 환호하고, 일제가 만든 식민사관을 정설로 떠받드는 것은 시대착오적이고 매우 이율배반적인 현상이라고 볼 수 있다.

둘째, 한국 극우가 일본이 내세우는 식민지 근대화론을 옹호하고, 일제 식민사관을 '절대 불변의 정설'로 떠받드는 것은 역설적으로 자신들이 정치·역사적으로 무능할 뿐만 아니라, 학문적으로도 극도로 무능하다는 현실을 자인하는 것과 다름이 없다. 제2부에서 살펴본 바와 같이 한국 극우의 조상인 서인-노론과 구한말 친일 매국 세력은 고려시대 100년 무신정권(1170~1270)을 훨씬 넘어서 1623년부터 1910년까지 거의 300년간 정권을 잡은 전근대 최장 집권 세력이었다. 이는 프랑스의 최전성기를 이끈 부르봉 왕조 집권 기간 보다 거의 백년 더 길다.

따라서 한국 극우가 일본의 식민 지배를 조국의 근대화를 위한 불가피한 선택으로 주장하는 것은 이들이 자체적으로 국가의 발전을 이끄는 데 실패했다는 사실을 인정하는 것이다. 또한 위장된 극우인 한국 역사학계가 아직도 일제 식민사학을 정설로 유지하는 것은 이들이 자체적으로 역사학의 발전을 이끄는 데 실패했다는 사실을 인정하는 것이다. 한국 역사학계에서 송시열과 노론은 비판 금기 대상이라는 점이 공공연한 비밀이라는 점에서 더욱 그러하다.

즉 한국 극우는, 그것이 드러낸 극우든 위장된 극우든 간에 자신들의 조상이 300년간 온갖 부귀영화와 특권을 누리면서 국가 발전을 제대로 돌보지 않은 처참한 결과를 무책임하게 민족의 역사적 열등성과 유전적 결함 탓으로 돌리는 것이다. 이는 구텐베르크에 앞서 세계 최초로 금속활자를 발명한 우리 민족의 주체적 역량에 대한 모욕이다. 또한 이는 앞서 살펴본 프랑스 극우가 자민족의 우월성을 강조하는 것과 너무나 대조적이다.

식민지근대화론은 프랑스의 식민사관, 문명 개화론의 표절본

이에 더 나아가 한국 극우가 식민지 근대화론과 일제 식민사학이 마치 학문적 객관성과 독창성을 바탕으로 둔 역사적 사실인 것처럼 전파하는 것이 매우 우스꽝스럽다. 독자도 어렵지 않게 짐작할 수 있듯이, 한국 극우의 식민지 근대화론은 독창적 이론이 아닌 일본제국주의자들이 한반도 지배를 합리화하기 위해 만든 논리에 근간을 두고 있다. 또한 일제 식민사학은 고대부터 한국은 일제의 식민지였다는 《일본서기》의 허황된 내용에 바탕을 두고 있다.

그렇다면 과연 이들 일본제국주의자도 과연 독자적이고 객관적인 학문이나 이론을 근거로 그들의 한국인 계승자들에게 식민지 근대화론과 식민사학을 전수한 것일까? 근본적인 관점에서 볼 때, 일본의 식민지 근대화론과 식민사학은 서구 식민 열강의 사례를 표절 및 변형한 산물에 지나지 않는다. 사실 식민지 근대화론은 19세기 후반에 프랑스 좌파가 주축이 된 식민주의자들Les colonialistes이 주장한 '문명개화론Mission civilisatrice'에 뿌리를 두고 있다. 문명 개화론은 당시 프랑스가 아시아와 아프리카의 민족들을 정복하고 식민화하기 위해 나온 사상적 논리이다. 이에 따르면, 근대문명을 먼저 이룬 프랑스는 전근대적인 상태에 머물러 있는 유럽 밖의 '열등한 인종들Races inférieures'을 근대화시킬 의무를 부여받았다. 그리고 이를 실현하기 위해, 프랑스는 이 열등 민족들을 식민지배할 권리가 있다. 게다가 이러한 문명 개화론은 본래 영국의 허버트 스펜서가 주창한 사회진화론社會進化論에 뿌리를 둔 대단히 인종주의적 사상이다. 따라서 근대적 역사학이나 정치·경제학적 분석과 전혀 관련이 없다. 그렇지만 일본제국주의자들은 프랑스의 문명 개화론을 참조 및 개조하여 마치 객관적 과학의 산물인 양 조선인들에게 세뇌한 것이다.

참고로 영국은 고대 인도 북부에 들어온 아리아인들이 원래부터 우월한 백인이었다고 강조하는 것으로 인도 고대사부터 왜곡했는데, 이는 일제 식민사학의 한국 고대사 왜곡 논리와 판박이라고 할 수 있다.

친일 매국 노예근성에 취한 한국 극우와 역사학계는 이를 무비판적으로 그대로 수용하여, 우리 국민의 머릿속에 심으려 부단히 노력하고 중인 것이다. 더욱 우스꽝스러운 점은 문명 개화론이 19세기 서세동점 시기 인종주의의 산물인 까닭에 본래 백인종이 유색인종을 겨냥한 논리라는 사실이다. 하지만 한국 극우의 식민지 근대화론과 일제 식민사학의 정설화定設化는 같은 유색인종, 그중에서 가장 혈연관계가 가까운 두 민족을 대상으로 한다는 점에서 독특하다.

참고로 필자는 식민지근대화론의 본편인 문명 개화론이 오늘날 프랑스에서도 비판받고 사장되고 있다는 점을 강조하고자 한다. 실제로 문명 개화론의 선구자인 쥘 페리는 무상의무교육 도입이라는 세계사적 공로에도 불구하고 엄청난 비판을 받고 있다. 이를 미루어 볼 때, 서구가 악의적으로 창조한 문명 개화론의 아류를 신조로 삼는 한국 극우의 모습은 노예화 속에서 자신의 우월성 혹은 정체성을 찾고자 하는 노예근성을 여실히 보여준다.

외세의 역할을 강조하는 한국 극우와 자국의 역할을 강조하는 프랑스 극우

식민지 근대화론을 넘어 한국 극우는 제2부에서 살펴본 8·15해방 및 대한민국 건국과 관련하여 노예의 역사관을 또다시 노골적으로 드러낸다. 대한민국 현행헌법은 "3·1운동으로 건립된 대한민국 임시정부의 법통을 계승"했다고 명시하고 있음에도 한국 극우는 1919년 건국 사실을 부인하고 1948년 8월 15일 정부 수립이 건국절이라고 주장한다. 이들은 우리 민족의 해방과 독립 그리고 대한민국의 건국을 미국의 공으로 돌리며 한민족의 자체적 독립 투쟁과 공로를 지우려 총력을 기울인다. 이러한 한국 극우의 행태는 일반적으로 항일 독립운동의 역사를 지우고 숭미 사대주의 세력으로 변모한 친일 매국 세력에 면죄부와 정당성을 주려는 목적으로 이해된다. 이는 식민지 근대화론의 또 다른 연장선이다. 한국 극우는 한민족이 독립을 쟁취할 능력도 자격도 없다는 인식을 확산시켜 일제 식민 지배가 정당했다는 인식을 확산시키려는 것이다.

한발 더 나아가 한국 극우의 항일 독립 투쟁사 지우기는 오늘날 프랑스 극우가 반나치 레지스탕스 활동을 부단히 소개하고 교육하는 것과 너무나 대조적이다. 1차 세계 대전과 달리 2차 세계 대전에서는 소위 전격전 Blitzkrieg으로 불리는 나치 독일의 쾌속전快速戰으로 인해 프랑스가 순식간에 항복했기 때문에 유럽 전선의 연합군 내에서 프랑스의 역할과 비중이 상대적으로 미약했던 것은 사실이다. 또한 미국의 일본 원폭 투하와 유사하게 연합군의 노르망디 상륙 작전이 프랑스 해방의 결정적인 역할을 했던 것도 부정할 수 없다.

하지만 오늘날 프랑스는 좌·우파를 막론하고 드골 망명정부가 주도한 반나치 레지스탕스 활동을 프랑스 해방의 핵심 공로로 교육하고 강조한다. 즉, 민족 해방의 타율성을 과대 포장해서 설파하려는 한국 극우와 달리 프랑스는 반나치 유럽 해방 전쟁의 중심에 프랑스도 서 있었음을 각인시키려고 노력한다. 백년전쟁의 잔다르크 이래 프랑스 민족의 외세 침략에 대한 주체적 저항 정신이 근현대까지 이어져 내려옴을 강조하는 것이다.

만약 마린 르펜이 성조기를 든 태극기 집회를 본다면?

지금까지 우리는 프랑스 극우가 언제 그리고 어떻게 탄생하였고, 프랑스 대혁명부터 오늘날에 이르기까지 어떠한 정치적 이념과 가치 그리고 노선을 추구했든지를 상세히 살펴보았다. 이와 더불어 우리는 프랑스 극우와 한국 극우가 어떠한 차별성과 차이점을 가지는지 살펴보았다. 이를 통해 우리는 그동안 잘 알려지지 않은 프랑스 극우의 또 다른 모습과 극우 및 우파의 진가를 생각할 수 있게 되었다.

필자가 여러 구체적 사례를 제시하면서 살펴본 프랑스 극우의 모습이 실제 프랑스 극우의 모습에 가까울 것이다. 그동안 프랑스 극우가 민족주의의 흥기와 이를 바탕으로 한 이들의 정권 장악을 경계하는 서구 주류 언론과, 불변의 기득권 세력이 된 제도권 좌파 및 우파세력에 의해 의도적으로 평가절하되었을 뿐이다. 그로 인해 프랑스 극우가 집중적으로 그리고 다소 편향적인 관점에서 위험한 극단주의자 혹은 광기 어린 포퓰리스트로 매도되는 것이 일상화되었다. 이는 오늘날 한국 사회에서 친일 매국 세력의 후예들이 친일 청산을 종북 좌파주의로 몰아 금기시하는 것과 같고 식민사학 비판을 유사 역사학 운운하며 비난하는 것과 마찬가지다.

우리는 프랑스 극우와 한국 극우에 대해 어떠한 최종적인 결론을 내릴 수 있을까? 먼저 프랑스 극우는 '애국과 호국의 명예Honneur militaire et patriotique'에 뿌리를 둔 애국 민족주의라는 하나의 관점으로 투영되는 일관성 있는 진정한 보수 정치 세력이라고 정의할 수 있다.

제1부에서 살펴본 바와 같이 지난 200여 년간 왕당파에서 오늘날 주권주의자들에 이르기까지 프랑스 극우는 시대 흐름과 시대정신의 변화 속에서 다양한 정파로 변모하며 흥망성쇠를 겪었다. 하지만 프랑스 극우가 끝까지 바꾸지 않았던 것은 프랑스 민족의 운명과 번영을 지키는 것이다. 그리고 이는 본문에서 살펴본 바와 같이 프랑스 극우가 추구했던 왕정주의Royalisme, 반독주의Anti-germanisme와 제국 민족주의Nationalisme impérial 그리고 주권주의Souverainisme가 이름과 수식어만 다를 뿐 본질적으로 그들이 추구했던 가치와 완벽히 맞닿아 있다.

좀 더 구체적으로 말하자면 프랑스 극우는 자국 고유의 언어와 문화 그리고 역사 정체성을 지켜냄으로써, 지난 1500년간 그들의 선조들이 피땀 흘려 완성한 민족정체성을 계승하고 발전시키는 것에 집착하였다. 그리고 이를 바탕으로 프랑스 극우는 태양왕 루이 14세와 함께 유럽의 태양으로 군림했고 루소 및 볼테르와 함께 계몽의 시대를 열었으며, 나폴레옹과 함께 유럽 전역에 프랑스 혁명 정신을 전파하며 세계사의 흐름을 바꾼 '위대한 역사의 계승자Héritière de la grande histoire'로서 프랑스의 명예와 자부심을 지키고자 하는 것이다.

하지만 이 보다 더욱 중요한 사실은 프랑스 극우가 조국과 민족이 위기에 닥쳤을 때 말로만이 아닌 목숨을 걸고 몸소 행동에 옮겼다는 사실이다. 제1부에서 언급한 이들의 호국 행보 사례들은 일부에 불과하다. 조금 더 덧붙이자면 왕당파였던 뒤무리에Charles François Dumouriez(1739~1823) 장군은 루이 필리프 1세와 더불어 프랑스 혁명 전쟁 당시 발미 전투1792를 진두지휘하여 영국의 사주를 받아 파리 함락을 노리던 프로이센군을 크게 무찔러 풍전등화에 놓인 신생 프랑스 공화국을 구원하였다. 또한 20세기 왕당파의 대표적 인사 중 하나인 다스티에 드 라 비쥐리 3형제, 즉 프랑수아 다스티에 드 라 비쥐리François d'Astier de la Vigerie(1886~1956), 앙리 다스티에 드 라 비쥐리Henri d'Astier de la Vigerie(1897~1952), 엠마뉘엘 다스티에 드 라 비쥐리Emmanuel d'Astier de la Vigerie(1900~1969)도 프랑스를 나치 독일로부터 해방시키기 위해 각각 영국과 프랑스령 알제리 그리고 프랑스 본토에서 민족해방투쟁을 전개하였다.

또한 2세대 극우의 또 다른 주역인 피에르 드 베누빌 Pierre de Bénouville(1914~2001)과 모리스 뒤클로Maurice Duclos(1906~1981)는 자유 프랑스군의 선봉에 서서 연합군과 더불어 노르망디, 벨기에, 네덜란드, 이탈리

▲ 다스티에 드 라 비쥐리 3형제. 왼쪽부터 프랑수아, 앙리, 엠마뉘엘

아 등지에서 나치 독일군과 치열한 전투를 벌였다. 드골에 반기를 들었던 비밀군대조직 OAS을 중심으로 한 3세대 제국 민족주의자들도, 본래 오대양 육대주의 만리타국에서 벌어진 조국의 대외전쟁에 참전하여 민족의 영광을 수호하기 위해 평생 생과 사를 넘나들었다. 제3부에서 살펴본 프랑스 극우 역사관의 선봉장 필리프 드 빌리에의 아버지인 자크 드 빌리에 Jacques de Villiers(1913~2000)도 나치 독일군에 맞서 싸우다 포로로 잡혀 온 갖 고초를 겪은 애국자이다.

최고위층을 필두로 생사를 걸고 애국과 호국의 가치를 몸소 실천하는 프랑스 극우의 모습이야말로 진정한 보수의 진가이자 표본이라고 볼 수 있다. 결론적으로 이들에게 자신들의 사상적 선조라고 할 수 있는 프랑스 귀족들처럼 물질적 부유와 가문의 부귀영화보다 전쟁터에서 무기를 들고 전쟁터에 나가 외적을 무찌르며 전사하는 명예를 중시하는 것이 전통이다. 제2부에서 설명한 바와 같이 이것이 바로 프랑스 극우가 지난 200년간의 공화파의 탄압과 주류 언론의 멸시와 조롱, 그리고 주류 정치권과 멀어지는 과정에서도 정치적 생명을 유지할 수 있었던 결정적 이유 중 하나이다. 즉, 오늘날 마린 르펜과 국민연합을 지지하고 이들에 동정표를 던지는 프랑스인들은 주류 언론의 흑색선전에도 불구하고 프랑스 극우가 국가적 위기에서 애국 헌신을 한 과거를 여전히 잊지 않고 있다는 사실을 말해준다. 따라서 프랑스 극우가 과격한 행동을 할지언정 최소한 조국과 민족의 등에 칼을 꽂는 매국의 길을 걷지는 않을 것임은 명확하다.

이와 더불어 필자는 프랑스 극우가 드골주의로 상징되는 프랑스 정통 우파와 본질적으로는 그 뿌리와 바탕이 같다는 점을 다시 한번 강조하고자 한다. 양측 간 본질적 차이는 애국 민족주의를 실현하는 방식과 정도에서 프랑스 극우가 좀 더 과감하고 공격적이라는 사실뿐이다. 즉, 세계화

Mondialisation와 자유무역주의Libre- échangisme 그리고 유럽통합Intégration européenne이라는 시대적 흐름과 어느 정도 타협하는 정통 우파와 달리 프랑스 극우는 현실적 타협보다는 정직하고 정석적인 방식으로 조국의 자주독립성을 지키고자 하는 것이다.

이러한 프랑스 극우의 차별성은 정치적 언어사용에서도 명확히 나타난다. 프랑스 정통 우파 정치인들의 정치연설 및 담화문 속에는 프랑스France보다는 공화국République이라는 어휘를 많이 사용하고, 민족Nation보다는 유럽Europe이라는 어휘를 사용한다. 반면 프랑스 극우 정치인들의 정치연설과 담화 속에서는 프랑스France, 민족Nation, 정체성Identité, 주권Souveraineté이라는 어휘가 자주 나타난다. 이는 프랑스 극우가 프랑스인들에게 조국과 민족의 자주와 번영을 최우선적으로 말하려는 강한 의지를 보여준다.

다음으로 제2부에서 설명한 바와 같이 한국 극우는 국가와 민족이 없는 유사 애국주의와 애국 보수를 탈을 쓴 사대주의라는 용어로 명쾌히 결론지을 수 있다. 서인-노론 집권 이래 지난 400여 년간 한국 극우는 국가와 민족의 안위와 번영이 아닌 일신과 가문 그리고 보다 넓게 보아도 당파의 부귀영달을 위해 분투하였다. 병자호란과 병인양요가 발발하여 국가의 존망이 위급에 처했을 때 이들은 그토록 신봉하고 임금과 만백성에게 강요한 주자 성리학의 충의를 지키지 않았다.

오히려 한국 극우의 뿌리인 조선의 서인-노론 세력은 일부 충의지사와 일반 민중을 화살받이로 삼았다가 결국 토사구팽하였다. 또한 이들은 국모를 살해한 외세에 대한 복수 대신에 외교권과 급기야 나라 자체를 팔아넘기는 반국가·반민족 행위를 거리낌 없이 자행하였다. 이후 한국 극우는 일제 식민 지배의 잎잡이로서 독립운동가들을 탄압하고 일왕의 충신으로서 갓 어른이 된 조선 청년들을 태평양전쟁의 총알받이로 팔아넘겼다.

해방 이후 이들은 친미 반공투사로 변장하여 이승만 반공 독재 정권과 박정희·전두환 군사독재 정권의 주구로 활약하면서 온갖 부정부패와 민중 학살을 자행한 대가로 권세와 재물을 불렸다. 민주화 이후에도 한국 극우는 그들 특유의 속물근성과 권력욕으로 살아남아 뉴라이트라는 이름으로 재림하였다. 이는 결국 지난 '12.3 내란 계엄 사태'라는 시대착오적 비극으로 이어졌다.

종합적인 관점에서 볼 때, 한국 극우의 영혼에 새겨진 사대주의는 강력한 외세의 권위를 십분 활용하여 자신들의 정치적 무능과 실패 그리고 열등감을 감추면서 국가권력을 영구히 독점하기 위한 수단으로 이해해야 한다. 이는 이덕일 소장이 서인-노론의 북벌론이 진실로 반청복명을 실현하려는 것이 아니라 궁극적으로 조선의 내부 권력을 영구히 통제 및 장악하기 위한 수단이었다고 말한 것과 연결 지어 생각을 해봐야 한다.

이를 미루어 볼 때, 서인-노론을 뿌리로 삼는 한국 극우가 외치는 애국은 우리가 일반적으로 생각하는 조국애祖國愛가 아니다. 이들이 백성과 국민에게 지키기를 요구하는 조국은 사대의 대상인 명明이자 일본이며, 새롭게 영혼의 종주국이 된 미국이다. 그들은 과거 우리가 소중화가 되기를 바랐던 것처럼 지금은 소小미국인과 소小일본제국 신민이 되길 바란다. 그 유명한 김태효의 "중요한 건 일본의 마음이죠."라는 발언에서 드러나듯이 한국 극우는 사대 종주국인 일본과 미국의 관점에서 세상을 바라보는 것을 정상적인 현상으로 여긴다. 과거 사대의 대상이었던 중국에 반대하는 이유는 매국 친일파들이 반공투사로 포장해 살아남았기 때문에 현재 중국공산당이 집권하고 있는 중국에 반대하는 것뿐이다.

이는 주자朱子의 눈으로만 세상을 바라보아야 한다고 강요한 우암 송시열을 떠올리게 한다. 한번 돌이켜 보면, 한국 극우가 역사상 단 한 번이라도 우리 민족사의 뿌리와 우리 민족의 운명에 대해 진지하게 이야기하고 정치적 쟁점으로 승화시킨 적 있던가? 필자의 기억으로는 이들의 입에서 오로지 반공과 한미동맹 이야기만 나온다.

한발 더 나아가 한국 극우가 생각하는 궁극적인 조국祖國은 자신들의 기득권이 수호되는 지배체제이다. 이는 지난 내란 사태에서도 드러나듯이 그들이 선전하는 바와 달리 자유민주주의 체제와 전혀 관계가 없으며 오히려 매국 사대주의 세력의 과두제Oligarchie 체제이다. 그리고 한국 극우는 이러한 매국 사대주의 과두 체제를 안동김씨 세도 정권과 같이 영구히 정착시키는 것을 목표로 한다.

이와 동일한 차원에서, 한국의 언론과 대학들이 위장된 유사 전체주의 체제의 수호자가 되었다. 그로 인해 한국의 학문 세계, 그중에서도 자국사의 자주성과 긍정적 역할을 강조해야 할 한국 역사학계가 서론과 결론이 다른 이중적 처신으로 한국인의 정신세계를 지배해왔다. 소위 주류라고 불리는 한국의 역사학계는 앞에서는 '식민사관을 극복했다.'고 정신승리를 하면서, 뒤에서는 식민사관을 '정설'로 삼아 이를 비판하는 학자들을 '사이비' 혹은 '유사'라는 전체주의적 이단 몰이, 즉 현대판 사문난적 몰이를 통해 학계에서 축출해왔다. 이는 그들이 본질적으로 유사 전체주의를 추종하는 매국 극우세력이라는 사실을 말해준다. 한국 역사학계가 정신적 뿌리로 삼는 대상이 우암 송시열이고, 마지막 노론 당수로서 나라를 팔아먹은 이완용의 손자뻘인 이병도와 그 후배 동료인 신석호라는 점에서 더욱 명확해진다.

여기서 서문에서 필자가 던진 첫 번째 질문 명쾌하게 답을 할 수 있을 것 같다. 바로 '한국 극우는 보편적 의미의 극우인가?'라는 질문에 대한 말이다. 한국 극우가 보편적 의미의 극우가 아니라는 점은 자명하다고 답할 수 있다. 또한 필자는 극우라는 어휘로 이들을 지칭해야 할 이유도 모르겠다.

독자도 느꼈겠지만, 필자는 한국 극우를 애국 민족주의의 진정한 표본에 가까운 프랑스 극우와 비교하는 것이 매우 우습고 억지스러운 시도라는 생각이 든다. 한국사가 정상적인 경로를 걸어왔다면 치욕으로 가득 차서 프랑스의 나치독일 부역자들처럼 제거되었어야 할 한국의 매국 사대주의 세력을 극우라고 부르는 것은 '극우'라는 용어에 대한 모독이다. 보편적으로 극우는 애국과 호국을 우선하는 세력에 대해 붙이는 용어이지 국가와 민족을 팔아먹은 반국가 민족 반역자들에게 붙이는 용어가 아니다.

단 한 번도 자신의 생사와 가문의 운명을 걸고 조국과 민족을 지키기 위해 무기를 들고 전선 일선에 서보지 못한 이들을 애국 보수라고 부를 수 있겠는가? 과연 이들이 나치 독일에 총을 들고 맞서 싸우다 체포되어 집단 절멸 수용소에서 고문받고 반신불수가 되거나 가스실에서 죽어간 프랑스 극우 앞에 '우리도 극우'라고 당당히 설 수 있을까? 프랑스 같으면 극우들이 총을 들고 쏴 죽였을 세력들이 한국 극우의 본모습이 아니겠는가?

결론적으로 한국 극우는 유사 극우의 전형, 더 직설적으로 말하면 '극우'라는 탈을 쓴 정치 이익 집단에 불과하다.

본서를 마무리 지으며 필자는 흥미로운 질문으로서 '프랑스 극우가 한국 극우의 과거와 현 모습을 본다면 어떤 생각을 할까?'라는 질문을 던지고자 한다. 좀 더 구체적인 가정을 덧붙이자면 '마린 르펜이 성조기와 이스라엘기를 들고 시위하는 한국 극우를 어떻게 인식할까?'라는 질문이다.

필자의 경험에 따르면 마린 르펜을 위시한 현 프랑스 극우, 주권주의자들은 한국과 일본과 같은 동아시아 국가에 대해 호감을 지니고 있다. 하지만 이들은 한국의 내부 정치 상황에 대해서는 무지한 편이다. 따라서 마린 르펜이 한국 극우란 말을 들으면, 프랑스 극우와 일맥상통할 것이라고 넘겨짚어 생각할 가능성이 크다.

하지만 그녀가 광화문 앞 광장에서 성조기와 이스라엘기 그리고 트럼프 사진으로 가득 찬 시위를 본다면 먼저 기괴하게 생각할 것이다. 타국의 국기를 들고 흔든다는 사실 하나만으로도 이들을 애국 민족주의를 추구하는 극우의 정치집회라고 생각하지는 않을 것이다. 이어 그녀는 성조기를 흔드는 한국 극우를 역설적으로 '친미 좌파Gauche pro-américaine' 혹은 '대서양주의 좌파Gauche atlantiste'라고 생각할 공산이 크다. 그러면서 이슬람기가 없는 것을 의아하게 생각할 가능성이 크다.

그녀가 한국 극우를 좌파라고 인식할 수밖에 없는 이유는 다음과 같다. 프랑스에서 삼색기 이외에 타국 국기를 들고 시위하는 세력은 주로 국제주의Internationalisme를 핵심 이념으로 하는 '사회주의 좌파'와 '유럽주의 좌파' 그리고 이슬람의 보편적 우월성을 강조하는 '이슬람주의자들'이 대부분이다. 이들은 프랑스 국기인 삼색기 보다는 유럽연합기, 이슬람기, 팔레스타인기 등을 흔들며 프랑스보다는 자신들이 추종하는 외세나 외국의 존재감 혹은 중요성을 드러내는 데 열중한다. 즉, 이들에게 프랑스는 시위 장소이자 거주 장소일 뿐, 그저 자신들이 추종하는 외세의 영향력 확대를 위한 안마당인 것이다. 이는 우리 국민에게 미국과 이스라엘의 위대함을 강조하고자 하는 한국 극우의 행태와 상당 부분 맞닿아 있다. 한국 극우가 그렇게 싫어하고 부정적으로 묘사하는 프랑스 좌파의 모습을 닮아가고 있다는 것이 우스울 뿐이다.

여기서 갑자기 드는 의문이 있다. 왜 프랑스 극우는 삼색기만 흔드는 것일까? 서구 주류 언론에서는 삼색기에 대한 이들의 집착을 국수주의 내

▲ 라마르틴

지는 폐쇄적 민족주의의 증거로 폄하한다. 하지만 이는 프랑스 극우 악마화를 위한 피상적인 공세일 뿐이다. 프랑스 극우의 삼색기에 대한 애착은 상당한 정치·역사적 의미를 담고 있다. 삼색기는 프랑스 대혁명의 상징을 넘어 공화주의자인 라마르틴이 7월 왕정을 전복시킨 2월 혁명 이후에 공화국의 상징으로 완전히 확정한 것이다. 따라서 프랑스 극우가 삼색기로 광장을 물들이는 것은 먼저 프랑스 대혁명의 정신과 유산을 계승하는 세력이라는 점을 천명하는 것이다. 또한 이는 공화주의와 민주주의 질서를 존중하고 지키겠다는 의지의 표현이다.

이것이 바로 한국 극우와 달리 프랑스 극우는 집권이나 정권 유지를 위해 부정선거나 친위쿠데타로 헌정질서를 파괴하지 않을 것이라는 증거이다. 만약 권좌에 오른 마린 르펜이 여소야대 정국으로 고립된다면 윤석열과 달리 드골의 전례를 따라 국민투표를 통한 국민의 재신임을 바탕으로 정국을 타개하려고 했을 것이다.

한국 극우는 세계사적 보편적 의미의 극우가 아니다. 모든 선진 문명국의 극우는 자국에 대한 무한한 애국심과 자국이 위기에 빠졌을 때 목숨까지 불사하며 나라를 지키려는 극우이다. 일신과 가문의 안위 그리고 당파를 위해 나라를 팔아먹고 애국 보수를 자처하는 극우는 한국에만 존재하며, 이러한 한국 극우가 계속 애국 보수를 자처한다면 이는 특히 서구의 극우를 모독하는 길이 될 것이다.

| 참고문헌 |

1. 국내 문헌

김민아 한국 복음주의 사회운동의 분화와 개신교 뉴라이트의 등장. 한국기독교와 역사. 48. 2018. pp. 73-121.

김종영 지배받는 지배자. (파주: 돌배게 2020).

김주용 만주지역 간도특설대의 설립과 활동. 한일관계사연구, 31. 2008. pp. 169-199.

류시현 1930·40년대 '동경삼재(홍명희, 최남선, 이광수)의 일제 협력과 저항. 한국인물사연구, 14, 2010. pp. 277-307.

석승징 『조선왕조실록』에서의 청남·탁남에 대한 인식 연구. 한국철학논집. 85, 2025. pp. 235-264.

이덕일 금기어가 된 조선 유학자 윤휴. (파주: 다산북스 2021).

이덕일 당쟁으로 읽는 조선역사. (서울: 인문서원 2024).

이덕일 한국사 그들이 숨긴 진실. (서울: 위즈덤 하우스 2009)

이형식 친일관료 박중양과 조선통치. 일본공간. 26, 2019. pp. 51-86.

임태훈 · 이은채 L'études sur l'esprit de la noblesse française. 한국프랑스학논집, 131집, 2025. pp. 163-188.

임태훈 2024 프랑스 총선 결과 및 영향 분석. INSS 이슈브리프 575호 (2025.7.19.).

임태훈 21세기 초반 유럽연합의 공간 확장 속 프랑스와 독일 간 지정학적 갈등과 공존: 양국의 대(對)유럽 지정학 전략간 비교분석을 중심으로. 통합유럽연구. 제13권 3집. 2022. pp. 189-212.

임태훈 21세기 프랑스의 대(對)러시아 외교적 영향력 변동에 관한 연구 : 사르코지 정부(2007-2012)와 마크롱 1기 정부(2017-2022) 간 비교분석을 중심으로. 국제정치논총 63(1), 2023. pp. 147-176.

임태훈 나폴레옹 1세의 유럽통합이 실패한 근본적 원인에 관한 연구: 보편제국 측면과 연방화 측면 간 모순 분석을 중심으로. 통합유럽연구, 제15권 3집. 2024. pp. 127-148.

임태훈 프랑스 유럽회의주의의 근원에 관한 연구: 국민주권주의와 초국가주의의 충돌을 중심으로. 유럽연구, 제40권 4호. 2022. pp. 243-264.

최선우 · 박진 미군정기 수도경찰청장 장택상(張澤相) 연구. 경찰학논총, 5(1). 2010. pp. 185-216.

2. 해외 문헌

Abel Hermel. Étude d'un parti politique français: l'UMP.
Pouvoirs, 111(4), 2004. pp. 147-158.

Alain Laquièze (2002). Chapitre I. La Charte octroyée de 1814
et l'avènement de la monarchie limitée. Les origines du régime parlementaire
en France, 1814-1848 (p. 37-76). Presses Universitaires de France.

Alexandre Sumpf. Les extrêmes droites européennes des
années 1970 aux années 2000 : affiches de campagne. Matériaux pour l'histoire
de notre temps, 139-142(1), 2021. pp. 58-72.

Alfred Grosser. La politique extérieure de la Ve République (Paris: Édition du Seuil.
1965).

Ali Laïdi, Histoire des guerres économiques (Paris: Perrin 2016).

Alithéia Soulie, Exposer l'industrie nationale française (1844-1849) : (Seconde année de
2ème cycle) en muséologie 2020. École du Louvre.

Alphonse-Marius Gossez. Maurice d'Hartoy. — Histoire du Passeport français,
depuis l'antiquité jusqu'à nos jours, 1937. In: La Révolution de 1848 et les
révolutions du XIXe siècle, Tome 34, Numéro 161, Juin-juillet-août 1937.
pp. 121-122.

André Dumoulin. « La France et l'OTAN : vers la normalisation ? ». In: Courrier
hebdomadaire du CRISP, 2008/20 n° 2005, 2008. pp. 5-47.

Angela Merkel. Freiheit (Köln: Kiepenheuer & Witsch 2024)

Benoît Recco. Lamartine et le drapeau républicain. In: Les Cahiers de République
universelle, 5(1), 2024. pp. 15-25.

Bertrand Joly. L'évolution de Paul Déroulède et de la Ligue des patriotes (1900-1913) Mil
neuf cent. In: Revue d'histoire intellectuelle, 19(1), 2001. pp. 109-117.

Brigitte Schlieben-Lange · Franz Knapstein. Les Idéologues avant et après
Thermidor. In: Annales historiques de la Révolution française, n°271, 1988.
pp. 35-59.

Bruno De Cessole (2022). 11. Maurice Barrès, le rossignol du nationalisme. Dans J.
Buisson et G. Tabard Les grandes figures de la droite (p. 253-274). Perrin.

Cécile Alduy. Zemmour et Le Pen : Les deux visages de l'extrême-droite francaise. In:
Green European Journal, 14 avril 2022. pp. 5.

Charles Cogan. Les grands axes de la présidence Sarkozy à l'international. In: Revue
internationale et stratégique 2010/1 n°77, 2010. pp. 87-92.

Charles Morazé. La politique du général de Gaulle d'après le tome III de ses Mémoires.
In: Revue française de sciencepolitique, 10ᵉ année, n°1, 1960. pp. 107-113.

Christopher Clark. Histoire de la Prusse 1600-1947 (Paris: Perrin 2009).

Claude Franc. La France et l'Otan (1/2). La France de la Quatrième, pilier de l'Otan. In:
Revue Défense Nationale, 861(6), 2023. pp. 178-182.

Didier Veillon. Le français, langue officielle du droit et de l'administration:
l'ordonnance de Villers Cotterêts dans la France du XVIe siècle. Michel
Boudot; Adrien Lauba. Langue, langage et droit: Université d'été 2023, 131,
Presses universitaires juridiques de Poitiers, pp.7-18, 2024, Collection de la
Faculté de droit et des sciences sociales de Poitiers. Actes & colloques,
978-2-38-1940-45-8.

Dieter Gosewinkel. Europe antilibérale ou Anti-Europe ? Les conceptions
européennes de l'extrême droite française entre 1940 et 1990. Politique
européenne, 62(4), 2019. pp. 152-179.

Dominique Bouchery. Les extrêmes droites européennes depuis 1945 dans les fonds
de La contemporaine. Matériaux pour l'histoire de notre temps, 139-142(1),
2021. pp. 73-109.

Dominique Lejeune (2016). Chapitre 3. La République des opportunistes, de Jules
Ferry au boulangisme (1879-1889) La France des débuts de la IIIe République :
1870-1896 (p. 77-112). Armand Colin.

Dominique Lejeune (2016). Chapitre 7. Politique étrangère. La France des débuts de la
IIIe République : 1870-1896 (p. 208-226). Armand Colin.

Dominique Lejeune. La droite, les droites dans la vie politique francaise de 1870 À 1958. DEUG. Khâgne du lycée Louis le Grand, France. 2011, pp. 52.

Dominique Maingueneau. La Droite et la Gauche face à la clarté de la langue française. Un consensus illusoire sous la IIIe République. In: Archives et documents de la Société d'histoire et d'épistémologie des sciences du langage, Première série, n°2, 1982. pp. 17-34.

Eberhard Jäckel. Frankreich in Hitlers Europa (Stuttgart: Deutsche Verlags-Anstalt 1966).

Elisabeth Vaupel, "Napoleons Kontinentalsperre und ihre Folgen: Hochkonjunktur der Ersatzstoffe," In: Chemie in unserer Zeit, 40(5) Oktober, 2006. pp. 306-318.

Emmanuel Dupuy, "Voisinage stratégique de l' Union européenne," In : Géoéconomie, 2013/3 No. 66, 2013. pp. 119-134.

Entretien avec Garrigues, J., Propos recueillis par Roussellier, N. La figure de l' homme providentiel. In: Études, Mars(3), 2022. pp. 33-42.

Eric Zemmour. Le suicide français (Paris: Albin Michel 2014).

Eugen Weber. Le renouveau nationaliste en France et le glissement vers la droite, 1905-1914. In: Revue d' histoire moderne et contemporaine, tome 5 N°2, Avril-juin 1958. pp. 114-128.

Fabien Lostec. L'épuration en France à la Libération Un moment singulier dans l'histoire de la peine de mort au féminin. 20 & 21. Revue d'histoire, 160(4), 2023. pp. 73-91.

François Cormier-Bouligeon (2024). Le RN à l'Assemblée nationale : derrière les cravates, la réalité ? Les Cahiers de République universelle, 5(1), 2024. pp. 107-121.

François-Charles Mougel · Severine Pacteau (2016). Détente et vicissitudes (1962-1991) Histoire des relations internationales, de 1815 à nos jours (p. 99-115). Presses Universitaires de France.

François-Charles Mougel · Severine Pacteau (2016). La fin du monde colonial. Histoire des relations internationales, de 1815 à nos jours (p. 93-98). Presses Universitaires de France.

Françoise Finniss-Boursin (2011). Nicolas Sarkozy : des vœux en continuité pour le candidat de la rupture. In: Communication & langages, 169(3), 2011. pp. 87-103.

Françoise Subileau . Le militantisme dans les partis politiques sous la Cinquième République : État des travaux de languefrançaise. In: Revue française de science politique, 31ᵉ année, n°5-6, 1981. pp. 1038-1068

Frédéric Bluche · Stéphane Rials · Jean Tulard (2003). Le gouvernement de la Terreur. La Révolution française (p. 87-106). Presses Universitaires de France.

Frédéric Bon · Jean-Pierre Cheylan (1988). IV - Les droites traditionnelles. La France qui vote (p. 141-192). Hachette Education.

Frédéric Monier (1998). 13. La Cagoule : réseaux et organisation. Le complot dans la République : Stratégies du secret, de Boulanger à la Cagoule (p. 271-296). La Découverte.

Frédéric Turpin, La France et ses colonies. In: Pouvoirs n°174 - septembre 2020 - De Gaulle – pp. 39-52.

Gabriel De Broglie (1981). Chapitre VII - L'orléanisme au pouvoir, 1830 - 1848. L'Orléanisme : La ressource libérale de la France (p. 267-309). Perrin.

Georges le franc. Le mouvement socialiste sous la IIIe République (1875-1940) (Bussière: Éditions Payot 1963).

Gilbert Meynier. France-Algérie(1830-1962) des antécédents historiques aux occasions manquées. In: Raison présente, 2017/3 N° 203, 2017. pp. 55-63.

Gilles Boutry. La communication de l' Empire colonial français, de la France, et de ses ex-colonies par l'art postal en période de colonisation, de décolonisation, et de post-décolonisation. 2022.

Grégoire Kauffmann. The Origins of the National Front. In: Pouvoirs, No. 157(2), 2016. pp. 5-15.

Guillaume Berlat, "Bilan de la politique étrangère de Nicolas Sarkozy," In: Annuaire français de relations internationales vol. XIII, 2012. pp. 281-304.

Guy Birenbaum. Le Front national à l'Assemblée (1986-1988). Respect et subversion de la règle du jeu parlementaire. In: Politix, vol. 5, n°20, Quatrième trimestre 1992. L'ordre parlementaire, sous la direction de Bastien François, Brigitte Gaïti et Jean-Philippe Heurtin. pp. 99-118.

Hans-Joachim Seeler, Geschichte und Politik der Europäischen Integration (Baden-

Baden: Nomos 2008).

Hans-Jörg Schrötter · Irina Ghulinyan-Gerz, Die Europäische Union und ihre
östlichen
Nachbarn (Baden-Baden: Nomos 2017).

Henri Froment-Meurice (1989). La Communauté européenne de défense et Michel
Debré. In: Commentaire, Numéro 45(1), 1989. pp. 203-207.

Henry Rousso. L'épuration en France : une histoire inachevée. In: Vingtième Siècle,
revue d'histoire, n°33, janvier-mars 1992. Dossier : L'épuration en France à la
Libération. pp. 78-105.

Jacques Binoche. Histoire des relations franco-allemandes de 1789 à nos jours (Paris:
Masson- Armand Colin 1996).

Jacques Dalloz, Le MRP et la guerre d' Indochine. In: Les Cahiers de l'Institut d'Histoire
du Temps Présent, n°34, juin 1996. Les guerres d' Indochine de 1945 à 1975,
1996. pp. 57-75.

Jacques Dormoy. Le monument à la mémoire des Girondins. In: Revue historique de
Bordeaux et du département de la Gironde, tome 4 n°1, 1955. pp. 61-79.

Jacques Tournie. La politique européenne de défense. In: Commentaire, Numéro
167(3), 2019. pp. 591-598.

Jean El Gammel. Les courants monarchistes sous la IIIe République. In Pouvoirs-78,
1996. pp. 95-105.

Jean Garrigues. Exil de Boulanger, exil du boulangisme ?. In: Revue d'histoire du XIXe
siècle, Tome 11, 1995/1. L'exil, 1995. pp. 19-33.

Jean Quatremer. Les salauds de l'Europe: guide à l'usage des eurosceptiques (Paris:
Calmann Lévy 2017).

Jean Tulard. Napoléon et 40 millions de sujets : la centralisation et le premier empire
(Paris: Tallandier 2014).

Jean-Antoine Duprat. Du néo-boulangisme à l'extrême droite. In: Outre-Terre, 41(4),
2014. pp. 36-42.

Jean-Baptiste Duroselle. René Rémond. La Droite en France de 1815 à nos jours.
Continuité et diversité d'une tradition politique, 1954. In: Revue d' histoire
moderne et contemporaine, tome 2 N°2, Avril-juin 1955. pp. 156-160.

Jean-Christophe Buisson (2022). 13. Charles Maurras ou la contre-révolution permanente. Dans J. Buisson et G. Tabard Les grandes figures de la droite (p. 303-327). Perrin.

Jean-Claude Barreau, Toute l' Histoire de France (Paris: Éditions du Toucan 2011).

Jean-François Sirinelli. L'extrême-droite vient de loin. In: Pouvoirs-87, 1998. pp. 5-19.

Jean-François Sirinelli. Une histoire des droites en France. In: Les Cahiers de l'Institut d'Histoire du Temps Présent, n°18, juin 1991. Histoire politique et sciences sociales. pp. 85-94.

Jean-Marc Regnault. (2017). Le référendum du 28 septembre 1958 outre-mer : Destins de ceux qui ont soutenu le NON. In: Revue d'Histoire Diplomatique, 131e annee(1), pp. 37-51.

Jean-Marc Regnault. La décentralisation Outre-Mer : un combat pour l'émancipation politique et économique, l'exemple du statut de 1984 en Polynésie Française. In: Cahiers d'outre-mer. N° 191 - 48e année, Juillet-septembre 1995. Iles tropicales. pp. 405-420.

Jean-Marie Mayeur. Catholicisme intransigeant, catholicisme social, démocratie chrétienne. In: Annales. Economies, sociétés, civilisations. 27ᵉ année, N. 2, 1972. pp. 483-499.

Jean-Paul Angelelli · Bernard Zeller. "Qui suis-je?" Salan (Grez-sur Loing: Éditions Pardès 2016).

Jean-Philippe Rey. Histoire du Consulat et du Premier Empire Paris: Perrin 2016).

Jean-Pierre Labatut. Les Noblesses européennes de la fin du XVe siècle à la fin du XVIIIe siècle (Paris: Presses Universitaires de France 1977).

Jean-Pierre Maulny. Nicolas Sarkozy et la politique de défense de la France. In: Revue internationale et stratégique, 2010/1 n°77, 2010. pp. 109-114.

Jean-Yves Camus · Stéphane François. L'extrême-droite en France et la violence politique. In: Revue des sciences sociales, N°46, Extrémisme et violence, 2011. pp. 78-85.

Jens Alber · Wolfgang Merkel(Hrsg.). Europas Osterweiterung: Das Ende der Vertiefung? (Berlin: Édition Sigma Berlin 2006).

Johannes Willms. Bismarck: Dämon der Deutschen (München: Deutscher

Taschenbuch-Verlag 2015).

Jules Céby · Simon Pierre. L'élaboration de la Charte constitutionnelle de 1814
(1er avril-4 juin 1814), 1906. In: Revue d'histoire moderne et contemporaine,
tome 8 N°7, 1906. pp. 527-531.

Julien Monange. Arcanes et Tranchées (Saint-Nazaire-en-Royans: Éditions Energeia
2019).

Lars Hewel. Hegemonie und Gleichgewicht in der europäischen Integration,
eine Untersuchung der Führungsproblematik im Rahmen der Entwicklung
der Europäischen Union (Baden-Baden: Nomos 2006).

Laurent Joly. D'une guerre l'autre. L'Action française et les Juifs, de l'Union sacrée à la
Révolution nationale (1914-1944) Revue d' histoire moderne & contemporaine,
59-4(4), 2012. pp. 97-124.

Laurent Joly. Les débuts de l'Action française (1899-1914) ou l'élaboration d'un
nationalisme antisémite. In: Revue historique, 639(3), 2006. pp. 695-718.

Laurent Theis (2022). 7. François Guizot, comptes et mécomptes du libéralisme en
France. Dans J. Buisson et G. Tabard Les grandes figures de la droite
(p. 151-174).

Lucien Bély. Les secrets de Louis XIV: Mystères d' État et pouvoir absolu
(Paris: Éditions Tallandier 2013).

Marie-Christine Kessler. M. Valéry Giscard d'Estaing et les républicains indépendants
: réalités et perspectives . In: Revue française de science politique, 16ᵉ année,
n°5, 1966. pp. 940-957.

Marie-Claude Smouts(dir.). La situation postcoloniale : Les postcolonial studies dans le
débat français. (Paris: Presses de Sciences Po 2007).

Marie-Hélène Baylac (2022). 10. Albert de Broglie, le dernier combat de l' orléanisme.
Dans J. Buisson et G. Tabard Les grandes figures de la droite (p. 229-252).
Perrin.

Marie-Thérèse Bitsch, Histoire de la construction européenne de 1945 à nos jours
(Bruxelles: Éditions Complexes 2001).

Marion Gaillard (2010). Chapitre 11. La présidence de Nicolas Sarkozy : la France de
retour en Europe. France-Europe : Politique européenne de la France de 1950 à

nos jours (p. 161-170). De Boeck Supérieur.

Marion Gaillard (2010). Chapitre 4. 1950-1954 : l'aventure avortée de la CED, la France
face à ses contradictions. France-Europe : Politique européenne de la France
de 1950 à nos jours (p. 51-63). De Boeck Supérieur.

Martin Aurell. «Richard Cœur de Lion, le roi chevalier. In: L'Histoire - Les Collections,
2013/2 N° 59, 2013. pp. 52-59.

Mathias Bernard. Le groupe des Républicains indépendants : « l'ordre et le dialogue »
Parlement[s], In: Revue d'histoire politique, 9(1), 2008. pp. 31-43.

Maxime Lefebvre (2019). Chapitre II. La France diminuée (1815-1945) La politique
étrangère de la France (p. 24-44). Presses Universitaires de France.

Michel Biard · Pascal Dupuy, La Révolution française 1787-1804
(Paris: Armand Collin 2004).

Michel Biard(dir.). La Révolution française: une histoire toujours vivante
(Paris: Tallandier 2010).

Michel Biard. Entre Gironde et Montagne. Les positions de la Plaine au sein de la
Convention nationale au printemps 1793. In: Revue historique, 631(3), 2004.
pp. 555-576.

Michel Pertué. La liste des Girondins de Jean-Paul Marat. In: Annales historiques de la
Révolution française, n°245, 1981. pp. 379-389.

Mikhaël Harsgor (1985). Idéologie et praxis dans la politique étrangère du Général de
Gaulle. Dans É. Barnavi et S. Friedländer La Politique étrangère du général de
Gaulle (p. 43-60). Presses Universitaires de France.

Monica Charlot. L'émergence du Front national. In: Revue française de science
politique, 36ᵉ année, n°1, 1986. pp. 30-45.

Muriel Montero. La France de 1914 à 1945 (Paris: Armand Colin 2001).

Nadia Ayache. OAS et ses mouvances en Gironde (1961-1962). In: Revue historique de
Bordeaux et du département de la Gironde, N°26, 2020. pp. 291-305.

Nicolas Sarkozy. Défense et Sécurité nationale. In: Revue Défense Nationale 2016/9 N°
794, 2016, pp. 7-11.

Nicolas Sarkozy. Le temps des combats (Paris: Librairie Arthème Fayard, 2023)

Nonna Mayer. Regards sur l'extrême droite. In: Revue Française de Science Politique,

44 (3), 1994. pp. 493- 498.

Olivier Dard, Extrême droite : l'histoire ne se répète pas. In: Revue Projet, Octobre 2015. pp. 10.

Olivier Kempf. Géopolitique de la France (Paris: Éditions Technip 2013).

Pascal Buléon · Jérôme Fourquet. Vote Front National 1984-2002, géographies et interprétations successives : une équation politique. In: Espace, populations, sociétés, 2003-3. Populations, élections, territoires, 2003. pp. 453-467.

Patrice Gueniffey (2022). 4. Napoléon par-delà la gauche et la droite. Dans J. Buisson et G. Tabard Les grandes figures de la droite (p. 89-109). Perrin.

Paul Chopelin, Royalismes et royalistes dans la France révolutionnaire. In: Annales historiques de la Révolution française, 403(1), 2022, pp. 3-28.

Philippe Buton. La CED, L'Affaire Dreyfus de la Quatrième République ? Vingtième Siècle. Revue d'histoire, no 84(4), 2004. pp. 43-59.

Philippe Lamy. La recomposition de l'extrême droite française. In: Hommes & Libertés N° 150, avril/mai/juin 2010. pp. 13-15.

Pierre Branda. Les conséquences économiques du Blocus continental. In: Revue du Souvenir Napoléonien 472 Sep/Oct 2007, pp. 21-30.

Pierre Cornut-Gentille (2022). 9. Adolphe Thiers, le bourgeois conquérant. Dans J. Buisson et G. Tabard Les grandes figures de la droite (p. 203-227). Perrin.

Pierre Michel. La Révolution est « essentiellement spiritualiste » : les Girondins de Lamartine. In: Cahiers du GADGES n°8, 2010. L'esprit des Lettres. Mélanges offerts à Jean-Pierre Landry. pp. 361-374.

Ralph Schor. L'extrême droite française et les immigrés en temps de crise. Années trente-années quatre vingts. In: Revue européenne des migrations internationales, vol. 12, n°2,1996. 10ème anniversaire. pp. 241-260.

Raoul Girardet. L'apothéose de la « plus grande France » : l'idée coloniale devant l'opinion française (1930-1935). In: Revue française de science politique, 18e année, n°6, 1968. pp. 1085-1114.

Rassemblement National. Bardella Premier Ministre: Un projet, une méthode. 2024. pp. 12.

Rassemblement National. Projet pour la France de Marine Le Pen: M L'École. 2022, pp. 16.

Renaud Dély. Marine Le Pen, la digne fille de son père ? La dédiabolisation : écran de fumée ou vraie rupture ? Les Cahiers de République universelle, 5(1), 2024. pp. 95-105.

Richard Millman. Les croix-de-feu et l'antisémitisme. In: Vingtième Siècle, revue d'histoire, n°38, avril-juin, 1993. pp. 47-61.

Sémir Al Wardi. La Polynésie française est-elle une colonie ?. In: Outre-Mers, 2018/1 N° 398-399, 2018. pp. 235-254.

Serge Berstein, L'Allemagne de 1870 à nous jours (Paris: Armand Colin, 2014).

Steven Englund, Napoléon (Paris: Éditions de Fallois 2004).

Suzanne Fiette (1997). 2. Valeurs aristocratiques et éthique des Lumières. La Noblesse française : Des Lumières à la Belle Époque (p. 36-79). Perrin.

Sylvain Soleil. L'ordonnance de Villers-Cotterêts, cadre juridique de la politique linguistique des roisde France?. Presses Universitaire d'Aix- Marseille. Langue (s) et Constitution (s), Economica, pp.19- 34, 2004.

Thibaut Trétout. « Les fils de Louis-Philippe, ou la gloire du roi des Français ». In: Sociétés & Représentations, 2008/2 n° 26, 2008. pp.71-82.

Thierry Lentz, Napoléon (Paris: Le Cavalier Bleu 2001).

Thomas Branthôme. Robespierre face à la Terreur. In: Revue des Deux Mondes, Novembre 2015. pp. 78-86.

Udo Diedrichs. Die Gemeinsame Sicherheits- und Verteidigungspolitik der EU (Ulm: Facultas Verlag 2012).

Veit Veltzke. Preußen: Populäre Irrtümer und andere Wahrheiten (Essen: Klartext Verlag 2023).

Wolfgang Streeck. (2018). L' Europe sous Merkel IV Un équilibre de l'impuissance. In : Le Débat, 202(5), 2018. pp. 60-80.

Yyves Desrichard · Claudine Kleb. « Le Journal Citation Reports du Science Citation Index : une étude pour servir la politique documentaire d'un pôle d'acquisition spécialisé. In: Bulletin des Bibliotheques de France 1994.

3. 인터넷 자료

이병권　[뉴라이트 해부 ②] 모든 지원금엔 꼬리표가 있다. 세상을 바꾸는 시민언론 민들레. https://www.mindlenews.com/news/articleView.html?idxno=10457.

이병권　[뉴라이트 해부 ③] 무엇을 위한 선택이었을까?. 세상을 바꾸는 시민언론 민들레. https://www.mindlenews.com/news/articleView.html?idxno=10486.

이병권　[뉴라이트 해부④] 자존自尊의 길, 자비自婢의 길. 세상을 바꾸는 시민언론 민들레. https://www.mindlenews.com/news/articleView.html?idxno=10521.

이병권　[대한민국 파시즘 해부 ①] 그들이 걸어 온 길. 세상을 바꾸는 시민언론 민들레. https://www.mindlenews.com/news/articleView.html?idxno=11949.

이병권　[대한민국 파시즘 해부 ②] 그 본산은 뉴라이트. 세상을 바꾸는 시민언론 민들레. https://www.mindlenews.com/news/articleView.html?idxno=11971.

이병권　NL 주사파서 '매국우파'로 전락한 1등주의자. 세상을 바꾸는 시민언론 민들레, https://www.mindlenews.com/news/articleView.html?idxno=10338.

이병권　리박스쿨은 '빙산의 일각'… 뉴라이트 20년 돌아봐야. 세상을 바꾸는 시민언론 민들레. https://www.mindlenews.com/news/articleView.html?idxno=14277.

Édition Nathan. Leçon Les Français et le vote de 1814 à 1870. https://hg-college.nathan.fr/manuel-3e-2022/assets/cours-de-4e-les-francais-et-le-vote-de-1814-a-1870/preview.

France Archive. Mise en ligne du Dictionnaire des contemporains de la guerre de Vendée par les Archives de la Vendée. https://francearchives.gouv.fr/fr/actualite/899095107.

Info.gouv.fr. Élection présidentielle 2022 : les résultats du premier tour. https://www.info.gouv.fr/actualite/election-presidentielle-2022-les-resultats-du-premier-tour.

La Croix. Élection présidentielle en France : les résultats depuis 1965. https://www.la-croix.com/Actualite/France/Les-elections-presidentielles-depuis-1965-_NG_-2012-03-20-780364.

La Libération. Retour sur Trente ans après, les 35 députés FN de 1986 sont presque tous partis. https://www.liberation.fr/france/2016/03/15/trente-ans-apres-les-35-

deputes-fn-de-1986-sont-presque-tous-partis_1438678/.

Le Monde diplomatique. Combien sont-ils ?. https://www.monde-diplomatique.
fr/2008/05/DAUM/15872.

Le Point. La Terreur (1793-1794). https://www.lepoint.fr/histoire/la-terre
ur-1793-1794-05-08-2013-1711400_1615.php.

Lumini Enseignement. Le référendum du 8 avril 1962. https://enseignants.lumni.fr/
fiche-media/00000000084/le-referendum-du-8-avril-1962.html.

Memoire et Espoirs de la Résistance. Réseau "Alliance". https://www.memoresist.org/
resistant/la-resistance-alsaciens-et-lorrains-du-reseau-alliance/.

Mémorial de Verdun Champs de Bataille, Ressource de la bataille de Verdun.
https://memorial-verdun.fr/fr/ressources/la-bataille-de-verdun.

NDR. Nord-Stream-Sprengung: Verdächtiger Ukrainer gefasst.
https://www.ndr.de/nachrichten/mecklenburg-vorpommern/nord-stream-
sprengung-verdaechtiger-ukrainer-gefasst,nordstreamzwei-106.html.

Radio France. Propagande : les efforts de la Russie pour employer des influenceurs
français. https://www.radiofrance.fr/franceculture/podcasts/les-enjeux-
des-reseaux-sociaux/propagande-les-efforts-de-la-russie-pour-employer-des
-influenceurs-francais-2116183.

Reseaualliance. org. Le réseau Alliance. https://reseaualliance.org/.

Statista. Éducation Ou en est l'alphabétisation dans le monde https://fr.statista.com/
infographie/22876/evolution-du-taux-alphabetisation-dans-le-monde/.

Toute l' Europe, [Carte] Le PIB des pays de l'Union européenne.
https://www.touteleurope.eu/economie-et-social/le-pib-des-pays-de-l-ue/.

Toute l' Europe, Assemblée nationale : quelle est la repartition des sieges par parti
politique ?. https://www.touteleurope.eu/vie-politique-des-etats-membres/
elections legislatives-2024-quelle-repartition-des-sieges-dans-la-future-
assemblee-nationale/.